Musikwissenschaft und Biographik

Fabian Kolb, Melanie Unseld, Gesa zur Nieden (Hg.)

Musikwissenschaft und Biographik

Narrative, Akteure, Medien

Der vorliegende Sammelband wird zugleich veröffentlicht als Teil des
Open Access Beitragsarchivs des Internationalen Kongresses der Gesellschaft
für Musikforschung, Mainz 2016 – »Wege der Musikwissenschaft«,
hrsg. von Gabriele Buschmeier und Klaus Pietschmann

Mit freundlicher Unterstützung durch
die Akademie der Wissenschaften und der Literatur | Mainz,
die Universität für Musik und darstellende Kunst Wien
und die Johannes Gutenberg-Universität Mainz

Cover: © by Gemischter Satz

Bibliografische Information der Deutschen Nationalbibliothek
Die Deutsche Nationalbibliothek verzeichnet diese Publikation in der Deutschen
Nationalbibliografie; detaillierte bibliografische Daten sind im Internet über
http://dnb.d-nb.de abrufbar.

978-3-95983-129-1 (Paperback)
978-3-95983-128-4 (Hardcover)

© 2018 Schott Music GmbH & Co. KG, Mainz
www.schott-campus.com

Alle Rechte vorbehalten
Nachdruck in jeder Form sowie die Wiedergabe durch Fernsehen,
Rundfunk, Film, Bild- und Tonträger oder Benutzung für Vorträge,
auch auszugsweise, nur mit Genehmigung des Verlags.

Inhaltsverzeichnis

Fabian Kolb, Melanie Unseld und Gesa zur Nieden
Musikwissenschaft und Biographik:
Narrative, Akteure, Medien
Zur Einführung 7

Melanie Unseld
Der blinde Fleck der Fachgeschichte?
Biographik und Musikwissenschaft 15

Thomas Etzemüller
Wer konstruiert die Biographie?
Über die Rolle von Autoren, Lesern, Quellen, Texten –
und des Biographierten 29

Fabian Kolb
In librum vitae
Konzepte, Motive und Präsentationsweisen
musikbezogener Biographien in der Frühen Neuzeit 35

Inga Mai Groote
Leben, wie es im Buche steht
Frühneuzeitliche Musikalien mit Benutzungsspuren
als biographische Quelle 71

Joachim Kremer
Mit den »subjecta mirabilia«
gegen die musikalische »Barbarie«
Matthesons Begründung der Musikerbiographik
im Wissenschaftssystem zwischen 1713 und 1740 85

Wolfgang Fuhrmann und Oliver Wiener

Biographie als Musikwissenschaft um 1800
Zuspitzung zur Physiognomie und
Generalisierung zu Epochenmachern 101

Gesa Finke und Anna Langenbruch

Biographik zwischen Humanismus und Geschichtstheorie
Paul Bekker und Alfred Einstein im Dialog 129

Tobias Robert Klein

**Carl Dahlhaus und die musikalische Biographik
als Zerfallsgeschichte**
Positionen und Perspektiven 145

Annegret Fauser

Nationale Narrative in der Biographik
Ein transnationaler Zugang 161

Stefan Drees

Biographische Zugriffe auf die Gegenwart
Zum Problem der Auseinandersetzung mit
der Biographie zeitgenössischer Komponisten 171

Gesa zur Nieden

Biographik und zeitgenössische Musikrezeption
Das Beispiel Richard Wagner 183

Personenregister 205

Fabian Kolb, Melanie Unseld und Gesa zur Nieden

Musikwissenschaft und Biographik: Narrative, Akteure, Medien
Zur Einführung

Zwischen der schonungslosen Diagnose »Die Biographie ist akademischer Selbstmord«[1] und der Sommerakademie 2003 des Herder-Instituts Marburg zum Thema »Person und Geschichte im 20. Jahrhundert. Perspektiven und Möglichkeiten zeithistorischer Biographik« liegen gerade einmal zwei Jahre. Ein akademischer Wimpernschlag. Sollte sich innerhalb dieser kurzen Zeit ein Paradigma derart grundsätzlich verändert haben? Wohl kaum. Eher schon zeigen diese exemplarischen Ausschnitte aus dem weiten Beziehungsgeflecht von Biographik und historischen, geistes- und kulturwissenschaftlichen, soziologischen und pädagogischen Wissenschaften, dass um die Jahrtausendwende disparate Vorstellungen davon existierten, wie in der Akademia mit der Gattung Biographie umzugehen sei bzw. umgegangen wurde: von kategorisch ex- bis inkludierend, von implizit (und etwas verschämt) deren angenommenes epistemologisches Vakuum ignorierend bis explizit theoretisierend. Anita Runge sprach daher 2009 vom »Niedergang und [der] Rehabilitierung eines Genres« und analysierte, dass die Tatsache, dass das »biographische Schreiben seit einiger Zeit (wieder) als wissenschaftliches Verfahren in den Blick genommen werden kann, [...] im Zusammenhang mit der methodischen Öffnung in der Geschichtswissenschaft seit den 1970er-Jahren« stehe.[2] Dieser Prozess zeitigte eine Vielzahl von die Gattung in verschiedenen Dimensionen (u. a. theoretisch-methodisch, historisch und historiographisch, anthropologisch, gendertheoretisch, medial, erinnerungs- und transkulturell) reflektierenden Publikationen und Forschungs- bzw. Diskussionsplattformen.[3]

---

[1] Deirdre Bair, »Die Biographie ist akademischer Selbstmord«, in: *Literaturen* 7/8 (2001), S. 38f.
[2] Anita Runge, »Wissenschaftliche Biographik«, in: *Handbuch Biographie. Methoden, Traditionen, Theorien*, hrsg. von Christian Klein, Stuttgart und Weimar 2009, S. 113–121, hier S. 113. Vgl. hierzu außerdem Ulrich Raulff, »Das Leben – buchstäblich. Über neuere Biographik und Geschichtswissenschaft«, in: *Grundlagen der Biographik. Theorie und Praxis biographischen Schreibens*, hrsg. von Christian Klein, Stuttgart 2002, S. 55–68; Hans Erich Bödeker, »Biographie. Annäherungen an den gegenwärtigen Forschungs- und Diskussionsstand«, in: *Biographie schreiben*, hrsg. von dems., Göttingen 2003, S. 9–63.
[3] Mit einem Fokus auf den deutschsprachigen Diskurs nach 2000 seien aus der Fülle an Publikationen ausgewählt (jeweils auch mit weiterführender Literatur): *Biographisches Erzählen*, hrsg. von Irmela von der Lühe und Anita Runge (= *Querelles. Jahrbuch für Frauenforschung*, 6), Stuttgart und Weimar 2001; *Grundlagen der Biographik. Theorie und Praxis biographischen Schrei-*

Inzwischen scheint die gegenwärtig sehr lebhafte, interdisziplinäre Diskussion darüber, ob und welchen Anteil (oder Nicht-Anteil) das Genre Biographie an den Geistes- und Kulturwissenschaften ausmach(t)e, an einem Punkt angelangt, an dem sich verschiedene Disziplinen zu einer aktuellen Standortbestimmung herausgefordert sehen, zumal ein Bewusstsein dafür existiert, dass über die Grundfragen des Umgangs mit und der Funktion von Biographie innerhalb der jeweiligen Fachkulturen (und -traditionen)[4] das Selbstverständnis der jeweiligen Disziplinen mit verhandelt wird. In diesem Sinne ist auch Beatrix Borchards Apell zu verstehen, dass mit ihrer biographiekritischen Studie zu Joseph und Amalie Joachim eine »Anstiftung zu einem methodologischen Streit« intendiert sei.[5] Biographik wird dabei nicht nur als »Forum der (Selbst-)Kritik und (Selbst-)Reflexion des jeweiligen Faches«[6] verstanden, sondern auch als bisher vernachlässigte Gattung der transnationalen, kulturtransferorientierten, gender- und repräsentationskritischen Forschung wiederentdeckt.[7]

---

bens, hrsg. von Christian Klein, Stuttgart 2002; *Biographie schreiben*, hrsg. von Hans Erich Bödeker, Göttingen 2003; Christian von Zimmermann, *Biographische Anthropologie. Menschenbilder in lebensgeschichtlicher Darstellung (1830–1940)*, Berlin und New York 2006; *Die Biographie – Zur Grundlegung ihrer Theorie*, hrsg. von Bernhard Fetz, Berlin 2009; *Die Biographie – Beiträge zu ihrer Geschichte*, hrsg. von Wilhelm Hemecker, Berlin und New York 2009; *Handbuch Biographie. Methoden, Traditionen, Theorien*, hrsg. von Christian Klein, Stuttgart und Weimar 2009; *Theorie der Biographie. Grundlagentexte und Kommentar*, hrsg. von Bernhard Fetz und Wilhelm Hemecker, Berlin und New York 2011; *Leben als Kunstwerk. Künstlerbiographien im 20. Jahrhundert. Von Alma Mahler und Jean Cocteau zu Thomas Bernhard und Madonna*, hrsg. von Christopher F. Laferl und Anja Tippner, Bielefeld 2011; Thomas Etzemüller, *Biographien. Lesen – erforschen – erzählen*, Frankfurt a. M. und New York 2012; *Künstlerinszenierungen. Performatives Selbst und biographische Narration im 20. und 21. Jahrhundert*, hrsg. von Christopher F. Laferl und Anja Tippner, Bielefeld 2014; Tobias Heinrich, *Leben lesen. Zur Theorie der Biographie um 1800*, Wien u. a. 2016. An Foren zu nennen sind u. v. a. die International Auto/Biography Association (IABA; <http://iaba-europe.eu/>), die u. a. das *European Journal of Life Writing* herausgibt, das Ludwig Boltzmann Institut für Geschichte und Theorie der Biographie (Wien, <http://gtb.lbg.ac.at/>) und das Netzwerk Biographieforschung (<https://biographieforschung.univie.ac.at/>).

[4] Vgl. hierzu auch Klein (Hrsg.), Handbuch Biographie; insbesondere die disziplinären Perspektiven in Kapitel VII »Biographisches Arbeiten als Methode«, hier Geschichtswissenschaft, Literaturwissenschaften, Kunstgeschichte, Musikwissenschaft, Religionswissenschaft, Soziologie, Politikwissenschaft (und Zeitgeschichte), Erziehungswissenschaft, Medizin und Psychologie, Gender Studies, Postcolonial Studies, Jewish Studies.

[5] Beatrix Borchard, *Stimme und Geige. Amalie und Joseph Joachim. Biographie und Interpretationsgeschichte* (= *Wiener Veröffentlichungen zur Musikgeschichte*, 5), Wien u. a. 2005, S. 589.

[6] Runge, »Wissenschaftliche Biographik«, S. 118.

[7] Zum Beispiel konstatierte Silke Leopold im Jahr 2010, dass Musikerinnen und Musiker in der interdisziplinären, biographie- wie transferaffinen Migrationsforschung bisher nur selten berücksichtigt wurden, vgl. Silke Leopold, »Musikwissenschaft und Migrationsforschung. Einige grundsätzliche Überlegungen«, in: *Migration und Identität. Wanderbewegungen und Kulturkontakte in*

In diesem internationalen und vor allem fächerübergreifenden Feld spielt die (deutschsprachige) Musikwissenschaft bislang nur eine kleinere Rolle.[8] Wäre daher mit Blick auf die Feststellung von Anita Runge, dass der Prozess der Auseinandersetzung mit der Biographik in den verschiedenen Disziplinen höchst ungleichzeitig verlaufe[9] (ein Umstand, der durch die unterschiedlichen nationalen Fachtraditionen und -usancen noch potenziert erscheint), für die (deutschsprachige) Musikwissenschaft möglicherweise wieder einmal von einer »verspäteten Disziplin« zu sprechen?[10] Notwendig scheint zumindest die Initiative, die Biographik unter einer speziellen fachgeschichtlichen Perspektive zu thematisieren, um in der Reflexion über das eigene Fachverständnis die Teilhabe an und Positionierung in den aktuellen, interdisziplinären Diskussionen zu ermöglichen. Im Sinne (fachlich gewachsener) Denkstile, Forschungsansätze und -tendenzen sind dabei nicht zuletzt die (fachspezifisch/fachhistorisch etablierten) Formen und Gattungen wissenschaftlichen Schreibens, also der Wissensproduktion und -transformation, zu berücksichtigen.

Biographik-Geschichte als Fachgeschichte

Wenn sich – wie angedeutet – die disziplinäre Rolle von Biographik unmittelbar aus dem Selbstverständnis des Faches heraus speist, ist eine Auseinandersetzung mit der Fachgeschichte und ihrem Verhältnis zum Biographischen unabdingbar. Dass dabei eine historisch ausgerichtete Musikwissenschaft eng mit der Entwicklung der allgemeinen Biographik verbunden ist, ist ebenso unzweifelhaft, wie die fachgeschichtlichen Zäsuren deutlich sind, die sich einerseits im Auf-

---

der Musikgeschichte, hrsg. von Sabine Ehrmann-Herfort und Silke Leopold (= *Analecta musicologica*, 49), Kassel 2013, S. 30–39.
[8] Vgl. hierzu u. a. *Biographische Konstellation und künstlerisches Handeln*, hrsg. von Giselher Schubert, Mainz 1997; *Künstler-Bilder. Bruckner-Symposion im Rahmen des Internationalen Brucknerfestes Linz 1998*, hrsg. von Uwe Harten u. a., Linz 2000; *Biographie und Kunst als historiographisches Problem. Bericht über die internationale Wissenschaftliche Konferenz anläßlich der 16. Magdeburger Telemann-Festtage Magdeburg, 13. bis 15. März 2002*, hrsg. von Joachim Kremer u. a., Hildesheim u. a. 2004; Borchard, Stimme und Geige; *Musical Biography. Towards New Paradigms*, hrsg. von Jolanta T. Pekacz, Aldershot 2006; *Anekdote – Biographie – Kanon. Zur Geschichtsschreibung in den schönen Künsten*, hrsg. von Melanie Unseld und Christian von Zimmermann, Köln und Wien 2013; Joachim Kremer, »*Von dem Geschlecht deren Bachen*«. *Kommentierte Quellen zur Musikbiographik des frühen 18. Jahrhunderts*, Neumünster 2014; Melanie Unseld, *Biographie und Musikgeschichte. Wandlungen biographischer Konzepte in Musikkultur und Musikhistoriographie* (= *Biographik. Theorie – Kritik – Praxis*, 3), Köln und Wien 2014.
[9] Siehe Runge, »Wissenschaftliche Biographik«, S. 114f.
[10] Vgl. *Musikwissenschaft – eine verspätete Disziplin? Die akademische Musikforschung zwischen Fortschrittsglauben und Modernitätsverweigerung*, hrsg. von Anselm Gerhard, Stuttgart und Weimar 2000.

kommen von auto/biographischem und musikhistorischem Schreiben artikulieren und die andererseits auch den vermeintlichen Ausschluss der Biographik aus der universitären Disziplin Musikwissenschaft markieren.[11] Wie also geht eine Disziplin wie die Historische Musikwissenschaft mit Biographik um? In welcher Wechselwirkung stehen biographisches Schreiben und musikhistoriographisches Bewusstsein und welche Rolle spielt die Biographik in der Etablierung des Faches als akademisches?

Trotz Guido Adlers Definition der »Biographistik« als Hilfswissenschaft (1885) und Carl Dahlhaus' dezidierter Ablehnung (1975 und 1993) war die Biographik innerhalb der Historischen Musikwissenschaft nie absent. Im Gegenteil: Von der Frühen Neuzeit bis in die Gegenwart war ein akteurszentrierter bzw. personenorientierter Blick prominenter Bestandteil musikhistorischer Forschungen und Publikationen; und auch die Kritik an der Biographik führte nicht zu deren Ausschluss, sondern vielmehr zu Modifikationen (wie im Falle der Dokumentarbiographie, der biographischen Chronik etc.) und/oder zu implizitem biographischen Schreiben (u. a. im lexikalischem Rahmen oder gegenwärtig in Kollektivbiographien bzw. Personendatensätzen von Datenbanken). Wie also und von wem wird Biographik definiert, wie und von wem werden Biographien geschrieben? Welche Gründe führten wann und wo zur In- und Exklusion des Biographischen aus dem universitären Fach Musikwissenschaft? Wie nimmt Biographik Einfluss auf musikhistorische Narrative und musikvermittelnde Medien? Wodurch erklärt sich die offensichtliche Re-Installierung heroengeschichtlicher Biographiekonzepte etwa im Rahmen von (populärer) Erinnerungskultur und ›Starkult‹-Phänomenen?

Mit Blick auf eine stärkere Partizipation und Verortung im interdisziplinären Diskurs ist es zugleich notwendig, die disziplinäre Spezifik zu reflektieren. Dies beinhaltet sowohl die Frage des Umgangs mit dem Gegenstand (Musik ist auch in biographischen Prozessen auf Medialisierungen wie z. B. durch Verschriftlichung angewiesen[12]) als auch die Konsequenzen daraus für die Frage der Medialität sowie schließlich die Auseinandersetzung mit jenen besonders starken biographischen Narrativen, die im Zusammenhang mit der Überhöhung von Musik insbesondere im 19. Jahrhundert und der daraus folgenden Normierung entstanden. Diese Besonderheiten, die aus der Musik als Gegenstand

---

[11] Vgl. Melanie Unseld, »Musikwissenschaft«, in: *Handbuch Biographie. Methoden, Traditionen, Theorien*, hrsg. von Christian Klein, Stuttgart 2009, S. 358–365.
[12] Vgl. dazu u. a. Oliver Wiener, »Schrift und Schriftlichkeit als mediale und kulturgeschichtliche Matrix in der Musikhistoriographie des späten 18. Jahrhunderts«, in: *Musik und kulturelle Identität*, hrsg. von Detlef Altenburg und Rainer Bayreuther (= *Bericht über den XIII. Internationalen Kongress der Gesellschaft für Musikforschung Weimar 2004*), Bd. 2: *Symposien B*, Kassel 2012, S. 90–100.

historiographischen Schreibens und wissenschaftlichen Arbeitens heraus resultieren, bedingen damit – im Vergleich mit anderen Gegenstandsbereichen wie bildender Kunst, Literatur, allgemeiner Geschichte – eine Spezifik, die klare disziplinäre Perspektiven auf die Biographik verlangt. Die biographischen Denkmuster, Topoi und Narrative (nationale, heroische, geschlechtsspezifische etc.) sind dabei nicht nur hinsichtlich ihrer Ursprünge und im (Wechsel-)Verhältnis zur disziplinären Selbstverortung der Musikwissenschaft im Verlauf des 19. Jahrhunderts zu betrachten, sondern insbesondere auch in ihren Auswirkungen auf gegenwärtige Phänomene, die über den akademischen Bereich hinausgehen: Zu nennen sind etwa populäre Erinnerungskulturen, die Auswirkungen auf auto/biographische Darstellungen gegenwärtiger Akteurinnen und Akteure der Musikkultur (auch mit Blick auf multimediale Formen, Social Media etc.) und die Partizipation der Musikwissenschaft als Garant und Verstärker biographischer Ideologeme, die zum Teil dezidiert politisch genutzt wurden. Denn in ihren jeweiligen Funktionen in Berufs- und Wirkungsfeldern wie der Dramaturgie, der Vermittlung, des Journalismus, des Verlags- und Archivwesens, des Musikmanagements etc. sind Musikwissenschaftlerinnen und Musikwissenschaftler die zentralen Akteure, die Musikerbiographik konkret gestalten und damit wiederum auf die Musikkultur einwirken.

Das Symposion »Musikwissenschaft und Biographik: Narrative, Akteure, Medien«, das als Hauptsymposion auf dem XVI. Internationalen Kongress der Gesellschaft für Musikforschung 2016 an der Johannes Gutenberg-Universität Mainz (»Wege der Musikwissenschaft«) stattfand, initiierte vor diesem Hintergrund eine Auseinandersetzung mit der Fachgeschichte in ihrem Verhältnis zum Biographischen und zur Gattung Biographie, und zwar (1.) mit einem weiten historischen, bis in die vor-akademische Phase hineinreichenden Fokus, (2.) mit einem Schwerpunkt auf zentralen Narrativen und Medien sowie schließlich (3.) mit Blick auf die Akteurinnen und Akteure der Biographik, mithin die Biographinnen und Biographen selbst.

Der vorliegende Band versammelt die Beiträge zu diesem Symposion.[13] Nach einem einleitenden Überblick über die Fachgeschichte und ihrem Verhältnis zur Biographik durch Melanie Unseld (»Der blinde Fleck der Fachgeschichte? Biographik und Musikwissenschaft«) geht der Historiker Thomas Etzemüller auf allgemeine ›Biographiegeneratoren‹ ein, anhand derer er auf die Bedingungen der Rezeption von Biographien aufmerksam macht: In der Wahrnehmung der verschiedenen Rollen von Autoren, Lesern, Quellen und Texten

---

[13] Nicht in die Publikation aufgenommen werden konnte der Beitrag von Barbara Boisits und Nikolaus Urbanek: »Antibiographische Disziplinierungen? Zur Relevanz der Biographi(sti)k im ›Gesamtgebäude‹ der Musikwissenschaft bei Guido Adler und Hugo Riemann«.

liege eine Chance, der unabdingbaren Konstrukthaftigkeit von Biographien habhaft werden zu können (»Wer konstruiert die Biographie? Über die Rolle von Autoren, Lesern, Quellen, Texten – und des Biographierten«).

Mit Blick auf die frühe (vor-akademische) Musikgeschichtsschreibung stehen sodann die diversen wissensgeschichtlichen Kontexte und Konventionen sowie Medien und Darstellungsmodi auto/biographischer Quellen und ihrer Verortung in Wissenschaftskultur, Institutionengeschichte, Gelehrtennetzwerken und der musikhistorischen Wissensproduktion im Zentrum. Dabei wendet sich der Beitrag von Fabian Kolb verschiedenen musikbezogenen Biographien des 14. bis ausgehenden 17. Jahrhunderts zu, um zu eruieren, in welche Medien frühneuzeitliche Lebensbeschreibungen von Musikern Eingang zu finden vermochten, in welche Denkkonzepte, Usancen und Präsentationsmatrices das Material dabei eingepasst wurde und wie bestimmte Paradigmen, Topoi und Narrative die Darstellung prägten (»*In librum vitae*. Konzepte, Motive und Präsentationsweisen musikbezogener Biographien in der Frühen Neuzeit«). Inga Mai Groote plädiert in ihrem Beitrag (»Leben, wie es im Buche steht: Frühneuzeitliche Musikalien mit Benutzungsspuren als biographische Quelle«) dafür, Benutzungsspuren ernst zu nehmen: In einer solchen buch- und lesegeschichtlichen Perspektive können handschriftliche Eintragungen, Besitztumsvermerke u. a. m. nicht nur Lücken in Biographien einzelner Personen schließen, sondern, darüber hinausgehend, die Rolle und Präsenz von Musik in frühneuzeitlichen Lebenswelten in größerem Umfang erfassen. Daran anschließend fokussiert der Beitrag von Joachim Kremer mit Johann Mattheson einen der wichtigsten deutschsprachigen Akteure der Musikerbiographik des 18. Jahrhunderts, wobei sich dieser in aller Disparität seiner biographisch-historiographischen Konzepte im Kontext des zeitgenössischen Wissenschaftssystems verorten lässt (»Mit den ›subjecta mirabilia‹ gegen die musikalische ›Barbarie‹: Matthesons Begründung der Musikerbiographik im Wissenschaftssystem zwischen 1713 und 1740«).

In den Blick rücken daraufhin weitere Biographen, die – jeweils in ihrer Zeit – wichtige Impulse für die Musikerbiographik und die Fachgeschichte gegeben haben: Ernst Ludwig Gerber und Johann Nikolaus Forkel für die Zeit um 1800 sowie Paul Bekker und Alfred Einstein für die erste Hälfte des 20. Jahrhunderts. Ihnen gewidmet sind die Beiträge von Wolfgang Fuhrmann und Oliver Wiener (»Biographie als Musikwissenschaft um 1800: Zuspitzung zur Physiognomie und Generalisierung zu Epochenmachern«) sowie Gesa Finke und Anna Langenbruch (»Biographik zwischen Humanismus und Geschichtstheorie: Paul Bekker und Alfred Einstein im Dialog«). Dabei werden diese Exponenten nicht nur auf ihr jeweiliges Selbstverständnis als Biograph und auf ihre Reflexionen über das Genre hin befragt, sondern auch auf ihren jeweiligen (außer)disziplinären Standort.

Zu den prominenten Wort- und Meinungsführern im Feld von Biographie und musikwissenschaftlicher Fachgeschichte im 20. Jahrhundert zählte Carl Dahlhaus, der mit seiner 1975 formulierten Polemik »Wozu Biographien?« einen nachhaltigen kritischen Impuls in die Musikwissenschaft gab; seine schwierige Position zur Biographie thematisiert Tobias Robert Klein (»Carl Dahlhaus und die musikalische Biographik als Zerfallsgeschichte. Positionen und Perspektiven«). Wie sich Fach(selbst)verständnis und biographische Narrative etwa im Hinblick auf Künstler(selbst)verständnis oder nationale Vereinnahmung bedingen und wie eng dabei biographische Repräsentationen eines Musikers mit identitätsgenerierenden Narrativen zusammenhängen, stellt Annegret Fauser in ihrem Beitrag über Aaron Copland vor: Zwischen nationalen/transnationalen und gendergeprägten Narrativen zieht sie dabei Verbindungen aus einer us-amerikanisch-europäischen Perspektive (»Nationale Narrative in der Biographik: Ein transnationaler Zugang«). In die gegenwärtigen Fragen der Musikerbiographik und die aktuellen Herausforderungen einer Zeitgenossenschaft zwischen Biograph und Biographiertem führt schließlich der Beitrag von Stefan Drees mit Beispielen zu Luigi Nono, Olga Neuwirth und anderen (»Biographische Zugriffe auf die Gegenwart. Zum Problem der Auseinandersetzung mit der Biographie zeitgenössischer Komponisten«). Während damit, im Sinne von Etzemüllers Kategorien der Akteure von Biographie-Konstruktionen, vornehmlich die Produzierenden in den Fokus genommen sind, wendet sich der Beitrag von Gesa zur Nieden abschließend primär den Rezipierenden zu, indem sie danach fragt, wie Biographie – hier nun am Beispiel Richard Wagners – aktuell in ihren verschiedenen medialen Verfasstheiten und Narrativen rezipiert wird (»Biographik und zeitgenössische Musikrezeption: Das Beispiel Richard Wagner«).

An dieser Stelle sei allen Beteiligten des Symposions, Beiträgerinnen und Beiträgern sowie Teilnehmerinnen und Teilnehmern, ganz herzlich für die ebenso angeregte und anregende wie ertragreiche Auseinandersetzung mit den hier aufgeworfenen Themenfeldern und Fragen gedankt; nicht zuletzt auch Barbara Eichner, Manuela Schwartz und Camilla Bork, die die Moderationen um ihre jeweiligen Perspektiven bereicherten, sowie Martin Geck, Janina Klassen und Daniel Ender, die als Diskutanden bei einem abschließenden Podiumsgespräch mitwirkten, das in der vorliegenden Publikation nicht dokumentiert werden kann. Hier wurde das Verhältnis des Faches zur Biographik auf den Prüfstand der Konkretion gestellt: Wie lassen sich Biographien über Musikerinnen und Musiker heute schreiben? Wie agieren Musikwissenschaftlerinnen und Musikwissenschaftler zwischen musikhistoriographischem und biographietheoretischem Anspruch einerseits und der weiterhin ungebrochenen Popularität des Genres andererseits? Wie setzen sie ihre Verantwortung hinsichtlich der Vermittlung musikwissenschaftlichen Wissens in ihren Biographien um? Schließlich auch: Welche schreibenden Handlungsspielräume haben Fachvertreter nach den verschiedenen historiographischen, erinnerungskulturellen und subjektkritischen Einwürfen? Wie agieren sie nach den vielfältigen Spiegelungsmöglichkeiten im Angesicht des »Lebens in Erwartung eines Biographen«?[14]

Dank gebührt überdies Larina Meinel für die technische Unterstützung beim Symposion, Nicole Kähler und Katharina Wolf für das umsichtige Setzen der Texte, Adrian Steffen Rüdiger für die sorgfältige Erstellung des Registers sowie Kerstin Siegrist vom Schott-Verlag für die Betreuung der Drucklegung. Ausrichtung des Symposions sowie Publikation wären ohne die großzügige finanzielle Unterstützung durch die Akademie der Wissenschaften und der Literatur | Mainz, die Johannes Gutenberg-Universität Mainz und das Institut für Musikwissenschaft und Interpretationsforschung der Universität für Musik und darstellende Kunst Wien nicht möglich gewesen – auch hierfür herzlicher Dank.

Mainz und Wien, August 2018

---

[14] Carl Pletsch, »On the autobiographical life of Nietzsche«, in: *Psychoanalytic Studies of Biography*, hrsg. von George Moraitis und George H. Pollock, Madison 1987, S. 405–434.

Melanie Unseld

Der blinde Fleck der Fachgeschichte?
Biographik und Musikwissenschaft

Darüber nachzudenken, ob und wenn ja wie Biographik und Musikgeschichte zusammenhängen,[1] inkludiert notwendigerweise auch ein Nachdenken über das Wechselverhältnis von Biographik und Musikwissenschaft, zumindest sofern man die historische Musikwissenschaft als jene Disziplin versteht, die – zwar nicht ausschließlich, aber doch substantiell – Musikgeschichte zu schreiben intendiert.[2] So einfach dieses Dreiecksverhältnis damit benannt ist (Biographik, Musikgeschichte, Musikwissenschaft), so komplex erweist sich dessen Geschichte und gegenwärtige Dynamik: Denn weder ist Biographik mehr Kernanliegen der (historischen) Musikwissenschaft, auch wenn sie diesen Status im 19. Jahrhundert durchaus zuweilen hatte, noch lässt sich eine deutliche methodische Re-Positionierung der Musikwissenschaft im Feld der interdisziplinären Biographieforschung wahrnehmen – und dies obwohl gegenwärtige musikwissenschaftliche Forschung ohne Rückgriffe auf handelnde Personen nicht auskommt: keine Enzyklopädie ohne Personeneinträge, keine musikgeschichtliche Darstellung ohne Akteure (und zuweilen Akteurinnen). Der blinde Fleck, der sich damit für die jüngere Fachgeschichte beschreiben lässt, ergibt sich eben daraus: Wie mit einer Perspektive umgehen, die als unwissenschaftlich aus dem

---

[1] Was als Teil der Frage verstanden werden kann, wie Biographie und Geschichte zusammenhängen. Zu diesem größeren Zusammenhang steht, sowohl im diachronen Längsschnitt der Geschichtswissenschaft als auch in der aktuellen Debatte, eine Reihe von Literatur zur Verfügung, u. a. Helmut Scheuer, *Biographie. Studien zur Funktion und zum Wandel einer literarischen Gattung vom 18. Jahrhundert bis zur Gegenwart*, Stuttgart 1979; *Biographie und Geschichtswissenschaft. Aufsätze zur Theorie und Praxis biographischer Arbeit*, hrsg. von Grete Klingenstein u. a. (= *Wiener Beiträge zur Geschichte der Neuzeit*, 6), München 1979; Daniel Fulda, *Wissenschaft aus Kunst. Die Entstehung der modernen deutschen Geschichtsschreibung 1760–1860*, Berlin und New York 1996; Olaf Hähner, *Historische Biographik. Die Entwicklung einer geschichtswissenschaftlichen Darstellungsform von der Antike bis ins 20. Jahrhundert*, Frankfurt a. M. 1999; Angelika Schaser, »Bedeutende Männer und wahre Frauen. Biographien in der Geschichtswissenschaft«, in: *Biographisches Erzählen*, hrsg. von Irmela von der Lühe und Anita Runge (= *Querelles. Jahrbuch für Frauenforschung* 2001, 6), Stuttgart und Weimar 2001, S. 137–152; Christian von Zimmermann, *Biographische Anthropologie. Menschenbilder in lebensgeschichtlicher Darstellung (1830–1940)*, Berlin und New York 2006.
[2] Hier und im Folgenden steht Musikwissenschaft als historische Disziplin im Fokus, was nicht meint, dass nicht auch in den systematischen Musikwissenschaften und der Ethnomusikologie eine Reflexion der eigenen Theorien und Methoden im Wechselverhältnis zur kritischen Biographieforschung notwendig ist. Dies freilich wäre einer gesonderten Betrachtung wert.

Portfolio der fachspezifischen Methoden extrahiert wurde, und die dennoch – mehr implizit – präsent ist? Oder, pointierter formuliert: Lassen sich die als für das Fach notwendig erachteten Personeneinträge für Fach-Enzyklopädien tatsächlich ohne Biographie schreiben? Es scheint daher notwendig, zum einen jene Veränderungen in den Blick zu nehmen, die das Verhältnis von Biographik und Musikwissenschaft als Disziplin seit deren Anfängen betrafen, vor allem aber auch, welche grundlegend epistemologischen Fragen, sowohl an die Biographik als auch an die Musikwissenschaft, damit verbunden waren und sich veränderten.[3] Im fachgeschichtlichen Rückblick auf das Verhältnis von Biographik und Musikwissenschaft mag das Potenzial liegen, zumindest – quasi physiologisch – die anatomischen Bedingungen des blinden Flecks benennen zu können, wenn nicht gar, in der Reflexion der Ursachen, Möglichkeiten für einen neuen Umgang mit Biographik in der Musikwissenschaft zu erörtern.

Auf drei Thesen zugespitzt – und dass es sich um Zuspitzungen handelt, sei betont – lassen sich diachrone Veränderungen im Wechselverhältnis zwischen Biographik und Musikwissenschaft als akademischer Disziplin wie auch damit zusammenhängende epistemologische Fragen folgendermaßen skizzieren:

Popularisierung versus Akademisierung. Die Musikerbiographik[4] war ab der Mitte des 19. Jahrhunderts eine bildungspolitische Angelegenheit mit hohen verlegerischen, identifikatorischen und pädagogischen Ambitionen.[5] Zeitgleich rang die junge akademische Disziplin Musikwissenschaft um ihre Legitimation. Legitimations- und Abgrenzungsstrategien waren die divergenten Folgen, zu deren Widersprüchen gehört, dass die Musikerbiographik zwar durchaus ein Tätigkeitsfeld von Musikwissenschaftlern blieb, womit diese auch zur Popularisierung beitrugen,[6] zugleich aber wurde insbesondere das Genre Biographie immer stärker als nicht-wissenschaftlich aus dem Portfolio der

---

[3] Dazu ausführlicher: Melanie Unseld, *Biographie und Musikgeschichte. Wandlungen biographischer Konzepte in Musikkultur und Musikhistoriographie* (= *Biographik. Geschichte – Kritik – Praxis*, 3), Köln u. a. 2014, insb. S. 367–435.

[4] Weitaus seltener, wenngleich nicht gänzlich absent: die Musikerinnenbiographik.

[5] Und ist dies – trotz aller Veränderungen – bis heute geblieben, siehe Melanie Unseld, »Biographien: Heute noch? Heute wieder?«, in: *Diskussion Musikpädagogik* 69/16 (2016), S. 6–9.

[6] Beispielhaft dazu für die Zeit um 1900 das biographisch-lexikalische Kapitel »Tonkünstler der Gegenwart« und das musikhistorische Kapitel »Epochen und Heroen der Musikgeschichte« im *Goldenen Buch der Musik*, ein auflagenstarkes Studienbuch, das im Kern musikwissenschaftliche Basiskompetenzen für »de[n] moderne[n] Mensch[en]« (s. Klappentext) zu vermitteln intendierte, und für das zahlreiche Musikwissenschaftler arbeiteten, »deren wissenschaftlicher Ruf und literarische Vorzüge Bürgschaft für eine allseitig vollendete Durchführung [...] boten«, darunter Hermann Abert und Hugo Riemann. *Spemanns goldenes Buch der Musik. Eine Hauskunde für Jedermann*, Berlin und Stuttgart 1900.

musikwissenschaftlichen Methoden herausgedrängt, um auf diese Weise akademisches Schreiben über Musik von populärem Musikschrifttum abgrenzen zu können.

Dieser Prozess nahm starken Einfluss auf die Fachgeschichte der Musikwissenschaft. Denn es ging (und geht) hierbei nicht nur um In- und Exklusion eines Textgenres, sondern, substanzieller, um die Konsequenzen, die sich daraus für die Methodik bzw. die Methodologien der historischen Musikwissenschaft ergeben. In- und Exklusion der Biographik wurde (und wird) als zutiefst methodische Angelegenheit verstanden,[7] weitgehend übrigens ohne Differenzierung, mithin ohne Ansehen dessen, dass es die Biographik ebenso wenig gibt wie die Musikwissenschaft.

Der Prozess dieser Einflussnahme, so gravierend er für die Fachgeschichte zu sein scheint, ist gleichwohl erst spät reflektiert worden. Zwar lassen sich früh, kontinuierlich und durchaus vehement anti-biographische Positionen im Fach finden, die Argumentation dieser Positionen aber geht selten über die Ablehnung des Populären und (bzw. als) Bekräftigung des Akademischen hinaus. Hinzu kommt, dass das Fach nur recht zögerlich an den kritisch-theoretischen Ansätzen der interdisziplinären Biographie-Forschung seit den späten 1970er-Jahren partizipiert hat (Reinhold Brinkmann erkannte 1983 hier eine »bemerkenswerte Zurückhaltung der Musikwissenschaft«[8]), jene Mesalliance damit kaum eingehender reflektiert wurde, obwohl – weiterhin – das Biographische auf der Agenda der Musikwissenschaft zu stehen scheint: Kaum ein Vermittlungsformat (von der akademischen Lehre beginnend bis hin zu Künstlermarketing, Biopics, Konzerteinführungen oder Musikunterricht in der Schule) scheint ohne Biographik im engeren oder weiteren Sinne auszukommen – nicht selten mit eklatant anachronistischen Konzepten biographischer (Selbst)Inszenierungen. Ohne die Musikwissenschaft als Dienstmagd der Vermittlung missverstehen zu wollen, ist doch an dieser Stelle von einem höchst unproduktiven Kreislauf von antibiographischer Akademia und biographisch agierender Musikkultur zu sprechen. Es stünde an, kritisch-biographische (statt biographie-kritische) Musikwissenschaft zur Reflexion über Biographik

---

[7] Vgl. dazu etwa den Hinweis von Beatrix Borchard, dass sie die biographietheoretische Konzeption ihrer Studie über Amalie und Joseph Joachim als »Anstiftung zu einem methodologischen Streit« versteht. Beatrix Borchard, *Stimme und Geige. Amalie und Joseph Joachim. Biographie und Interpretationsgeschichte* (= *Wiener Veröffentlichungen zur Musikgeschichte*, 5), Wien u. a. 2005, S. 589.

[8] Reinhold Brinkmann, »Musikforschung und Musikliteratur. Eine Niederschrift von Improvisationen über ein so nicht gegebenes Thema«, in: *Wagnerliteratur – Wagnerforschung. Bericht über das Wagner-Symposium München 1983*, hrsg. von Carl Dahlhaus und Egon Voss, Mainz u. a. 1985, S. 150–161, hier S. 151.

und damit auch zur facheigenen Grundlagenforschung, dann auch zum Dialog mit vermittelnden Partizipanten der Musikkultur zu animieren.[9]

Im Folgenden seien einige Schlaglichter geworfen, die insbesondere die enge Verwobenheit der drei genannten Thesen fokussieren, nicht ohne vorauszuschicken, dass das Wechselverhältnis zwischen Musikwissenschaft als akademischer Disziplin und Biographik nicht isoliert zu betrachten ist: weder von anderen geisteswissenschaftlichen Disziplinen (auch diese kennen Aushandlungsprozesse zwischen ihren jeweiligen Fachgeschichten und dem Wechselverhältnis zur Biographie), noch von jeweiligen historiographischen Diskussionen (was ist auf welche Art und Weise Gegenstand von Geschichtsschreibung?), noch von Reflexionen über Konzepte von Autorschaft, Identität und Selbst. Diese drei Bereiche spielen im Zusammenhang mit dem Wechselverhältnis zwischen Musikwissenschaft und Biographik eine eminente Rolle. Anders, konkreter formuliert: Das Aufkommen der Monumentalbiographik durch Otto Jahn, Philipp Spitta u. a. wäre nicht denkbar ohne nationale Identifikationsprozesse, den akademischen Historismus, Prozesse der Institutionalisierung von Wissen(sproduktion), Kunst etc., Prozesse der Industrialisierung und Ökonomisierung, mithin dem Markt für Druckerzeugnisse wie Biographien, und dem entsprechenden Menschen- bzw. Selbstbild.

Die frühe Phase der Musikwissenschaft als a k a d e m i s c h e r Disziplin[10] ist geprägt von Legitimationsdiskussionen und -strategien. Diesen Prozess hatte die Musikerbiographik um 1850 bereits hinter sich: Die Biographiewürdigkeit von

---

[9] Vgl. dazu auch Reinhold Brinkmanns noch immer interessante Thesen einer aktuellen Musikwissenschaft: Reinhold Brinkmann, »Kriterien für eine Musikwissenschaft der nahen Zukunft«, in: *Musiktheorie* 4 (2009), S. 361–363.

[10] Mit der Frühphase wird hier die zweite Hälfte des 19. Jahrhunderts gefasst, die von einzelnen Ereignissen der Institutionalisierung geprägt sind (darunter: 1849 Aufnahme der Musikwissenschaft in die Österreichische Akademie der Wissenschaften/Raphael Georg Kiesewetter; 1856 Habilitation von Eduard Hanslick, ab 1861 außerordentlicher Professor an der Universität Wien; August Wilhelm Ambros, 1869 Professur in Prag; Guido Adler, 1882 Habilitation und Privatdozent für Musikwissenschaft an der Universität Wien, ab 1885 außerordentlicher Professor an der deutschen Universität Prag), ohne dass bereits von einer flächendeckenden Institutionalisierung von Musikwissenschaft an deutschsprachigen Universitäten die Rede sein könnte. Von einer solchen kann grosso modo seit der Jahrhundertwende gesprochen werden: »Der Topos, nach dem Musikwissenschaft sowohl als die jüngste als auch als die weitaus älteste Wissenschaftsdisziplin bezeichnet wurde und wird, beruht weniger auf bloßer Äquivokation als auf einer engeren oder weiteren Fassung des Terminus. Das vollgültige Universitätsfach im modernen Sinn samt dem für Forschung und Lehre in Grund- und Hauptstudium erforderlichen institutionellen und personellen Hintergrund gibt es erst seit etwa einem guten Jahrhundert […]«. Rainer Cadenbach, Artikel »Musikwissenschaft«, in: *MGG2*, Sachteil 6, Kassel 1997, Sp. 1789–834, hier Sp. 1790.

Musikern und Musikerinnen war im 18. Jahrhundert ausgehandelt worden.[11] Biographisches Schreiben über Musiker und Musikerinnen begann zwar im Verhältnis zu anderen Künsten vergleichsweise spät und eher schwerfällig (lange in unmittelbarer Abhängigkeit zur Kunstgeschichte und lange qua Nekrolog als Memorialkultur[12] bzw. vorwiegend lexikalisch[13] oder anekdotisch[14]), aber doch vor der akademischen Etablierung der Musikwissenschaft. Damit war die Musikerbiographik bereits präsent, als sich die akademische Musikwissenschaft in Legitimierungs- und damit Abgrenzungsprozesse begab, genauer vielleicht: sie befand sich auf dem Höhepunkt ihrer Reputation, als die Musikwissenschaft sich akademisch zu etablieren begann.[15]

Auf der Agenda der neu sich in die akademischen Disziplinen einordnenden Wissenschaft stand, wie sich eine akademisch aufgestellte Musikwissenschaft zu bereits existierenden Formen musikalischen Wissens (darunter auch musikpraktisches, -theoretisches, -pädagogisches Wissen) zu verhalten habe. Der Beginn akademischer Wissensproduktion in Sachen Musik war damit, kaum anders als dies für andere akademische Disziplinen seit dem 18. Jahrhundert galt, immer auch eine Frage der Abgrenzung.[16]

---

[11] Vgl. dazu ausführlicher: Unseld, Biographie und Musikgeschichte, S. 69–84. Dabei sei nicht in Abrede gestellt, dass einzelne Musiker bereits früher Gegenstand biographischen Schreibens waren; für eine allgemeine Biographiewürdigkeit stellen diese freilich eher interessante Ausnahmen dar, die im Kontext von Historisierung, Kanonisierung und Autorschaftskonzepten zu betrachten sind.
[12] Dazu etwa Gerhart von Graevenitz, »Geschichte aus dem Geist des Nekrologs. Zur Begründung der Biographie im 19. Jahrhundert«, in: *Deutsche Vierteljahresschrift* 54 (1980), S. 105–170.
[13] Dazu ausführlicher: Unseld, Biographie und Musikgeschichte, S. 85–101.
[14] Vgl. zur Bedeutung der Anekdote als historischem Genre der Aufklärung: Sonja Hilzinger, *Anekdotisches Erzählen im Zeitalter der Aufklärung. Zum Struktur- und Funktionswandel der Gattung Anekdote in Historiographie, Publizistik und Literatur des 18. Jahrhunderts*, Stuttgart 1997; daran anknüpfend außerdem: *Anekdote – Biographie – Kanon. Zur Geschichtsschreibung in den schönen Künsten*, hrsg. von Melanie Unseld und Christian von Zimmermann (= *Biographik. Geschichte – Theorie – Praxis*, 1), Köln u. a. 2013.
[15] Hermann Abert formulierte dies in seiner Leipziger Antrittsvorlesung, die er bezeichnenderweise »Über Aufgaben und Ziele der musikalischen Biographie« hielt, so, dass um 1850 das »klassische Zeitalter der Musikerbiographik« begonnen habe und sie »geraume Zeit die vornehmste und erfolgreichste Gattung musikgeschichtlicher Forschung überhaupt« dargestellt habe. Hermann Abert, »Über Aufgaben und Ziele der musikalischen Biographie«, in: ders., *Gesammelte Schriften und Vorträge*, hrsg. von Friedrich Blume, Halle 1929, S. 562–588, hier S. 567.
[16] Vgl. zur Wissensproduktion im 18. Jahrhundert am Beispiel Göttingen: Martin Gierl, »Change of Paradigm as a Squabble between Institutions: The Institute of Historical Sciences, the Society of Sciences, and the Separation of Cultural and Natural Sciences in Göttingen in the Second Half of the Eighteenth Century«, in: *Scholars in Action. The*

Mit Blick auf die Biographik lässt sich beobachten, dass die deutschsprachige[17] Musikwissenschaft, nachdem im Sinne des akademischen Historismus Biographien (vor allem in ihrer monumentalen Dimension) zum Selbstverständnis des Faches durchaus dazugehört hatten (Chrysander, Spitta, Ambros etc.), doch rasch Argumente fand, das Genre Biographie kritisch zu betrachten und methodisch an den Rand zu drängen. Hierbei spielte die Popularität des Genres eine nicht zu unterschätzende Rolle: Die Beschaffenheit der zeitgenössischen Musikerbiographik (Anekdotik, biographische Kurzformen, Biographie als Genre der Musikvermittlung, journalistische Biographien u. a. m.) bot einer sich abgrenzenden, historisch orientierten Musikwissenschaft zahlreiche Gründe für Kritik, wobei der Vorwurf, dass biographische Formen grundsätzlich popularisierend seien, am schwersten wog.

Dennoch wurde als eine der Kernfragen des akademischen Fachs Musikwissenschaft benannt, wie mit der Tatsache umzugehen sei, dass Musik von Menschen gemacht, gehört, beschrieben/aufgeschrieben wird. Einfacher noch: das Verhältnis von Mensch und Musik. Die für das gesamte 19. Jahrhundert kaum lösbare Ambivalenz, ob und wenn ja wie das Verhältnis Musik/Mensch beschreibbar sein könne, brachte August Wilhelm Ambros 1860 auf den Punkt mit der Frage, ob »das Kunstwerk […] etwas selbständiges [sein solle und müsse] von den zufälligen Lebensschicksalen des Künstlers ganz unabhängig zu Betrachtendes« oder ob »selbst das allgemeinst verständliche, anscheinend auf reinster Schönheit beruhende Kunstwerk den Erdbeischmack seiner Entstehung […] nicht ganz los wird«.[18] Ambros wählte den Weg, eine kritische (sich nicht mit »Histörchen« abgebende) Biographik als Teil von Musikwissenschaft zu verstehen und in das methodische Portfolio der Disziplin zu integrieren. Er sprach sich für die Verbindung von philologisch werkbetrachtendem und biographischem Arbeiten aus und argumentierte auf diese Weise gegen eine rein werkbetrachtende Musikgeschichtsschreibung. Dabei war es Ambros nicht um eine beliebige Biographik

---

Practice of Knowledge and the Figure of Savant in the 18th Century, hrsg. von André Holenstein u. a., Leiden 2013, S. 267–287; bedenkenswert in diesem Zusammenhang der akademisch-musische, berufliche Weg Johann Nikolaus Forkels in Göttingen, vgl. dazu Axel Fischer, *Das Wissenschaftliche der Kunst: Johann Nikolaus Forkel als Akademischer Musikdirektor in Göttingen*, Göttingen 2015.

[17] Für die entsprechenden Diskurse in anderen europäischen Ländern wären eigens Beobachtungen zu machen, etwa für England und Frankreich, wo allein Biographik und Memoiren-Literatur einen anderen Stellenwert hatten und zugleich Musikpraxis und Wissensproduktion über Musik andere Institutionalisierungswege nahmen. Vgl. dazu die länder-/sprachspezifischen Kapitel in *Handbuch Biographie. Methoden, Traditionen, Theorien*, hrsg. von Christian Klein, Stuttgart 2009.

[18] August Wilhelm Ambros, *Culturhistorische Bilder aus dem Musikleben der Gegenwart*, Leipzig 1860, S. 8.

zu tun, sondern um eine, die (selbstredend zeitgenössisch grundierten) historiographischen Qualitätskriterien entspräche:

> »Daß die Biographie eines Künstlers etwas anderes und mehr sein solle als ein bloßes curriculum vitae, welches den Tauf-, Trau- und Todtenschein des Verewigten, nebst dessen verschiedenen Anstellungsdekreten mit juristischer Genauigkeit zitirt, und daneben allenfalls seine Hauptwerke aufzählt – mehr als ein bloßes Seitenstück zu den offiziellen éloges der französischen Akademie, wo dem Gepriesenen ein so schwerer und dicker Lorbeerkranz auf's Haupt gesetzt wird, daß man darüber sein Gesicht gar nicht ausnehmen kann – mehr endlich als ein Conglomerat von Anekdoten und Charakterzügen, von denen insgemein drei Viertheile apokryph sind – das eingesehen zu haben ist ein wesentliches Verdienst der Neuzeit.«[19]

Anders hingegen Guido Adler, der – wenngleich nicht ambivalenzfrei – eine besonders starke Position für eine Abgrenzung vertrat. Im ersten Jahrgang der *Vierteljahrsschrift für Musikwissenschaft* von 1885 publizierte er, nicht ohne kontroversielle Auseinandersetzung mit seinen Mitherausgebern, den dezidert biographisch arbeitenden Musikwissenschaftlern Friedrich Chrysander und Philipp Spitta,[20] seinen programmatisch intendierten Aufsatz »Umfang, Methode und Ziel der Musikwissenschaft«, in dem sich die »Biographistik« (sic) unter ›ferner liefen‹ unter den Hilfswissenschaften wiederfindet.

Adlers Aufsatz erschien – nicht unwesentlich für eine fachhistorische Perspektive – im Jahr seiner Ernennung als Professor für Musikwissenschaft an der Universität Prag als Nachfolger Eduard Hanslicks. Der Text kann demnach durchaus als Positionsbestimmung gelesen werden; und dass sich für Adler die Frage, was (akademische) Musikwissenschaft überhaupt sei, gerade auch an deren Verhältnis zur »Biographistik« festmachen ließ, lässt sich dem Aufsatz deutlich entnehmen. So führt Adler aus: »Die Biographistik hat sich in letzter Zeit unverhältnismäßig in den Vordergrund gedrängt, sich sogar als Musikwissenschaft χατ' εξοχήν geberdet, während sie doch nur ein wenn auch immerhin wichtiges Hilfsgebiet derselben ist.«[21] Adlers Argument ist dabei ein zweiteiliges: ein quantitatives (die schiere Fülle an Musikerbiographien, die dazu führe, dass man – von außen – Musikwissenschaft als diejenige Wissenschaft wahrnehme, die Musikerbiographien schreibe) und ein qualitatives. In diesem Zusammenhang formulierte er ausführlich Anforderungen an eine adäquate »Biographistik«:

---

[19] Ambros, Culturhistorische Bilder, S. [7].
[20] Vgl. dazu Unseld, Biographie und Musikgeschichte, S. 374.
[21] Guido Adler, »Umfang, Methode und Ziel der Musikwissenschaft«, in: *Vierteljahrsschrift für Musikwissenschaft* 1 (1885), S. 5–20, hier S. 10.

»Hier sollte [...] neben den Kunstproducten des Behandelten nur untersucht werden, was mit der künstlerischen Artung in directem oder indirectem Zusammenhange steht: wie die physische Beschaffenheit des Künstlers, seine Erziehung, die Vorbilder, die er studirt und in sich aufgenommen hat, der Einfluß seiner Umgebung auf seine künstlerische Anschauung, die künstlerische Stellung, die er bekleidet, die Momente, die gewaltig in sein Gefühlsleben eingriffen, die Art seiner Productionsthätigkeit, sein Verhalten zu den übrigen Künsten, sowie endlich seine ethischen und culturellen Anschauungen.«[22]

Man kann diesen (hier nur gekürzt wiedergegebenen) Passus als Ausformulierung einer biographischen Theorie Adlers lesen, und zwar mit dem Konzept der Berufsbiographie im Zentrum, wozu eine Beschweigungsintention[23] gegenüber allem gehört, was der Subjektform »Künstler« (in Adlers Verständnis) inadäquat sei.

Adlers Skepsis gegenüber einer an ein »großes Publikum« gerichteten Biographik allerdings wuchs, parallel zu dem Postulat, dass dieses Genre nichts mit Musikwissenschaft zu tun habe: In seiner *Methode der Musikgeschichte* (1919) wurde Adler diesbezüglich deutlich: Die Musikerbiographistik adressiere »die weiteren Laienkreise«, sei den »Künstlerromanen und Novellen« ähnlich und stünde in jedem Fall »der Arbeit des Forschers [= Musikwissenschaftlers, Anm. M. U.] antipodisch gegenüber«. So deutlich Adler hier eine Ausgrenzung der Biographik zum Vorteil seines stilgeschichtlichen Ansatzes vornimmt, wäre seine Position nur unzureichend dargestellt, denn sowie die Biographik nach s e i n e m Modell gearbeitet sei, gehöre sie doch zum musikwissenschaftlichen Arbeiten, mehr noch: »Sowie die Biographistik das zu erfüllen sucht [= eine Biographik nach Adlers Vorstellungen, Anm. M. U.], ist sie *nicht mehr bloßes Hilfsgebiet* der Musikgeschichte, sondern *trägt zur Erfüllung ihrer höchsten Aufgaben bei.*«[24] Man staunt – nach aller antibiographischen Argumentation – über eine derartige »Adelung« der Hilfswissenschaft »Biographistik« als Methode im Kern des akademischen Fachs Musikwissenschaft. In einer (im Vergleich zur langen antibiographischen Argumentation) kurzen argumentativen Volte beschreibt Adler hier eine »Biographistik«, die – sofern sie seinem theoretischen Ansatzpunkt folgt – integral für die Methodologie des Faches sei.

Solcherart Abgrenzungstendenzen mitsamt ihren Ambivalenzen lassen sich (nicht nur bei Adler) auch jenseits der theoretischen Schriften beobachten: Die Akteure der Akademisierung arbeiteten und publizierten selbst biographisch,

---

[22] Adler, »Umfang, Methode und Ziel der Musikwissenschaft«, S. 10f.
[23] Vgl. dazu Thomas Etzemüller, »Der ›Vf.‹ als biographisches Paradox. Wie wird man zum ›Wissenschaftler‹ und (wie) lässt sich das beobachten?«, in: *Selbst-Bildungen. Soziale und kulturelle Praktiken der Subjektivierung*, hrsg. von Thomas Alkemeyer u. a., Bielefeld 2013, S. 175–196.
[24] Guido Adler, *Methode der Musikgeschichte*, Leipzig 1919, S. 109.

immer wieder fassten sie Wissen über Musik – neben anderem – auch biographisch;[25] auffallend auch, dass Ambros, Adler u. a. Unterschiede im Zugriff auf das Biographische wahrnahmen und Gedanken zu einer (kritischen) Theorie der Biographie in ihren methodischen Überlegungen durchaus zu finden sind. Doch überwog die Befürchtung, den Prozess der Akademisierung der Musikwissenschaft durch eine allzu offene Hinwendung zur Biographik zu gefährden; die Biographie wurde als zentrales Genre popularisierender Tendenzen wahrgenommen.

In der Phase des Aushandlungsprozesses war mithin das Verhältnis zwischen Musikwissenschaft und Biographik immer präsent, kein Akteur wäre zu nennen, der sich nicht mit Biographik auseinandergesetzt hätte: praktisch oder theoretisch, kritisch oder pragmatisch. Und Akteurinnen?

Vor dem Hintergrund, dass sich das akademische Feld der Musikwissenschaft in der zweiten Hälfte des 19. Jahrhunderts in seiner Gründungsphase befand, Frauen zu dieser Zeit aber institutionell von akademischer Bildung ferngehalten wurden,[26] ist es kaum hilfreich, nach akademisch-institutionalisierten Akteurinnen der Musikwissenschaft zu suchen. Dies bedeutet freilich nicht, dass Frauen nicht an der Wissensproduktion über Musik beteiligt gewesen wären, im außerakademischen Bereich nahmen Frauen selbstverständlich aktiv teil am Nachdenken und Schreiben über Musik: Sie hatten über andere, ihnen zugängliche Wege (Instrumental- oder Gesangsstudium, private Studien u. a.) Kontakt zur Wissensproduktion über Musik und partizipierten daran mit erkennbarer Selbstverständlichkeit. Diesen Fokus zuzulassen ist umso wichtiger, als die Netzwerke der Wissensproduktion auch in der Musik keineswegs nur in den engen Grenzen universitärer Institutionalisierung existierten,[27] zumal in der

---

[25] Hugo Riemann gruppierte sogar die einschlägigen Lexika in seinem *Grundriß der Musikwissenschaft* 1908 explizit entlang der Kategorie Biographie, vgl. Hugo Riemann, *Grundriß der Musikwissenschaft*, Leipzig 1908, S. 17f.

[26] In deutschsprachigen Ländern wurden Frauen zunächst in der Schweiz zum Studium zugelassen (Zürich, ab 1840/Medizin), in Heidelberg seit 1895 widerruflich, seit 1900 mit vollem Zugang, weitere Universitäten folgten, zum Teil über den Zwischenstatus der Gasthörerin.

[27] Dorinda Outram hat netzwerkartig strukturierte Wissensgesellschaften in Wissenschaftlerfamilien um 1800 untersucht, wobei sie zum neuerlichen Nachdenken über weibliche Teilhabe in diesen Kontexten anregt: »Viele dieser Orte, wenn auch nicht alle, waren in den Händen von Frauen. Dennoch stellt sich die Frage, wie stark wir die Tatsache betonen sollten, daß die Salons von Männern der Wissenschaft auf die Mitarbeit von Ehefrauen und Töchtern angewiesen waren. Sollten wir nicht vielleicht eher den Charakter dieser Institutionen als Orte der sozialen Transformation betonen, die sowohl für die Wissenschaft als auch für den Absolutismus bezeichnend waren?« Dorinda Outram, »Familiennetzwerke und Familienprojekte in Frankreich um 1800«, in: *Zwischen*

ersten Phase des Akademisierungsprozesses eine akademische Ausbildung als Musikwissenschaftler ohnehin eher die Ausnahme, denn die Regel war: August Wilhelm Ambros hatte Jura studiert, Guido Adler Jura, Klavier und Komposition, Friedrich Chrysander Philosophie usw.[28]

De facto schrieben zahlreiche Frauen (außerhalb des akademischen Feldes) über Musik, und insbesondere in der zweiten Hälfte des 19. Jahrhunderts fallen einige höchst erfolgreiche Frauen im Feld der Musikerbiographik auf: Marie Lipsius,[29] Lina Ramann, Elise Polko u. a. m. Dass sie im akademischen Aushandlungsprozess um das Fach Musikwissenschaft dennoch keine Rolle spielten, lag freilich nicht an ihren Tätigkeiten als Musikwissenschaftlerinnen avant la lettre und als Biographinnen, sondern am generellen Ausschluss von Frauen aus den Universitäten (und damit auch aus Akademisierungsprozessen). Gleichwohl fanden antibiographische Tendenzen doch immer wieder ihren argumentativen Weg hin zu den Biographinnen und ihrem Tun, vor allem aber mit dem Hinweis auf die (tatsächliche oder intendierte) Popularität biographischen Schreibens. Hier allerdings verschränken sich Argumentationen um Gender und Genre, die klar differenziert werden müssen, zumal vor dem Hintergrund der Professionalisierung musikwissenschaftlichen, musikhistorischen und auch musikbiographischen Schreibens. Denn bei genauerer Betrachtung ist erkennbar, dass die philologisch versierte Marie Lipsius kaum mit der Jugendautorin Elise Polko zu vergleichen ist. Polko wiederum steht in ihrem bewusst vermittelnden Ansatz der *Musikgeschichte in Biographien* Otto Gumprechts *Musikalischen Lebens- und Charakterbildern* näher. Lipsius' Arbeit ist hingegen, auch in ihrer Spannweite von Philologie und Biographik, eher Musikwissenschaftlern wie Hugo Riemann an die Seite zu stellen.

Vorderbühne und Hinterbühne. Beiträge zum Wandel der Geschlechterbeziehungen in der Wissenschaft vom 17. Jahrhundert bis zur Gegenwart, hrsg. von Theresa Wobbe, Bielefeld 2003, S. 73–79, hier S. 78. Es scheint mithin sinnvoll, auch akademische Wissensproduktion in ihrem Ereignischarakter und entlang von Transformationsprozessen wahrzunehmen.

[28] Dass sich dies auch auf die methodische Verfasstheit des Faches auswirkte, sei angemerkt: Die Akteure brachten ihr jeweiliges, in ihren Herkunftsfächern erlerntes Methodenportfolio in die musikwissenschaftlich-methodischen Diskussionen ein. Die Methoden, über die sich die Akteure der jungen Disziplin Musikwissenschaft zu verständigen hatten, speisten sich aus Nachbardisziplinen und wurden mit Blick auf eine Spezifizierung in Musik weiterentwickelt. Dieser methodischen ›Unbehaustheit‹ waren sich die Akteure der frühen Phase durchaus bewusst, hierin lag immer auch eine Rechtfertigungsnotwendigkeit, wie sich beispielhaft in der Autobiographie von Guido Adler nachlesen lässt.

[29] Vgl. Lisbeth Suhrcke, *Schriftstellerin | Wissenschaftlerin. Das publizistische Werk von Marie Lipsius (1837–1927) in der formativen Phase der Musikwissenschaft. Ein Beitrag zur Wissenschaftsgeschichte*, Diss.-Schrift, Carl von Ossietzky Universität Oldenburg 2016, Druck in Vorb.

Die Musikerbiographik blieb nicht nur ein umstrittenes Genre angesichts der weiterhin herausfordernden Sachlage, die Ambros 1860 benannt hatte, und die sich – nach den Irritationen um die Identität des Selbst um 1900 – nochmals verschärften. Das »Avantgarde-Subjekt«, wie es etwa Andreas Reckwitz wahrzunehmen vorschlägt,[30] ist derart in Fragmetarisierungsprozessen involviert, dass dies – in Verbindung mit einer sich philologisch profilierenden Musikwissenschaft – nicht zufällig in neue, die narrative, monumentalbiographische Verfasstheit gründlich hinterfragende Formen der Biographie, insbesondere Dokumentarbiographik, Chronik und andere nicht-narrative Formen mündet. Zugleich aber blieb, angesichts einer ungebrochenen und besonders großen Popularität des Genres, insbesondere die Abgrenzung gegen das Populare auf der Agenda, kulminierend in Carl Dahlhaus' Polemik »Wozu Biographien?« aus dem Jahr 1975.[31] Hatten aber Adler, Riemann u. a. trotz antibiographischer Ansätze das Biographische mit wissenschaftlichem Anspruch durchaus noch zum Methodenportfolio der Historischen Musikwissenschaft zugelassen, war die Antibiographik der 1970er- und 1980er-Jahre darauf aus, das Biographische gleich welchen Anspruchs aus der Musikwissenschaft auszugliedern: Musikwissenschaft ohne Biographik wurde dabei zunächst als Grundsatzkritik gegen (populäre) heroenbiographische Konzepte verstanden, dann aber auch als Gegenentwurf zur sozialhistorischen Forschung marxistischer Provenienz[32] und als methodische Grundlage eines normativen Musikverständnisses. Dieses bedürfe keines biographischen Subjekts, allenfalls eines ästhetischen, wie Dahlhaus dies im Zusammenhang mit Ludwig van Beethoven erläuterte.[33] Mit der Frage des Verhältnisses zur Biographik waren damit wiederum der eigene Forschungsstandpunkt[34] und grundlegend epistemologische Fragen aufs engste verknüpft: Was hat die historische Musikwissenschaft zu berücksichtigen, wenn sie sich dem Phänomen Musik zuwendet? Zuvörderst (oder gar ausschließlich) das Werk,[35]

---

[30] Andreas Reckwitz, *Das hybride Subjekt. Eine Theorie der Subjektkulturen von der bürgerlichen Moderne zur Postmoderne*, Weilerswist 2006, S. 275–335.
[31] Carl Dahlhaus, »Wozu noch Biographien?«, in: *Melos/NZfM* 1/2 (1975), S. 82.
[32] Dazu u. a. *Bericht über den Internationalen Beethoven-Kongreß 20. bis 23. März 1977 in Berlin*, hrsg. von Harry Goldschmidt u. a., Leipzig 1978; *Komponisten, auf Werk und Leben befragt. Ein Kolloquium*, hrsg. von Harry Goldschmidt u. a., Leipzig 1985; Georg Knepler, *Wolfgang Amadé Mozart. Annäherungen*, Berlin 1991.
[33] Carl Dahlhaus, *Ludwig van Beethoven und seine Zeit*, Laaber 1987, Laaber ³1993.
[34] Vgl. zum Forschungsstandpunkt (und -ort) von Dahlhaus und Knepler etwa auch Anne C. Shreffler, »Berlin Walls: Dahlhaus, Knepler, and Ideologies of Music History«, in: *The Journal of Musicology* 20 (2003), S. 498–525.
[35] Reinhard Strohm hebt hervor, dass »Dahlhaus während seiner ganzen Karriere versucht [habe], den Werk-Diskurs explizit zu machen und die Vorstellung vom musikalischen Kunstwerk gegen Kritik und Nichtbeachtung zu verteidigen. Nur aus der Stellungnahme für den Werkbegriff heraus konnte er Musikgeschichte und Musikästhetik

oder das Ereignis Musik, zu dem auch die Menschen, sozialen Verhältnisse, Produktionsbedingungen etc. gehören? Zum Paradoxon der Zeit gehörte folgender Konsens unter den Musikwissenschafts-Studierenden: Komponisten-Biographien muss man kennen, soll sie aber nicht lesen. Denn die Biographik glich einer ›persona non grata‹ im musikwissenschaftlichen Diskurs, oder, wie Reinhold Brinkmann die »Situation der wissenschaftlichen Biographik« 1983 umschrieb:

> »Daß diese heute und zumal auch in der Musikwissenschaft ein Problem darstellt, ein generelles Problem, erscheint offensichtlich. […] [I]n Frage steht die große wissenschaftliche Biographie, jenes Genre, in das einerseits frühere Generationen unseres Fachs immensen Gelehrtenfleiß und höchste intellektuelle Anstrengung investierten, das als Krönung eines Forscherlebens verstanden werden konnte, und das andererseits die Summe des jeweiligen Wissens und Denkens über eine historische Gestalt und aus eigener neuer Sicht eine neue Zeichnung der künstlerischen Physiognomie unternahm. Auf diesem Feld ist eine bemerkenswerte Zurückhaltung der Musikwissenschaft zu beobachten, die mir in mehrfacher Hinsicht problematisch und bedauernswert erscheint – für das Fach selbst und für das Schreiben über Musik und Musiker außerdem.«[36]

Die Zurückhaltung seitens der Musikwissenschaft betraf im Übrigen nicht nur die Biographik, sondern auch die seit den 1970er-Jahren intensivierte Biographieforschung. Dass hier bereits über Fragen von Identität, biographischen und anthropologischen Modellen, ihrer Konstruktion und Dekonstruktion, Selbstbildung, Selbst- und Fremdinszenierung, Faktizität, Narrativität, Leben-Welt-Bezug, Historik, und nicht zuletzt über Biographie-Geschichte nachgedacht wurde, fand kaum Eingang in die Musikwissenschaft. Dies führte zu einer sich verschärfenden Tendenz, Biographie nicht nur als populäres und damit unwissenschaftliches Genre wahrzunehmen (und zu exkludieren), sondern Biographik auch als tendenziell theorielos zu betrachten. Impulse von außen (literarische Biographik über Komponisten), aus der Genderforschung (biographische Modelle, Kanonkritik), der Popularmusikforschung (Image/-bildung) und die Herausforderung einer perpetuum-mobile-anfälligen Erinnerungskultur (Jubiläumsjahre) gaben ab den 1980er-Jahren vermehrt Anlass, neuerlich über das

---

betreiben.« Reinhard Strohm, »Werk – Performanz – Konsum. Der musikalische Werk-Diskurs«, in: *Historische Musikwissenschaft. Grundlagen und Perspektiven*, hrsg. von Michele Calella und Nikolaus Urbanek, Stuttgart und Weimar 2013, S. 341–355, hier S. 343f. Vgl. zudem Carl Dahlhaus, *Grundlagen der Musikgeschichte*, Köln 1977; Hermann Danuser, »Die Kunst der Kontextualisierung. Über Spezifik in der Musikwissenschaft«, in: *Musikalische Analyse und kulturgeschichtliche Kontextualisierung. Für Reinhold Brinkmann*, hrsg. von Tobias Bleek und Camilla Bork, Stuttgart 2010, S. 41–63.

[36] Brinkmann, »Musikforschung und Musikliteratur«, S. 151.

Genre nachzudenken.[37] Auch hier aber war, wie schon in der Gründungsphase der akademischen Musikwissenschaft, die Frage, ob und wie mit Biographik umgegangen werden solle, eine Frage des grundsätzlichen Selbstverständnisses der Disziplin.

---

[37] Darunter *Mozart Studies*, hrsg. von Cliff Eisen, Oxford 1991; *Künstler-Bilder. Bruckner-Symposion im Rahmen des Internationalen Brucknerfestes Linz 1998, 16.-20. September 1998. Bericht*, hrsg. von Uwe Harten u. a., Linz 2000; Beatrix Borchard, »Lücken schreiben oder: Montage als biographisches Verfahren«, in: *Biographie schreiben*, hrsg. von Hans Erich Bödeker (= *Göttinger Gespräche zur Geschichtswissenschaft*, 18), Göttingen 2003, S. 211–241; *Musik und Biographie. Festschrift für Rainer Cadenbach*, hrsg. von Cordula Heymann-Wentzel und Johannes Laas, Würzburg 2004; Borchard, Stimme und Geige; Silke Borgstedt, *Der Musik-Star. Vergleichende Imageanalysen von Alfred Brendel, Stefanie Hertel und Robbie Williams*, Bielefeld 2008.

Thomas Etzemüller

Wer konstruiert die Biographie?

Über die Rolle von Autoren, Lesern, Quellen, Texten – und des Biographierten*

Eine Biographie scheint etwas Unkompliziertes zu sein. Ein Mensch wird geboren, wächst heran, stirbt. Entsprechend bildet ein biographischer Text dieses Leben mit Hilfe eines klassischen Entwicklungsmodells ab: Er beginnt in der Regel mit dem Elternhaus, beschreibt Kindheit und Berufsleben, schildert zumeist einen Aufstieg, dann den Rückzug von der öffentlichen Bühne, Alter, Tod und das Nachleben in der Erinnerung. Eingebettet sind thematische Blöcke, die Weltanschauungen rekonstruieren, Werke analysieren und Einflüsse herausarbeiten. Nicht selten wird das spätere Leben aus der Kindheit abgeleitet. Es werden zentrale Lebensthemen identifiziert, Handlungsspielräume aufgezeigt, Kontinuitäten und der gemeinsame Nenner eines Lebens entschlüsselt. Zumeist sind Männer, die etwas Bleibendes vollbracht haben, Gegenstand von Biographien, seltener erfolgreiche Frauen, praktisch nie Menschen, die ›nichts‹ geleistet haben.

Sprachlich wird eine lineare Erzählung konstituiert. Typisch sind Temporaladverbien wie ›bereits‹, ›schon‹ usw., und die Reihung aufeinanderfolgender Datumsnennungen, gefolgt jeweils vom Bericht einer Handlung oder eines Ereignisses. Unterstrichen wird das durch die Bebilderung. Sie zeigt den Protagonisten mit dem Gang der Biographie alternd oder Artefakte seines Lebens bzw. seine Umwelt, etwa die Orte seiner Kindheit. Was der biographische Text behauptet, wird durch Abbildungen als Realität beglaubigt. So bleibt kein Zweifel an der Tatsache, dass der Biographierte tatsächlich existiert hat und im Lebensverlauf eine psychische und physische Einheit bildete, die sich in einer Biographie einfangen lässt.

Gibt es aber eine derart klare Beziehung zwischen Leben und Lebensbeschreibung? Nein, denn der Blick auf die Biographieforschung macht rasch deutlich, dass alles viel komplizierter ist. Faktisch schreiben nämlich eine ganze Reihe von

---

* Vortrag, gehalten auf dem Hauptsymposium »Musikwissenschaft und Biographik: Narrative, Akteure, Medien«, Jahrestagung der Gesellschaft für Musikforschung, Johannes Gutenberg-Universität Mainz, am 14.9.2016. Die Vortragsform wurde beibehalten. Der Vortrag fasst Überlegungen zusammen aus Thomas Etzemüller, *Biographien. Lesen – erforschen – erzählen*, Frankfurt a. M. und New York 2012. Vgl. aber auch *Handbuch Biographie. Methoden, Traditionen, Theorien*, hrsg. von Christian Klein, Stuttgart und Weimar 2009; *Die Biographie – Zur Grundlegung ihrer Theorie*, hrsg. von Bernhard Fetz, Berlin und New York 2009.

Instanzen an einer Biographie mit, nicht allein der Biograph oder das Leben; und diesen konstruktivistischen Charakter von Biographien möchte ich im Folgenden kurz umreißen. Wer also schreibt?

Zuerst einmal: Autor und Leser gemeinsam. Denn der Leser erwartet etwas, was der Autor zu bedienen hat. Nehmen wir als Beispiel Wolfgang Hildesheimers *Marbot*. Das ganze Buch weist die Elemente einer Biographie auf: Eine zentrale Figur mit dem Eigennamen Sir Andrew Marbot, die im 19. Jahrhundert lebte; ihr Umfeld und ihr Charakter werden beschrieben, außerdem ›O-Töne‹ präsentiert, die in das Innere des Helden blicken lassen. Berühmte Persönlichkeiten wie Johann Wolfgang von Goethe treten auf und korrespondieren mit Marbot; aus diesen Briefen wird ausführlich zitiert. Das Buch trägt einen Verfassernamen, den Untertitel *Eine Biographie*, es weist Einleitung und Personenregister auf. Nur ein einziger Satz auf der Rückseite des Taschenbuches behauptet, dass es sich um einen Roman handelt. Wie aber sollen wir wissen, dass Hildesheimers *Marbot* ein Roman, sein *Mozart* aber eine Biographie im eigentlichen Sinne ist (und kein biographischer Roman)? Um das zu klären, hat Philippe Lejeune den Begriff des »autobiographischen Pakts« vorgeschlagen,[2] den man zum »biographischen Pakt« verallgemeinern kann. In Kürze: Autor und Verlag appellieren durch spezifische Signale an den Leser, ihnen zu vertrauen, dass der Protagonist einer Biographie tatsächlich existiert (hat) und vom Autor der Biographie mit eindeutigem Realitätsbezug beschrieben wird. Der Autor gibt zu erkennen, dass er die Leseerwartungen seines Publikums kennt und ernst nimmt; die Leser erkennen, dass sie, wie erwartet, ein genretypisches Narrativ über das Leben eines zumeist überdurchschnittlichen Menschen erhalten.

Diese beglaubigenden Strategien (Paratexte) – die unmittelbar in das Buch integrierten Peritexte (Untertitel, Klappentext, Bilder etc.) sowie die sich rund um das Buch anordnenden Epitexte (Kritiken, Interviews, Lexikoneinträge, Sekundärliteratur, Autorenporträts) – dienen den Lesern als Garantie für die ›Echtheit‹ einer Biographie. In der Regel reichen die Peritexte aus, um eine Biographie von einem Roman zu unterscheiden. In Fällen wie *Marbot* muss man sich letztlich auf Epitexte verlassen, etwa wissenschaftliche Arbeiten über Wolfgang Hildesheimer, oder auf die Klassifizierung als ›Belletristik‹ durch die Deutsche Nationalbibliothek. Erst der Kontext also erklärt einen Text zur Biographie.

Als zweites prägen Genreregeln den Text. Zum einen gibt es unterschiedliche Biographieformen: Künstlerbiographien beispielsweise stellen tendenziell die Frage von persönlicher Genialität in den Vordergrund, Wissenschaftlerbiographien die Aufopferung im Dienste einer überindividuellen Wahrheit, Lebensge-

---

[1] Wolfgang Hildesheimer, *Marbot. Eine Biographie*, Frankfurt a. M. 1984.
[2] Vgl. Philippe Lejeune, *Der autobiographische Pakt*, Frankfurt a. M. 1994 (urspr. 1975).

schichten von Frauen deren zu Unrecht vergessene Leistungen. Außerdem muss man zwischen Individual-, Paar- und Kollektivbiographien unterscheiden. Die narrative Spannbreite reicht hier von einem detaillierten Lebensbericht bis hin zu einem dürren Gerüst biographischer Daten Hunderter Personen, die in ihrer Gesamtheit das biographische Muster eines Kollektivs erkennen lassen.

Weiterhin existiert eine Reihe narrativer Formen, die sich unterschiedlicher stilistischer Mittel und Perspektiven bedienen, etwa das essayistische Porträt, die psychoanalytische Fallgeschichte, der Internetauftritt, biographische Spielfilme (Biopics), Hörspiele oder Opern. Auch ihre materiellen Träger variieren und zielen auf unterschiedliche Leser: Magazinartikel auf Hochglanzpapier, Zelluloid oder handschriftliche Notizen auf Umweltpapier. Die narrativen Formen können nicht ohne ihre materielle Präsentation gedacht werden.

Die Ziele, denen Biographien dienen können, reichen von der wissenschaftlichen Biographik, die auf Erkenntnisgewinn zielt, über die literarische Biographik, die das Verhältnis von Leben und Schreiben experimentell reflektieren darf, bis hin zu biographischen Kleinformen wie Lexikonartikeln, Nachrufen oder dem Curriculum Vitae eines Bewerbers. Die Skala reicht von einem postulierten strikten Realitätsbezug (Wissenschaft) über Konventionen der akzeptierten Retusche (CV) bis hin zur reinen Fiktion (Kunst); dazu die Spanne zwischen bewusst homogenisierten biographischen Gebrauchstexten (z. B. in Bewerbungssituationen) und betont fragmentierter Polyphonie (etwa in Hörspielen).

Man hat also nicht ein Leben und schreibt dann einen Text, sondern Biographen wählen spezifische narrative Formen, um ein Leben regelrecht zu gestalten.

Zum dritten hat man zumeist ohnehin keine Leben, sondern nur Quellen. Im Idealfall gibt es einen Nachlass, der relevantes Material enthält, im schlechtesten Fall nur ein paar dürre Behördeneinträge. Allerdings ist diese Formulierung irreführend, denn man findet Material nicht einfach vor. Auch die Quellenkorpora werden von mehreren Instanzen konstruiert.

Der Nachlass der schwedischen Sozialpolitiker Alva und Gunnar Myrdal beispielsweise umfasst etwa 1.600 Kartons, davon über 300 Kartons mit ihrer Korrespondenz sowie ca. 8.000 Briefe, die das Ehepaar einander zwischen 1919 und 1982 schrieb. Dazu 238 Kartons mit Zeitungsausschnitten über beide, Fotografien, Manuskripte usw., also ein Materialberg, von dem ein Biograph träumt.[3] Nachlässe anderer Personen zeigen wesentlich größere Lücken. Teile sind verkauft, in Archiven kassiert oder Bomben zum Opfer gefallen. Dazu kommen weltanschaulich motivierte Eingriffe durch die Nachlasser. Einige halten

---

[3] Vgl. dazu Thomas Etzemüller, *Die Romantik der Rationalität. Alva & Gunnar Myrdal – Social Engineering in Schweden*, Bielefeld 2010.

von biographischen Arbeiten gar nichts und vernichten von vornherein alles Material. Wissenschaftler wiederum übertragen oft das Ideal, dass Wissenschaft und Privatleben als getrennte Sphären zu betrachten sind, auf ihren Nachlass, der ihre intellektuelle und wissenschaftspolitische Entwicklung abbildet, alles ›Private‹ aber, nicht zuletzt die Spuren der Ehefrauen, tilgt.

(Unbewusste) Gestaltung oder (unbewusste) Bereinigung eines Nachlasses sind als autobiographische Aussagen zu verstehen. Sie zeigen das Bild, das jemand von sich vermitteln möchte oder (unreflektiert) hat. Das erschwert die Arbeit eines Biographen, denn folgt er der Struktur eines solchen Nachlasses, transformiert er ein Selbstbild in eine objektivierende Biographie. Dasselbe gilt allerdings auch für den Nachlass der Myrdals. Er ist wohl nicht bereinigt – und genau das lässt sich als offizielle Selbstdeutung ihres Lebens interpretieren: Er legt bewusst nahe, die Grenze von ›privatem‹ und ›öffentlichem‹ Leben aufzulösen. Seine Verwahrung im Archiv der Arbeiterbewegung ist als Manifestation zu lesen, dass Intellektuelle und Arbeiterbewegung zueinander gefunden haben. Schließlich spiegelt er einen Habitus der Transparenz. Während man in den Manuskripten von Philosophen Ursprungsfassungen und Variationen der Texte findet, die das Denken zusätzlich beleuchten oder gar erst erschließen, gibt es bei den Myrdals kaum ein Manuskript, kaum einen Gedanken, die nicht gedruckt wurden. Ihr intellektuelles Leben spielte sich nicht dunkel zwischen den Zeilen ab, sondern an der Oberfläche ihrer Texte.

Schon die Tatsache, wo ein Nachlass verwahrt wird – privat oder in einer renommierten Institution –, oder ob eine Hinterlassenschaft auf verschiedene Nachlässe verteilt wird, sagt etwas über die Bedeutung aus, die einer Person zugeschrieben wird. Ein archivalisches Schema, das zwischen ›persönlichen‹ und ›beruflichen‹ Dokumenten unterscheidet oder zwischen (archivalischem) Schriftgut und (musealen) Gegenständen, suggeriert ebenfalls bereits ein Bild des Nachlassers. Solche Ordnungsprinzipien verdanken sich zweifellos pragmatischen Gesichtspunkten. Aber dadurch werden lange vor Entstehung der Biographie biographische Figuren skizziert, die sich beispielsweise durch abwesende Frauen, fehlendes Privatleben, professionelle Grenzen oder soziale Wertungen auszeichnen.

Und was hat nun viertens der Biographierte zu melden? Wenn er nicht in der Lage ist, einen Text zu autorisieren, hat er gar nichts zu melden. Julius Cäsar wurde seit der Antike wahlweise als Totengräber der Republik, als maßvoller Sieger, maßloser Ehrgeizling, als »Inkarnation des Weltgeistes«, Kulminationspunkt der römischen Geschichte, als ideale Synthese von Demokratie und Monarchie oder als an seiner Umwelt Gescheiterter beschrieben.[4]

---

[4] Vgl. *Caesar. Neue Wege der Forschung*, hrsg. von Ernst Baltrusch, Darmstadt 2007.

Immer wieder arbeiten sich Historiker und Publizisten an denselben Figuren ab, sodass geradezu ein Kanon jederzeit besonders bedeutsamer Figuren existiert, die je nach Interessenlage oder Zeitgeist immer aufs Neue interpretiert werden. Welche Macht hat da eigentlich das angebliche »Veto der Quellen« (oder des Biographierten), wenn sowieso jedes Autor/Leser-Bündnis den Cäsar sieht, den es sehen will?

Als Benoît Peeters sich einer Biographie über Jacques Derrida annahm, führte er parallel dazu ein Arbeitstagebuch.[5] Dort notierte er eindrücklich, wie er seine Biographie gemeinsam mit den »Derridiens« schreiben musste, die ihm Informationen lieferten oder vorenthielten, die ihre eigene Biographie in den Text einschreiben wollten oder versuchten, sich posthum noch gegen die Übermacht Derridas zu behaupten, während er sein Buch vor ihnen zu bewahren suchte. Schon die Quellengrundlage des Buches wurde Stück für Stück im Kollektiv geschaffen, und alle miteinander rangen um die Deutungshoheit der Biographie. Derrida wurde nicht gefragt.

Fazit: Sollen wir jetzt mit dem angeblich postmodernen ›anything goes‹ schließen? Nein, denn Genreregeln, Konventionen usw. verhindern, dass alles auf gleiche Weise rezipiert wird. Und Akteure, die miteinander ringen, verhindern, dass alles gleich möglich ist. Am Ende steht immer ein Ergebnis, das zufällig, aber nicht beliebig ist. Quellen führen eine regelrechte Performance für den Biographen auf, Biographen inszenieren ihren Text für die Leser, Leser tragen ihre Erwartungen an Archive und Autoren heran, aber alle wissen, was sie am Ende sehen wollen, nämlich das, was die Konvention als ›Biographie‹ ausflaggt.

Grundsätzlich zeichnet sich dieses Genre aber durch das aus, was ich das »biographische Paradox« nenne. Einerseits wird die Idee einer kohärenten biographischen Identität von einigen Biographen mittlerweile durchaus verworfen. Andererseits muss auch von ihnen stets eine von Geburt bis Tod biologisch konstante Entität zugrunde gelegt werden, die über einen Eigennamen eindeutig zu identifizieren ist. Paradox ist also, dass eine Biographie als Konstruktion gilt, die gleichwohl die Realität abbildet; dass sich unter zahllosen biographischen Brüchen der identische Kern einer Person findet; dass der multiple Charakter einer Biographie nur mithilfe eines Kohärenz stiftenden Genres dargestellt werden kann. Das Genre erlaubt es, Fragmentierung wie ein Therapeut zu beobachten und zu beschreiben, doch es kann sie nicht reproduzieren, weil der biographische Text dann umgehend in unverbundene Bruchstücke zerfallen müsste. Deshalb kann eine Biographie, die ihren Namen verdient, den Regeln des Genres niemals entkommen, sie kann Fragmentierung nur bis zu einem bestimmten Punkt treiben. Deshalb kann eine Anti-Biographie, die ihren Namen

---

[5] Benoît Peeters, *Trois ans avec Derrida. Les carnets d'un biographe*, Paris 2010.

wirklich verdient, weil sie über diesen Punkt hinausgeht und Fragmentierung nachvollziehbar macht, keine Biographie mehr sein. Und dieses Paradox scheint mir unauflösbar. Was also bleibt von der Biographie – außer einem Text?[6]

---

[6] Vgl. auch Thomas Etzemüller, »Das biographische Paradox – oder: wann hört eine Biographie auf, eine Biographie zu sein?«, in: *Non Fiktion* 8 (2013), S. 89–103.

Fabian Kolb

In librum vitae
Konzepte, Motive und Präsentationsweisen musikbezogener Biographien in der Frühen Neuzeit

Dass der eigentliche Höhepunkt musikbezogenen auto/biographischen Schreibens vor allem im 18. und 19. Jahrhundert verortet wird, hat gute Gründe.[1] Dass die – obschon eher punktuellen – Entwürfe von Lebensbeschreibungen im Bereich der Musik, die auf frühere Zeiten datieren, indes »verhältnismäßig unergiebig als musikgeschichtliche Quelle« seien (so ein seit Hermann Kretzschmar und Alfred Einstein fortwirkendes Verdikt),[2] dürfte freilich kritisch zu hinterfragen sein; zumal sich der beklagte Mangel an ›authentischen‹ Daten und stichhaltigen historischen Informationen ohnehin an Paradigmen orientiert, die mit zunehmend skeptischem Blick auf den Faktizitätsgehalt von Biographien insgesamt zurecht ins Wanken geraten sind. Denn so sehr die biographiegeschichtliche Forschung das Augenmerk auf die Konstruktivität und Narrativität, Literarizität

---

[1] Vgl. etwa Manuel Gervink, »Voraussetzungen und Grundlinien deutscher Musikerbiographik im 18. Jahrhundert«, in: *Acta musicologica* 67 (1995), S. 39–54; *Biographische Konstellation und künstlerisches Handeln*, hrsg. von Giselher Schubert (= *Frankfurter Studien. Veröffentlichungen des Paul-Hindemith-Instituts Frankfurt/Main*, 6), Mainz 1997; *Wozu Biographik? Zur Rolle biographischer Methoden in Vermittlungsprozessen und Musikanalyse*, hrsg. von Andreas Waczkat, Rostock 2003; Jolanta T. Pekacz, »Memory, History and Meaning: Musical Biography and Discontents«, in: *The Journal of Musicological Research* 23 (2004), S. 39–80; *Biographie und Kunst als historiographisches Problem*, hrsg. von Joachim Kremer u. a. (= *Telemann-Konferenzberichte*, 14), Hildesheim u. a. 2004; *Musical Biography: Towards New Paradigms*, hrsg. von Jolanta T. Pekacz, Aldershot 2006; Melanie Unseld, » ›… ein Berühmter Capellmeister, von dem die Nachwelt auch noch in Büchern lieset‹. Mozart und die Idee der Musikerbiographie«, in: *Mozart 2006 – Experimentelle Aufklärung und latente Romantik im Wien des späten 18. Jahrhunderts*, hrsg. von Herbert Lachmayer, Wien und Ostfildern 2006, S. 431–435; dies., »Musikwissenschaft«, in: *Handbuch Biographie. Methoden, Traditionen, Theorien*, hrsg. von Christian Klein, Stuttgart und Weimar 2009, S. 358–365; *(Auto)biography as a musicological discourse*, hrsg. von Tatjana Marković und Vesna Mikić (= *Musicological studies; proceedings*, 3), Belgrad 2010; Melanie Unseld, »Eine Frage des Charakters? Biographiewürdigkeit von Musikern im Spiegel der Anekdote und Musikgeschichtsschreibung«, in: *Anekdote – Biographie – Kanon. Zur Geschichtsschreibung in den schönen Künsten*, hrsg. von ders. und Christian von Zimmermann (= *Biographik. Geschichte – Kritik – Praxis*, 1), Köln u. a. 2013, S. 3–18; sowie dies., *Biographie und Musikgeschichte. Wandlungen biographischer Konzepte in Musikkultur und Musikhistoriographie* (= *Biographik. Geschichte – Kritik – Praxis*, 3), Köln u. a. 2014.

[2] Alfred Einstein, »Die deutsche Musiker-Autobiographie«, in: *Jahrbuch der Musikbibliothek Peters* 28 (1922), S. 51–65, mit Verweis auf das Zitat von Kretzschmar auf S. 57.

und Inszeniertheit des *Life Writing* insgesamt zu legen begonnen hat,[3] so sehr lässt sich gerade anhand einer Betrachtung älterer biographischer Texte kultur-, wissens- und erinnerungsgeschichtlich Aufschluss gewinnen über die zugrundeliegenden Interessen, Diskurse und Kontexte, die diese Texte motivieren bzw. konturieren. Mit Blick speziell auf eine musikologische Historiographie-Geschichte[4] verspricht dies wertvolle Hinweise auf die ideengeschichtlichen Konfigurationen, Denkmatrices und Koordinaten, vor denen und mittels derer ein akteurszentriertes musikgeschichtliches Bewusstsein auszuhandeln war und sich zu formieren anhob. Die Konzepte, Motive und Präsentationsweisen der frühen Musiker-Biographien schärfen den Blick auf die Konzepte, Motive und Präsentationsweisen der frühen Musikgeschichtsschreibung; die Herausbildung, Legitimierung und Verbreitung musikgeschichtlicher Vorstellungen steht in einem engen Wechselverhältnis nicht zuletzt auch zu den Modellen und Narrativen frühneuzeitlicher Biographik.

Mit primär wissens- und historiographiegeschichtlichem Erkenntniswunsch soll hier daher – in großem Bogen und anhand exemplarischer Fallbeispiele – nach den Motivationen und Ausrichtungen sowie den Darstellungskonventionen und Erzählstrategien, aber auch nach den Formaten, Medien und Überlieferungszusammenhängen der von der Forschung bislang kaum in den Blick genommenen (geschweige denn entsprechend gewürdigten) proto-biographischen Zeugnisse im Bereich der Musik gefragt werden. Im Sinne einer fachgeschichtlichen ›Archäologie‹ aufgedeckt seien dabei einige jener konstitutiven Fundamente und archetypischen ›Bauelemente‹ musikbezogener Biographik, wie sie sich bereits in den Texten des 14. bis 17. Jahrhunderts ausformten und als Determinanten in ihrem grundlegenden Verhältnis zu den Prämissen, Konstanten und Diskontinuitäten im Bereich des sich etablierenden Musikwissens der Frühen Neuzeit zu erörtern wären.

---

[3] Vgl. aus der Fülle an jüngerer Literatur nach der Jahrtausendwende etwa die Überblicke in *Grundlagen der Biographik. Theorie und Praxis des biographischen Schreibens*, hrsg. von Christian Klein, Stuttgart 2002; *Biographie schreiben*, hrsg. von Hans Erich Bödeker (= *Göttinger Gespräche zur Geschichtswissenschaft*, 18), Göttingen 2003; *Spiegel und Maske. Konstruktionen biographischer Wahrheit*, hrsg. von Bernhard Fetz und Hannes Schweiger (= *Profile*, 9), Wien 2006; *Handbuch Biographie. Methoden, Traditionen, Theorien*, hrsg. von Christian Klein, Stuttgart und Weimar 2009; *Die Biographie – Zur Grundlegung ihrer Theorie*, hrsg. von Bernhard Fetz unter Mitarbeit von Hannes Schweiger, Berlin und New York 2009; *Die Biographie – Beiträge zu ihrer Geschichte*, hrsg. von Wilhelm Hemecker, Berlin und New York 2009. Siehe auch den Beitrag von Thomas Etzemüller in diesem Band.

[4] Zum Vergleich beispielsweise *Konstruktivität von Musikgeschichtsschreibung. Zur Formation musikbezogenen Wissens*, hrsg. von Sandra Danielczyk u. a. (= *Studien und Materialien zur Musikwissenschaft*, 69), Hildesheim u. a. 2012; sowie Helmut Rösing, »Geschichtsschreibung als Konstruktionshandlung: Anmerkungen zu Geschichte und Gegenwart der Musikgeschichtsschreibung«, in: *Geschichte wird gemacht. Zur Historiographie populärer Musik*, hrsg. von Dietrich Helms und Thomas Phleps (= *Beiträge zur Popularmusikforschung*, 40), Bielefeld 2014, S. 9–24.

Frühe Spuren des Auto/Biographischen

Dass das Schreiben über Musik an einem Text-Typus[5] zu partizipieren begann, der bis dahin im Grunde allein von Herrscher- und Fürstenviten (im Gefolge der *Vita Karoli*) einerseits sowie von Heiligenlegenden, Martyrologien und hagiographischen Darstellungen zu Päpsten, Bischöfen und Äbten andererseits besetzt war,[6] lässt sich in der Tat schon für das ausgehende Mittelalter diagnostizieren. Selbst wenn man von bloßen Nennungen in Taufregistern, Nekrologen oder Obituarien etc. absieht und die Lebensbeschreibungen von Musik-Heiligen (wie die Viten von Gregor, Cäcilia, Severin, Birgitta, Franziskus, Hildegard u. a.)[7] als speziell gelagerte Sonderfälle ausblendet, so kann man doch spätestens im Verlauf des 14. Jahrhunderts die Wurzeln oder die ›Inkubationsphase‹ der Musiker-Biographie ausmachen; in einer Zeit mithin, die (1.) biographiegeschichtlich geprägt ist durch die Öffnung des Textmodells in solchen Schriften wie *De vita et moribus philosophorum* des (Pseudo-)Walter Burley, *De viris illustribus* von Francesco Petrarca sowie *De casibus virorum illustrium* und *De mulieribus claris* von Giovanni Boccaccio und in der (2.) musikgeschichtlich zugleich signifikante Ansätze zu einer

---

[5] Dass die Biographie freilich gerade in der Frühen Neuzeit keine Gattung im engeren Sinne ist, sondern sich vielmehr an verschiedene Textsorten (wie *vitae, libri de viris illustribus, commentarii de vita* bzw. *rebus gestis, declamationes, epistolae demonstrativae, elegiae* etc.) anschließt, die dann ihrerseits durch ihre poetologisch-rhetorischen Axiome maßgeblich bestimmend auf das biographische Schreiben einwirken, muss betont werden; hierzu etwa Jozef Ijsewijn, »Die humanistische Biographie«, in: *Biographie und Autobiographie in der Renaissance*, hrsg. von August Buck (= *Wolfenbütteler Abhandlungen zur Renaissanceforschung*, 4), Wiesbaden 1983, S. 1–19.

[6] Zur mittelalterlichen Biographik vgl. etwa das groß angelegte Projekt von Walter Berschin, *Biographie und Epochenstil im lateinischen Mittelalter*, 5 Bde., Stuttgart 1986–2004; zur Herrscherbiographik auch Lars Hageneier, *Jenseits der Topik. Die Herrscherbiographie der Karolingerzeit*, Diss. Univ. Düsseldorf 2003; zu den Heiligenviten Dieter von der Nahmer, *Die lateinische Heiligenvita. Eine Einführung in die lateinische Hagiographie*, Darmstadt 1994; zu den Bischofsviten Stephanie Haarländer, *Vitae episcoporum*, Stuttgart 2000; zum *Liber Pontificalis* Klaus Herbers, »Zu frühmittelalterlichen Personenbeschreibungen im Liber Pontificalis und in römischen hagiographischen Texten«, in: *Von Fakten und Fiktionen. Mittelalterliche Geschichtsdarstellungen und ihre kritische Aufarbeitung*, hrsg. von Johannes Laudage, Köln u. a. 2003, S. 165–191. Zur Autobiographie *Die Autobiographie im Mittelalter. Autobiographie et Références Autobiographiques au Moyen Age*, hrsg. von Danielle Buschinger und Wolfgang Spiewok, Greifswald 1995.

[7] Vgl. etwa Klaus Pietschmann, »Kirchenmusikalische Kanonbildung im Kontext mittelalterlicher Heiligkeitskonstruktion«, in: *Der Kanon der Musik. Theorie und Geschichte*, hrsg. von dems. und Melanie Wald-Fuhrmann, München 2013, S. 199–214; sowie ders., » ›Audire meruit dulcisonam cœlestis militiæ melodiam‹. Musik und Heiligkeit im mittelalterlichen Köln und Mainz«, in: *Musik der mittelalterlichen Metropole. Räume, Identitäten und Kontexte der Musik in Köln und Mainz ca. 900–1400*, hrsg. von Fabian Kolb (=*Beiträge zur rheinischen Musikgeschichte*, 179), Kassel 2016, S. 199–217.

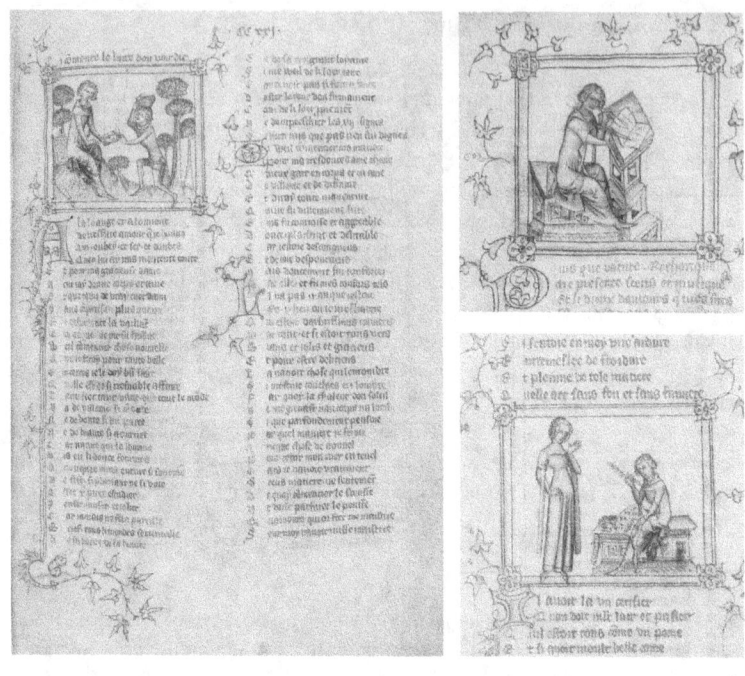

Abb. 1a–c: Guillaume de Machaut, Codex A, F-Pn fonds français 1584, fol. 221^r (Beginn des *Livre dou Voir Dit*), fol. F^v (Detail Miniatur: Machaut am Schreibpult), fol. 242^r (Detail Miniatur: Machaut als musikalischer Autor).

»Entstehung des Komponisten«[8] (als künstlerischem Individuum) zu eruieren sind. Wenn just vor diesem neu sich formierenden Tableau nun auch der Lebensweg von Musikern in die Schriftkultur Eingang fand, der Musiker also in den engen Kreis derjenigen aufgenommen wurde, die man als biographiewürdig erachtete, dann blieb dies zunächst freilich singulär; und es erklärt sich nur aus der jeweils besonderen Konstellation.

---

[8] So die prägnante Zuspitzung von Ludwig Finscher, »Die ›Entstehung des Komponisten‹. Zum Problem Komponistenindividualität und Individualstil in der Musik des 14. Jahrhunderts«, in: *International Review of the Aesthetics and Sociology of Music* 6 (1975), S. 29–45. Vgl. auch Michele Calella, *Musikalische Autorschaft. Der Komponist zwischen Mittelalter und Neuzeit* (= *Schweizer Beiträge zur Musikforschung*, 20), Kassel u. a. 2014. Zu denken ist an Tendenzen und Phänomene wie ein gesteigerter Reflexionsgrad im Umgang mit musikalischer Autor- und Urheberschaft, mit Dokumentations- und Überlieferungsformen sowie mit Chronologie und Historizität.

Denkt man etwa an einen solch exponierten Repräsentanten wie Guillaume de Machaut, der vor allem seinen *Livre dou Voir Dit*, also den explizit als wahr und realitätsbasierend ausgewiesenen ›Dit‹ (1363–1365), vielfach mit quasi-autobiographisch-dokumentarischen Referenzen und differenzierten Selbstaussagen ausstattete, um sich auf plastische Weise als herausragender Kunstschaffender zu profilieren,[9] dann treten nicht zuletzt die engen Wechselwirkungen speziell mit den poetischen Künsten hervor. Denn obgleich Machaut in seinen kunsttheoretischen Selbstreflexionen zum Teil minutiös Angaben zu den Produktionsvoraussetzungen und äußeren Bedingungen speziell auch des Komponierens machte,[10] so tat er dies zweifellos primär in seinem Selbstverständnis als höfischer Dichter und Literat, so dass es hier den Reflexen wohl insbesondere auf den klassischen Fundus an Dichterviten nachzuspüren gilt. Die poetische Betätigung, die die musikalisch-kompositorische inkludiert, ermöglicht und begründet eine Form der ›Künstlerbiographie‹, die sich durch die Tradition an Darstellungen zu Leben und Werk von Gelehrten, Philosophen und Schriftstellern legitimiert findet und sich, wie diese, durch eine Kombination aus Biographischem und Doxographischem, *factum* und *dictum*, auszeichnet. (Man denke an die antiken Vorbilder, aber auch die verschiedenen biobibliographischen Unternehmungen im Rekurs auf Hieronymus, etwa im *Speculum historiale* des Vincenz von Beauvais.) Dass in dieser Tradition das gesamte Spektrum der *artes liberales* abgedeckt zu werden vermochte, dass also neben Philosophen, Dichtern, Rhetoren und Grammatikern, Mathematikern und Astrologen durchaus auch Musiktheoretiker ins Blickfeld gelangen konnten, exemplarisch ersichtlich an der Pythagoras-Biographie im *Liber de vita et moribus philosophorum*,[11] scheint dabei nicht unerheblich. Doch erklärt sich der Perspektivwechsel auf

---

[9] *Le Livre dou Voir Dit (The Book of the True Poem)*, hrsg. von Daniel Leech-Wilkinson, übersetzt von R. Barton Palmer, New York und London 1998; *Le Livre du Voir Dit*, hrsg. und übersetzt von Paul Imbs und Jacqueline Cerquiglini-Toulet, Paris 1999. Vgl. etwa Sarah Jane Williams, »Machaut's Self-Awareness as Author and Producer«, in: *Machaut's World, Science and Art in the Fourteenth Century*, hrsg. von Madeleine P. Cosman und Bruce Chandler, New York 1978, S. 189–198; Laurence de Looze, *Pseudo-Autobiography in the Fourteenth Century. Juan Ruiz, Guillaume de Machaut, Jean Froissart, and Geoffrey Chaucer*, Gainesville u. a. 1997; Walburga Hülk, *Schrift-Spuren von Subjektivität. Lektüren literarischer Texte des französischen Mittelalters* (= Beihefte zur Zeitschrift für Romanische Philologie, 297), Tübingen 1999; sowie Jacqueline Cerquiglini-Toulet, *Guillaume de Machaut »Le livre du Voir Dit«. Un art d'aimer, un art d'écrire*, Paris 2001.

[10] Hinweise zum Verhältnis von Text und Musik, zur Konzeption der Werke, zum Notieren, Diktieren, Kopieren und Verbreiten des Œuvres, zu den Arbeitsmodalitäten, aber auch zu Qualitätskriterien von Kompositionen, zur Relevanz der Kontrollfunktion des (wiederholten) Hörens bei der Überarbeitung von Kompositionen sowie zum Konzept von ›Werktreue‹.

[11] Vgl. Jan Prelog, » ›De Pictagora Phylosopho‹. Die Biographie des Pythagoras in dem Walter Burley zugeschriebenen ›Liber de vita et moribus philosophorum‹ «, in: *Medioevo* 16 (1990), S. 191–252.

den Komponisten zugleich durch eine ›Poetisierung‹ des musikalischen Tuns; Machaut stilisiert sein Leben mittels seiner autobiographischen Äußerungen emphatisch zu dem eines Musik-Schriftstellers; und die gesamte aufwendige Aufmachung und kunstvolle Ausstattung des *Livre dou Voir Dit* – mit mehreren Autor-Bildnissen etwa im ›Gesamtausgaben‹-Codex A aus den 1370er-Jahren (F-Pn fonds français 1584) – setzt dies in Szene.[12]

Filippo Villanis Landini-Biographie

Während in diesem Sinne eine doch musikspezifische Traditionslinie bis hin zu den lebenslaufbezogenen Autofiktionen in Madrigal-, Motetten- bzw. Liedtexten wie von Jacopo da Bologna, in den sogenannten ›Musikermotetten‹ oder bei Oswald von Wolkenstein zu verfolgen wäre,[13] so richtet sich die älteste Musiker-Vita, die man in einem engeren Sinne als solche erachten kann, indes bemerkenswerterweise nicht auf einen (Dichter-)Komponisten, Theoretiker oder Sänger, sondern auf einen Instrumentalisten. Denn kaum nach Machaut, zu einer Zeit, in der in Florenz gerade Boccaccios biographisches Œuvre vorlag[14]

---

[12] Dass Machaut diesen Codex mit dem Hinweis eröffnet, »Vesci l'ordenance que G. de Machaut wet qu'il ait en son livre«, kommt hinzu. Vgl. zu Machauts intensiver Überwachung der Manuskript-Herstellung etwa auch Lawrence M. Earp, »Machaut's Role in the Production of Manuscripts of His Works«, in: *Journal of the American Musicological Society* 42 (1989), S. 461–503. Zum Künstlerbildnis im Mittelalter: Ursula Peters, *Das Ich im Bild. Die Figur des Autors in volkssprachlichen Bilderhandschriften des 13. bis 16. Jahrhunderts*, Köln 2008; sowie Anton Legner, *Der Artifex. Künstler im Mittelalter und ihre Selbstdarstellung*, Köln 2009.

[13] Zu den Musikermotetten: Heinrich Hüschen, »Musikermotetten aus alter Zeit«, in: *Festgabe Dietrich Stoverock zum 70. Geburtstag*, Berlin 1970, S. 57–72; und Laurenz Lütteken, » ›Autobiographische‹ Musik? Kompositorische Selbstdarstellung in der Motette des 14. und 15. Jahrhunderts«, in: *Deutsche Vierteljahresschrift für Literaturwissenschaft und Geistesgeschichte* 74 (2000), S. 3–26. Zu Oswald: Ulrich Müller, *›Dichtung‹ und ›Wahrheit‹ bei Oswald von Wolkenstein. Die autobiographischen Lieder von den Reisen*, Göppingen 1968; Anton Schwob, *Historische Realität und literarische Umsetzung. Beobachtungen zur Stilisierung der Gefangenschaft in den Liedern Oswalds von Wolkenstein*, Innsbruck 1979; Sieglinde Hartmann, *Altersdichtung und Selbstdarstellung bei Oswald von Wolkenstein: Die Lieder Kl 1 bis 7 im spätmittelalterlichen Kontext* (= Göppinger Arbeiten zur Germanistik, 288), Göppingen 1980; Albrecht Classen, *Die autobiographische Lyrik des europäischen Spätmittelalters. Studien zu Hugo von Montfort, Oswald von Wolkenstein, Antonio Pucci, Charles d'Orléans, Thomas Hoccleve, Michel Beheim, Hans Rosenplüt und Alfonso Alvarez de Villansandino* (= Amsterdamer Publikationen zur Sprache und Literatur, 91), Amsterdam 1991; sowie Johannes Spicker, *Literarische Stilisierung und artistische Kompetenz bei Oswald von Wolkenstein*, Stuttgart und Leipzig 1993. Mit Blick auf die französische ›Ars subtilior‹ vgl. zudem auch Anne Stone, »Self-reflexive songs and their readers in the late 14th century«, in: *Early Music* 31 (2003), S. 180–194.

[14] *De vita et moribus Francicsi Petracchi poetae* (1340er-Jahre); *Trattatello in laude di Dante* (1351–1373); *De casibus virorum illustrium* (1355–1374); und *De mulieribus claris* (1361–1375).

und man neben Sueton nun auch die Lebensbeschreibungen des Plutarch wiederzuentdecken begann,[15] ist in Filippo Villanis *Liber de origine civitatis Florentie et eiusdem famosis civibus*[16] – verfasst in den 1380er-Jahren und sogleich mit einer durch den Florentiner Kanzler und Plutarch-Liebhaber Coluccio Salutati approbierten Folgefassung (1396)[17] sowie einer popularisierenden volkssprachlichen Übersetzung *De' viri inlustri di Firenze* (1405) bedacht – nämlich ein umfängliches Enkomion auf Francesco Landini enthalten: ein Musiker, der hier, eingedenk dessen, dass es Villani um Persönlichkeiten zu tun ist, deren Schaffen explizit werkhaften Charakter trage (»qui in ea scientia aliquid ediderint«),[18] eben bemerkenswerterweise nicht etwa ob seiner Kompositionen Berücksichtigung findet, sondern dezidiert aufgrund seines Instrumentalspiels. Es ist mithin der an sich zeitgebunden-flüchtige Akt des Musizierens, dem von Villani Qualitäten eines *aedificium* (oder *opus*) zugedacht werden, die über das Ephemere hinausweisen und Landinis Leben von ruhmes- und erinnerungswürdiger Bedeutung erscheinen lassen. Dabei ist es wohlgemerkt ein historiographisches, zunächst primär im Typus einer Chronik[19] konzipiertes panegyrisches Städtelob, in das die Würdigung des

---

[15] Vgl. Walter Berschin, »Sueton und Plutarch im 14. Jahrhundert«, in: *Biographie und Autobiographie in der Renaissance*, hrsg. von August Buck (= *Wolfenbütteler Abhandlungen zur Renaissanceforschung*, 4), Wiesbaden 1983, S. 35–43; und ders., »Sueton und Plutarch im XIV. Jahrhundert«, in: ders., *Mittellateinische Studien*, Heidelberg 2005, S. 357–363. Nachdem schon Petrarca Plutarch in Zusammenhang mit den Lebensläufen gebracht hatte, gab der Aragoneser Juan Fernandez de Heredia um 1380 eine Plutarch-Übersetzung in Auftrag. Zudem interessierte sich speziell auch der florentinische Kanzler Coluccio Salutati für Plutarchs *bioi*, noch ehe in Florenz das Altgriechische unmittelbar zugänglich wurde und 1397 Manuel Chrysoloras zum Griechisch-Professor am Florentiner Studio bestellt wurde. Dieser räumte Plutarch in seinem Unterricht eine zentrale Rolle ein, womit eine lange Reihe lateinischer Übersetzungen der Viten begann.

[16] Siehe die kritische Edition *Philippi Villani de origine civitatis Florentie et eiusdem famosis civibus*, hrsg. von Giuliano Tanturli (= *Thesaurus mundi. Bibliotheca scriptorum latinorum mediæ et recentioris ætatis*, 26), Padua 1997. Vgl. hierzu auch Berthold Louis Ullman, »Filippo Villani's Copy of his History of Florence«, in: ders., *Studies in the Italian Renaissance* [1955] (= *Storia e Letteratura*, 51), Rom ²1973, S. 239–245; Giuliano Tanturli, »Il ›De‹ viri inlustri di Firenze« e il ›De origine civitatis Florentie et de eiusdem famosis civibus‹ di Filippo Villani«, in: *Studi medievali* III/14 (1973), S. 833–881; sowie ders., »Le biografie d'artisti prima del Vasari«, in: *Il Vasari storiografo e artista*, hrsg. von Mario Salmi, Florenz 1976, S. 275–298.

[17] Aus dieser Fassung wird im Folgenden zitiert. Salutati war im Übrigen ein Verehrer, Freund und Förderer Landinis, der mit ihm in gesellig-gelehrtem Austausch stand und ihn bereits im September 1375 dem Bischof für die Verleihung eines Amtes oder einer Pfründe am Hospital S. Reparata empfahl.

[18] Edition Tanturli, S. 408: »Musice artis disciplinam multi memorabiles florentini perfectissime habuere, sed qui in ea scientia aliquid ediderint pauci extant.«

[19] Diese Gattung hatte Villani zuvor bereits durch die Fortsetzung des durch seinen Onkel, den berühmten Geschichtsschreiber Giovanni Villani, und seinen Vater Matteo begonnenen Großprojekts der *Nuova cronica* erprobt.

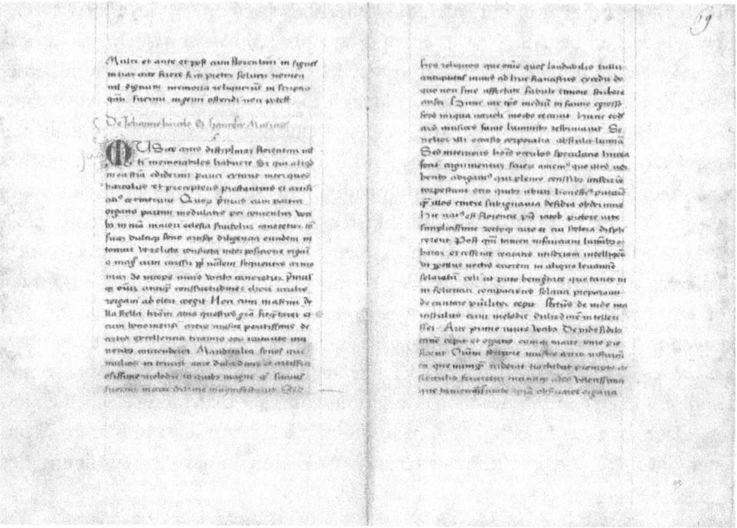

Abb. 2: Filippo Villani, *Liber de origine civitatis Florentie et eiusdem famosis civibus*, I-Fl Plut. lxxxix inf. 23, fol. 68ᵛ–69ʳ (Beginn des Kapitels zu Francesco Landini »Musice artis disciplinam florentini multi memorabiles habuere«).

Virtuosen inkorporiert ist, um damit Geltung und Prestige der Stadt zu illuminieren, und zwar noch zu Lebzeiten des Musikers, dessen Nimbus die Glorie der Stadt zu repräsentieren vermag. Im Kontext des zweiten Bandes, der im seit Petrarca etablierten *viri illustres*-Modell als lose enzyklopädisch-kompilatorische Sammlung von Kurzbiographien ruhmreich-prominenter Florentiner gestaltet ist (darunter vor allem Poeten wie Dante, Petrarca und Boccaccio, aber auch Rechtsgelehrte, Theologen, Physiker und Mediziner sowie Maler etc.), handelt das 25. Kapitel als einziger auf die Musik gerichteter Teil »presertim de Francisco ceco viro mirabili«,[20] weil dieser – so lautet die kleine Fortschrittserzählung – als aktuell Lebender alle früheren Musiker an Kunstfertigkeit übertreffe: »Sed hos reliquosque omnes, quos in arte hac laudabilis tulit antiquitas, Franciscus, qui adhuc vita fruitur, excedit«.[21] Der im gegenwärtigen Wirken Landinis erreichte Status steht – gleichsam entwicklungsteleologisch und kulturoptimistisch – über der zwar ruhmreichen, im Sinne der *progressio* indes überwundenen Vergangenheit.

---

[20] Edition Tanturli, S. 408.
[21] Ebd., S. 408f.

Symptomatischerweise indiziert der Biograph dabei selbst – in gewissermaßen rückversichernder Reflexion und vermutlich eingedenk der nahezu ›relativistisch‹ zu nennenden Position des Plutarch[22] – gleich mehrfach die Momente quasi-literarischer Stilisierung, Rhetorik und Fiktion, die seiner Darstellung eignen: Über Francesco zu schreiben bedeute, sich des Fabulierens verdächtig zu machen (»de quo non sine affectate fabule timore scribere ausim«);[23] das zu Berichtende müsse schier als erdichtet erscheinen (»quod referri sine commento fictionis fere non potest«);[24] und überhaupt sei Landinis Wirken so überwältigend, dass es schon eine immense Herausforderung darstelle, das zu Schildernde überhaupt auszuwählen und in eine prägnante Form zu bringen (»referre quanta et quam multa fuerit in arte molitus supervacaneum puto, cum huiuscemodi virorum ephemeridas dicere obnubilare soleat gratiam brevitatis«).[25]

Worauf es also im Falle der Vita des »vir mirabilis« ankommt, ist das Unfasslich-Wunderbare, gleichsam Übernatürlich-Exzeptionelle, das nicht zuletzt an den Befund der Blindheit als Signum dieses Außergewöhnlichen gekoppelt scheint. Abgesehen von wenigen Hinweisen auf die Abstammung (als knapper Tribut an das Prinzip der Genealogie und Moment einer gewissermaßen hereditären Verortung in Florenz)[26] konzentriert sich die Würdigung denn zunächst auch auf Narrative einer gleichsam eschatologischen ›Heils‹- und ›Erweckungsgeschichte‹, in der die Hinwendung zur Musik, die wachsende Begabung und der stete Ausbau des Talentes sowie die sich dadurch mehrende *fama* als vom Himmel gesandte Kompensation des tragischen Schicksals bzw. als unmittelbare Kehrseite des fehlenden Augenlichts erscheinen.

> »Postquam tamen infantiam luminibus orbatam excesserat, cecitatis miseriam iam intelligens, ut perpetue noctis horrorem aliquo levamine solaretur, celi, ut puto, benignitate, que tante infelicitati conpatiens solacia preparavit, decantare pueriliter cepit. Factus deinde maiusculus, cum melodie dulcedinem intellexisset, arte primum vivis vocibus deinde fidibus canere cepit et organo.«[27]

> »Hunc vix dimidium temporis infantie egressum sors iniqua variolorum repentino morbo cecavit; hunc ipsum eundem ars musices fame luminibus reformavit. Severior occasio corporalia ademit lumina, sed interioris hominis oculos

---

[22] »Ich schreibe nicht Geschichte, sondern zeichne Lebensbilder«, hatte dieser die Biographik von der Historiographie abgegrenzt; zitiert nach Olaf Hähner, *Historische Biographik. Die Entwicklung einer geschichtswissenschaftlichen Darstellungsform von der Antike bis ins 20. Jahrhundert* (= Europäische Hochschulschriften, III/829), Frankfurt a. M. u. a. 1999, S. 41.
[23] Edition Tanturli, S. 409.
[24] Ebd.
[25] Ebd., S. 410.
[26] »Hic natus est Florentie patre Iacobo pictore vite simplicissime rectoque viro et cui minus honesta displicerent«; ebd., S. 409.
[27] Ebd.

speculatio lyncea fecit. [...] Cumque in arte mire proficeret, omnium stupore musice artis istrumenta, que nunquam viderat, prompte tractabat ac si oculis corporeis frueretur.«[28]

Dreh- und Angelpunkt dieser Art ›per aspera ad astra‹-Erzählung dürfte dabei der Kunstgriff sein, dass die quasi-hagiographische Sinnstiftung, die Landinis Lebensbeschreibung zuwächst, einmündet in eine direkte Engführung von manuell-mechanischer Virtuosität, intellektuell-rationaler Regulierung, *effectus musicae* und ethisch-moralischem Tugenddiskurs. Die Huldigung der stupend-rasanten Fingerfertigkeit etwa wird – getreu dem Topos von der ›gelehrten Hand‹ (*docta manus*) – brennglasartig gekoppelt an die Observanz von Ordnung und Maß, wobei dies wiederum in direktem Bedingungsgefüge steht mit der speziellen *dulcedo* und ungeheuren Wirkmacht der Musik: »Manuque adeo velocissima, que tamen mensurate tempora observaret, organa tangere cepit arte tanta tantaque dulcedine«.[29]

Ist es just dieser Konnex, der Landinis Leben überhaupt geschichtsmächtig und *memoria*-würdig erscheinen lässt (»ut incomparabiliter organistas omnes, quorum memoria posset haberi, sine dubio superaret«),[30] so vermag dieser Aspekt zusätzlich unterstrichen zu werden durch den sozusagen handgreiflichen Verweis auf die Erfindung eines »suavissimae melodiae« produzierenden Saiteninstruments (*syrena*),[31] so dass der Musiker getreu der heurematologischen *inventores*- und *excultores*-Tradition zugleich manifest als Urheber und Schöpfer (und zwar von *harmonia* im doppelten Wortsinne) ausgewiesen werden kann.[32] Die exzellente Beherrschung einer ganzen Palette an Instrumenten, ja: »omni musicorum genere«, dokumentiert hierzu umfassende Versiertheit und Kompetenz; Pleonasmus und Hyperbel zerstreuen jeden Zweifel an der herausragenden Qualität

---

[28] Edition Tanturli, S. 409.
[29] Ebd.
[30] Ebd.
[31] Der eingangs formulierte Gedanke eines *aedificium* wird hier gewissermaßen ins Konkrete gewendet: »Insuper genus quoddam instrumenti ex lenbuto medioque cannone compositum excogitavit, quod appellavit syrenam, instrumentum sane quod reddat verberatis fidibus suavissimam melodiam«; ebd., S. 410.
[32] Im Hintergrund steht die altehrwürdige Idee des mensurierten Klangerzeugers als Verkörperung der *harmonia*-Gesetze. So wird vor allem auch die Orgel als technisch hochkomplexes Instrument beschrieben und dabei dezidiert mit Kriterien der Ordnung und der Harmonie (*ordo, temperatus, consonantia, modulatio in integrum*) zusammengebracht: »instrumentum organi tantis compositum fistulis, tantis interius contextum artificiis tamque dissimilibus proportionatum servitiis, inde expositis tenuissimis calamis, qui facile etiam perminimo contactu leduntur, atque exenteratis visceribus instrumenti, quorum series si locis dimoveantur suis per linee spatium corrumpitur et intromissum follibus spiritum stridulis compellit vocibus dissonare, omnibus remotis que ad compagem eius et ordinem pertinerent, temperatum et consonantiis modulatum restituat in integrum, emendatis que dissonantia discrepabant«; vgl. ebd., S. 409f.

des Biographierten: »Et quod est amplius lira, lembuto, quintaria, ribeba, avena, thibiis et omni musicorum genere canit egregie et que reddunt sonitum concynnitum per varias symphonias ore emulans humanoque commiscens concentui tertiam quandam ex utroque commixtam tono musice speciem adinvenit iocunditatis ingenue.«[33]

All dies, Virtuosität, Schöpferkraft und Erudition, aber steht dabei insgesamt unverkennbar im Zeichen der *virtus*, der Redlichkeit und Sittsamkeit, wie sie am Schluss eigens nochmals dezidiert als Fluchtpunkt und Rahmen der gesamten Musiker-Vita exponiert ist, indem Velluti seine Eloge in toto als moralisches Lehrstück gegen die Verkommenheit der Jugend ausweist: Des Musikers Tugend, die in seinem Leben und Wirken zum Ausdruck komme, die *ars mechanica* seines Spiels adele und klanglich in den *effectus musicae* erfahrbar werde, biete einen vorbildlich-positiven Kontrast zur raumgreifenden Gefahr unsittlicher Verweichlichung und Laxheit: »Hec equidem omnia coniector in homine isto naturam et diligentiam ostendisse in contumeliam iuventutis nostre effeminate, que muliebri studens fuco et ornamento, virili relaxato animo, mollitie fatigatur.«[34]

Landini erscheint als Inbegriff und Muster eines tadellosen Lebens, dem nachzustreben ist; ja selbst der Verweis auf die »musicorum omnium consensu« erfolgte Nobilitierung mit dem Lorbeerkranz durch den zypriotischen König in Venedig[35] kann zu einem gewissen Grad als äußere Referenz auf die innere Integrität des Musikers und seine Liebe zum Guten verstanden werden: ein Habitus, der sich – ganz im humanistischen Geiste – auch in der Huldigung von Landinis übergreifender Gelehrsamkeit und seiner Inklination zu den *studia humaniora* und literarischen *artes* manifestiert: »Preter hoc ad laudis sue cumulum accedit quod gramaticam atque dyaleticam plene didicerit artemque poeticam metro fictionibusque tractaverit eaque sic arte molitus Comediam Dantis metro heroico pertractare, vulgaribus insuper rithimis egregia multa dictaret.«[36] Hier zeigt sich eine recht direkte Rückbindung an die etablierten Modelle und Qualitätskriterien der Dichter- und Gelehrten-Biographie.

So sind es in der Bilanz drei Kernanliegen, die sich als eigentliches Movens von Villanis Landini-Biographie herauskristallisieren: (1.) patriotische Propaganda

---

[33] Edition Tanturli, S. 410. Man beachte auch hier wieder die Zentralstellung solcher Begrifflichkeiten wie *sonitus concynnitus* und *symphoniae*.
[34] Ebd.
[35] »Scire tamen opere pretium est neminem unquam organo excellentius cecinisse. Ex quo secutum est musicorum omnium consensu eidem artis palmam concedentium, ut Venetiis ab illustrissimo et nobilissimo Cipriorum rege ..?.. publice, ut cesaribus et poetis mos est, laurea donaretur et triumphantis specie per urbem illam publico plausu duceretur«; ebd.
[36] Ebd.

für die Republik Florenz, ihre Geistesgrößen und in allen Disziplinen (so auch der Musik) anzutreffenden *famosi* in einem für Stadtchronisten[37] und den *civic humanism*[38] durchaus typischen Interesse; (2.) dementsprechend Fokussierung des Herausragend-Exzeptionellen, das danach verlangt, schriftlich dokumentiert und für die Nachwelt festgehalten zu werden; sowie (3.) zugleich Betonung des Exemplarisch-Vorbildhaften, das in moralphilosophisch-didaktischer Tradition peripatetischer Biographien[39] zur Nachahmung eines modellhaft betrachteten Lebens mahnen soll. Was sich gerade auch anhand der volkssprachlichen Version von 1405 sowie noch der literarischen Anverwandlung und poetischen Überformung im Prosaroman *Il paradiso degli Alberti* von Giovanni Gherardi da Prato 1426 anschaulich weiterverfolgen ließe,[40] dürfte dabei in ganz ähnlicher Form ebenso die Bild- bzw. Porträt-Würdigkeit Landinis sanktionieren.[41] Denn

---

[37] Vgl. zum deutschen Sprachraum etwa die zahlreichen Zeugnisse im großen Editionsunternehmen *Chroniken der deutschen Städte vom 14. bis ins 16. Jahrhundert*. Siehe auch Regula Schmid, *Geschichte im Dienst der Stadt. Amtliche Historie und Politik im Spätmittelalter*, Zürich 2009; sowie das *Handbuch Chroniken des Mittelalters*, hrsg. von Gerhard Wolf und Norbert H. Ott, Berlin und Boston 2016.

[38] Vgl. grundlegend Hans Baron, *The Crisis of the Early Italian Renaissance: Civic Humanism and Republican Liberty in an Age of Classicism and Tyranny*, Princeton 1955/1966; ders., *In Search of Florentine Civic Humanism: Essays on the Transition from Medieval to Modern Thought*, 2 Bde., Princeton 1988; sowie ders., *Bürgersinn und Humanismus im Florenz der Renaissance*, Berlin 1992.

[39] Gemeint sind die philologisch-gelehrten Lebensabrisse altgriechischer Philosophen, Denker und Dichter vor allem ausgehend von der aristotelischen Schule (*Peripatos*), die das Leben als Verwirklichung einer ethisch-moralisch integren Lebensführung und als anthropologisches Exemplum für die Nachwelt festhalten wollen. Gerade auch Plutarch war es so um einen Fundus »edelster Vorbilder« im Sinne der Darstellung sittlich nachahmenswerter Charaktere zu tun, weniger um die geschichtlichen ›Leistungen‹. Zur antiken Biographik etwa Holger Sonnabend, *Geschichte der antiken Biographie. Von Isokrates bis zur Historia Augusta*, Stuttgart und Weimar 2002; sowie *Die griechische Biographie in hellenistischer Zeit*, hrsg. von Michael Erler und Stefan Schorn, Berlin und New York 2007. Zum Typus des Exemplums im biographischen Schreiben siehe auch Sybil Oldfield, »Exemplary and Model Lives«, in: *Encyclopedia of Life Writing. Autobiographical and biographical forms*, 2 Bde., hrsg. von Margaretta Jolly, London und Chicago 2001, Bd. 1, S. 314–316.

[40] *Il paradiso degli Alberti di Giovanni Gherardi*, hrsg. von Antonio Lanza, Rom 1975, Libro III [5], S. 111: »Fioriva ancora in que tempo Francesco delli Organi, musico teorico e pratico, mirabil cosa a ridire; il quale, cieco quasi a nativitá, si mostrò di tanto intelletto divino che in ogni parte più astratta mostrava le sotilissime proporzioni de' suoi musicabili numeri, e quelle con tanta dolcezza col suo organo praticava ch'è cosa non credibile pure a udilla; e non istante questo, elli con ogni artista e filosofo giò disputando non tanto della sua musica, ma in tutte l'arti liberali, perché di tutte quelle in buona parte erudito si n'era.« Auch diese ›belletristische‹ Schrift darf dabei im Übrigen als eine Art Städtelob auf Florenz und seine erlesenen Bürger verstanden werden.

[41] Man denke an die Abbildung im *Codex Squarcialupi* (I-Fl Med. pal. 87) ebenso wie an die Grabplatte von 1397 in San Lorenzo, Florenz. Zu den Komponistenporträts im *Codex*

auch hier spielen, ganz wie im Kontext der Städtechronik, patriotische Repräsentation und Memoria eines außergewöhnlichen *famoso* zusammen mit plastisch hervortretender moralischer Modell-, Erinnerungs- und Mahnfunktion.

Die Selbstbiographie des Johann von Soest

Auch ein Jahrhundert später in der um 1505 in deutschen Reimversen abgefassten Selbstbiographie des Heidelberger Sängermeisters Johann von Soest (Susato)[42] scheinen just diese Motive und Interessen als eigentliche Kernanliegen des biographischen Schreibens wieder auf; hier nun in etwas anderer Gewichtung, bei der angesichts einer dezidiert religiös-christologisch fokussierten Optik die Idee des *exemplum* letztlich noch prägnanter ausformuliert scheint. Dies korrespondiert mit dem anderen Medium und Präsentationszusammenhang nicht im Kontext eines repräsentativen Städte-Lobs, sondern dem eines persönlichen Ego-Dokuments, und zwar einerseits im Sinne eines Tugendspiegels, andererseits gekoppelt zugleich mit einer Art Beichtspiegel bzw. Selbstkritik, persönlicher Rechenschaft und Buße, die – man denke an die einschlägigen Vorbilder von Augustinus' *Confessiones* oder Petrarcas *Secretum*[43] – merklich auf das Erwirken bzw. die Sicherung des eigenen Seelenheils zielen. Die eigenen Lebensstationen, die der Autor reflektiert, erscheinen in dieser Perspektive eingebettet in größere heilsgeschichtliche Zusammenhänge.

Denn zum einen werden zwar durchaus die beruflichen Wegmarken und Karriereschritte berichtet:[44] von dem symptomatischen Verweis auf die (allerdings

---

Squarcialupi auch William Gibbons, »Illuminating Florence. Revisiting the Composer Portraits of the Squarcialupi Codex«, in: *Imago musicae* 23 (2006), S. 25–45.

[42] Der Text des einst im Frankfurter Stadtarchiv verwahrten Manuskripts (Verlust im Zweiten Weltkrieg) liegt transkribiert vor von Johann Carl von Fichard, »Johanns von Soest eigene Lebensbeschreibung«, in: *Frankfurtisches Archiv für ältere deutsche Literatur und Geschichte*, hrsg. von dems., Frankfurt a. M. 1811, S. 84–139; sowie bei Klaus Pietschmann und Steven Rozenski, »Singing the Self. The Autobiography of the Fifteenth-Century German Singer and Composer Johannes von Soest«, in: *Early Music History* 29 (2010), S. 119–159, hier S. 135–152. Siehe ferner auch Ralph Frenken, *Kindheit und Autobiographie vom 14. bis 17. Jahrhundert. Psychohistorische Rekonstruktionen* (= PsychoHistorische Forschungen, 1), Kiel 1999, S. 275–296.

[43] Francesco Petrarca, *De secreto conflictu curarum mearum* (1347–1349). Vgl. Edition, Übersetzung und Kommentar in *Francesco Petrarca. Secretum meum – Mein Geheimnis*. Lateinisch – Deutsch, hrsg. von Gerhard Regn und Bernhard Huss (= *excerpta classica*, 21), Mainz 2004. Zu Augustinus: Johannes Brachtendorf, *Augustins ›Confessiones‹*, Darmstadt 2005; sowie *Selbsterkenntnis und Gottsuche – Augustinus: Confessiones 10*, hrsg. von Norbert Fischer und Dieter Hattrup, Paderborn 2007.

[44] Das gleichsam ›faktische‹ Extrakt ist dargestellt und erläutert bei Pietschmann/Rozenski, »Singing the Self«, S. 119–134; sowie zusammenfassend bei Klaus Pietschmann, »Johannes

wundersam kurierte) Blindheit (»Und wart myn beyden aughen blynt/ Dan ich so wasz eyn kleynes kynt«);[45] von der kindlichen musikalischen Veranlagung und göttlichen Begnadung im Sinne des Topos von einer frühen Regung des künstlerischen Talents;[46] über die wiederholt als »heymlich« apostrophierten (damit in gewissem Sinne auch als ›wundersam‹ und gottgegeben etikettierten) Abwerbungen und Verschleppungen, die der Leser stets als Moment einer exzeptionellen Deviation vom usuellen Lebensweg und als außergewöhnliche Möglichkeit sozialer Mobilität präsentiert bekommt (»Er wolt myr helffen durch myn stym/ Ich werden solt zu eynem hern«);[47] bis hin zu den Elementen einer professionellen Ausbildung, die Johann mit außerordentlicher Befähigung, Hinneigung und vor allem Fleiß und raschem Erfolg absolviert;[48] von den ›Wanderjahren‹ und verschiedenen Erweckungserlebnissen; über das Hören auf die innere Berufung (»Dan vil me lyb hatt ich zu konst/ Merck dan zw aller fursten gonst«);[49] über die Erfolge und Beschäftigungsverhältnisse, die stets dem Zufall bzw. der göttlichen Fügung zugesprochen werden;[50] bis hin zur Arriviertheit als Praeceptor und

---

von Soest«, in: *Der Kirchenmusiker: Berufe – Institutionen – Wirkungsfelder*, hrsg. von Franz Körndle und Joachim Kremer (= *Enzyklopädie der Kirchenmusik*, 3), Laaber 2015, S. 173f.

[45] In der Transkription von Pietschmann/Rozenski, »Singing the Self«, S. 135.

[46] »Da selbest wochs ich off und sang/ Mytt gutter stym hel das es klang/ All gassen uss war hyn ich gyng/ So sang ich lutt on al gedyng/ So das dy lutt des wonder nam/ Eyn iglicher der zu myr kam/ Der sprach zu myr. Syng lyber bub/ Gelich zu singhen ich an hub/ Umb sus frolich und fur da hyn/ Das myr bracht gonst und guten gwyn/ So das iglichs mych lyb gewan/ Bekent wasz ich von yderman«; ebd., S. 136.

[47] Ebd. Vgl. auch ebd., S. 137: »Und glich myn stym gefyl ym wol/ Das er von stund an off das mol/ Mich hollen lys in syn gemach/ Und fast genedig zu myr sprach/ Sag Bublyn wyltu syn by myr/ Eyn hern ich machen wyl von dyr«.

[48] »So grosse lyb hatt ich dar tzo/ Des dan myn her von Kleff wasz fro/ Und ted mych bald in dy sangschol/ Da lert ich bald dy konst fur fol/ Das ich kunstlich kont solnysyrn/ Auch contrapunckt kont iubylyrn/ Dar tzu so lernt ich componyrn/ Und kont myn konst warlich probyrn/ So das iglicher wonder hatt/ Das so bald myr solchs gyng von stat/ Dan scholer dy da worn von wert/ Und hatten drey vyr iar gelert/ Der meyster wart ich flucks und balt/ Das ich most lernen iung und alt/ Der hertzog als er mercken wart/ Das ich so wasz geschickt von art/ Wart myr genedig starck und fest«; ebd., S. 139. Siehe dann auch ebd., S. 142: »Da lert ich synghen erst uss konst/ Contreyn und fauberdon myt gonst/ Der meister tzwen uss engellant/ Proporcion vil mancherhant/ Dy ich fur nye me hatt erkant«.

[49] Ebd., S. 142. Siehe auch ebd.: »Ich docht zu lernen myr zu gwyn/ Wasz lyber myr dan furstlich gnad/ Deshalb gyng ich bald snel und drad/ Gen flandern tzo on gelt und gut/ […]/ Ich sprach neyn front ich danck uch ser/ Ich wyl hyn gen nach konst und ler«; sowie bereits ebd., S. 141: »Blyb hy ich sag dyr sicherlich/ Eyn rychen hern wyl von dyr machen/ Myt geystlich weltlich so verfachen/ Das du dar tzu und al dy dyn/ Des sollent hog gebessert syn/ Ich sprach dar off Genedgher her/ Keyn gold noch silber also ser/ Myr lyebt so vil als konstrich syn«.

[50] Vgl. etwa ebd., S. 147: »Wolan myn got und schepfer myn/ Nach dynem willen myr geschee/ Tzu aller tziit dich bytt und flehe/ Alleyn behalt dy sele myn/ Barmhertziglich fur helscher pyn/ […]/ Myn hoffnung stalt alleyn zu Gott/ Der mych noch ny verlassen hott.«

Familienoberhaupt – das Ganze bei aller Dramatisierung und ›Inszeniertheit‹ chronologisch-datengenau strukturiert durch regelmäßige Alters- und Jahresangaben. (Man denke nur an die Konjunktur solcher chronikalischen Darstellungsformen etwa im Umfeld der so erfolgreichen *Schedelschen Weltchronik* von 1493.)

Zum andern aber werden in das Gerüst dieses Rapports immer wieder sehr umfängliche Passus interpoliert, die in harscher Selbstkritik extensiv auf die jugendliche Sündhaftigkeit und das moralische Fehlverhalten des heranwachsenden Protagonisten eingehen. »[H]offertig da von wart/ Myn gmutt und syn zu bosheyt kart«,[51] bekennt Susato seine Überheblichkeit; und er führt diese Form der *humilitas*-Geste und Bußhaltung extensiv aus: »Als ich nw so gyng in der yr/ In wollust nach myns hertzen gyr/ Und ducht mich meyster syn im synghen/ Deshalp mych dan mocht nymantz tzwinghen/ Von stoltzigheytt in allem schyn/ Wolt nymantz onderworffen syn«.[52]

> »Was ich da hatt fur tziit vertryb/ Mytt vil geselschafft man und wyb/ Das lass ich sten fur synen wert/ Der ewig Got der hogst geertt/ Wol myr vertzyhen al myn sonde/ Nytt nott ist das ich sy verkonde/ An dyssem end al hy zu geghen/ Fur Gott aber syn nyt verswighen/ Ess gyng myr wol nach allem lust/ Dan gensich hatt ich keyn gebrust/ Dem nach vergass ich gotz myns hern/ Keyn bosheytt ducht mych syn beswern/ Dan aller wollust wasz fur mych/ Ich docht gantz an keyn hymelrich/ Der tuffel hatt mych gantz besessen/ Das end kont ich nyt uss gemessen«.[53]

> »Doch wass ess alles gar verthon/ Myt fressen suffen dantzen springhen/ On suss myt andern bosen dinghen/ Durch boess geselschafft gantz zerstort/ Ich armer sonder wart verforrt«.[54]

---

[51] In der Transkription von Pietschmann/Rozenski, »Singing the Self«, S. 139: »Ich ass und dranck by ym das best/ Hubsch kleyder vil so macht er myr/ Und gyng myr nach al mym begyr/ Des halb hoffertig da von wart/ Myn gmutt und syn zu bosheyt kart/ Eyns teyls durch mych selbs wort zerstort/ Auch boes geselschafft mych verfort«. »Nytt wult ich don wasz men mych hyss/ Myn obern ongehorsam wass/ Das gutt gensich zu mol vergasz/ Tzu aller bosheytt wart geschickt/ Der tuffel was yn myr verstrickt«.

[52] Ebd., S. 140.

[53] Ebd., S. 143. Weiter heißt es hier: »Wan mych got dick nyt hett behutt/ Ich wer vertorben in mym blutt/ Mytt lyb und sel ewig verdampt/ Durch bosheytt der ich mych nyt schampt/ Sonder zu wyl berompt wolt syn/ Das ich off dyssen tag beweyn/ O ellend wollust dysser welt/ Wy vil werden durch dich gefelt/ Und gott verachten und dy syn/ Alleyn hoffart nach allem schyn/ Mytt hohem flyss verbonden syn/ Onkuscheytt dar tzu gytigheytt/ Sy oeben stetz zu aller tziit/ Alleyn sich achten: ander lutt/ Nytt moghen haben myt yn butt/ Wan tzu yn kompt eyn armer man/ Den selben sehen sy nytt an/ Sy spotten syn und in verachten/ Alleyn wollust yst yr betrachten/ Und wy sy richer mochten werden/ In wollust hy off dysser eerden/ Wan sy schon rich syn hilfft sy nytt/ Sy willen auch syn in dem glitt/ Da men grosz eer hott syn erkent/ Auch haben gwalt im regement/ Und duncken sich des wyrdig syn/ In richtumbhalb in stoltzem schyn/ Das ist der richen eyghenschafft/ So sy schon nyt hont wysheytt krafft«.

[54] Ebd., S. 144.

Dem kritischen Selbstbefund und Zugeständnis charakterlicher Irrungen und Laster wie Hochmut und Stolz, Ungehorsam, Wollust, Unkeuschheit, Geiz, Vergnügungssucht und Völlerei, die er im Jugendalter begangen habe und nun im Alter erst erkenne und bereue, schließt sich dabei stets die Bitte um göttliche Gnade und Ablass an; gefolgt wiederum von moralischen Belehrungen und predigtartigen Lektionen oder Instruktionen, die die Autobiographie sichtlich in die Nähe solcher Tugend- und Erziehungsspiegel rücken, wie sie um 1500 eine hohe Nachfrage genossen und wie sie Johann von Soest selbst zuvor bereits in verschiedenen Ausprägungen verfasst hatte.[55] Gleich mehrfach betont Susato zerknirscht sein Schuldbewusstsein und die Hoffnung auf göttliche Barmherzigkeit, so dass sein autobiographisches Schreiben über weite Strecken Züge einer persönlichen Indulgenz-Praxis annimmt, eines individuellen Vorsorgemechanismus, mit dem er Sündennachlass für das Leben nach dem Tode zu erlangen hofft. Die Arbeit an der eigenen *memoria* erhält so noch einmal andere Qualitäten (die zudem eng mit denen seines Sängerdienstes und des gesungenen Gotteslobs kompatibel scheinen[56]).

> »Des ich off dy tziit nytt betracht/ Das mych itz krenckt gar manche nacht/ Wan ich myn borsheytt so bedenck/ Mytt mancherhande wylde sweng/ Dy ich myn tag getryben hab/ Auch don ich wasz eyn iungher knab/ Ach got myn schepfer myr vertzy/ Barmhertziglich myr gnad verly/ Das ich myn bosheytt mog beweynen/ Ee myr dyn orteyl wort erschynen/ Und das ich sprech als David sprach/ O her barmhertziglich erwach/ Ich bitt der sond der ioghent myn/ Nyt wol myn Gott indencklich syn/ ›Delicta Juventutis mee/ Ne memineris Domine‹«.[57]

---

[55] *Die Kinder von Limburg* (mit Füstenspiegel, ~1480); *Dy gemeyn bicht* (Beichtspiegel, 1483); *Libellus salutis* (Heilsspiegel, 1494); *Wy men wol ein statt regyrn sol* (Städtespiegel, 1495); *Eyn Spruchgedicht zu lob und eer der Statt Franckfortt* (moralisierendes Städtelob, 1501); *Eyn satzung wy dy Mutter Gotz Maria on erbsond ontphangen ist* (mariologisch-dogmatische Schrift, 1502). Siehe als Nachweis auch Klaus-Jürgen Sachs, »Das Kryptogramm des Johannes von Soest. Versuch einer Deutung durch musikalische Symbolik«, in: *Festschrift Klaus Hortschansky zum 60. Geburtstag*, hrsg. von Axel Beer und Laurenz Lütteken, Tutzing 1995, S. 9–19.

[56] Ob man in dem wiederholten Verweis auf den Psalmisten David nicht auch einen speziellen Bezug zu Susatos ›Berufsgenossen‹, dem musizierenden David, erblicken sollte, wäre zu erwägen.

[57] In der Transkription von Pietschmann/Rozenski, »Singing the Self«, S. 140. Vgl. auch ebd.: »Wart gon zu hoff nach mynem willen/ Don mocht ich bosheytt nyt gstillen/ Das ich beklag itz iemerlich/ Weysz gott myn her von hymelrich/ Her umb uch iunghen trwlich warn/ Yr' dy da noch synt onerfarn/ Lasst wollust numer uch verforn/ An myr exempel wollet sporn/ Das erst das ich zu Wollust kam/ Vil bös gesellschaft zu myr nam/ Eyns teyls durch mych selbs wart zerstortt/ Eyns teyls geselschaft mich verfortt/ Dem nach solt flyhen aln anhanck/ Von boser gsellschafft durch dy banck/ Uch selbs in Gottes focht regyrn/ Wolt yr myt cristo iubilyrn/ Dan welcher des nyt flyst zu don/ Dem selben wort gar boser lon/ Wan er von hyn mosz ellend scheyden/ Gotz angesicht mosz er ewig myden/ Welcher folgt aber mynem rott/ Der ewig selig wort by Gott.«

»Das ich off dyssen tag beweyn/ Alleyn im alter ken ich das/ Das ich dy tziit onsynnig wasz/ Off der tziit gab myrs nyt zu schaffen/ Vil lyber wasz ich by den affen/ Dan by den wysen hog gelert/ Das myn gemutt itz dick beswert/ Wan ich gedenck an Davitz spruch/ Der in ym hott starcken geruch/ Das eynem in der nasen smertzt/ Das er myt wortten da nyt schertzt/ ›Pluet super peccatores‹/ Im pselter du das selbig less/ Und lern das selbig wol versten/ Wyltu nyt in verdampnysz gen/ Hett ich dy tziit den versz gemerckt/ In bosheytt ny so vil gesterckt/ Wer ich geworden zu der tziit/ Das myr itz ist von herten leytt/ Also ich armer iungher knab/ Gyng yn der yr von Got schabab«.[58]

»Dy selben vyr und tzwentzig iar/ Beklag ich itzund offenbar/ Dan dy tziit boeslich hab verthon/ Gelich als der verloren son/ Und wan mych got nyt hett behutt/ Gefallen wer in obermutt/ In alle laster grosz und kleyn/ O got wol myr barmhertzig syn/ ›Delicta Juventutis mee/ Ne memineris Domine«.[59]

Dabei dient ihm die reumütige Selbstbeschau nicht zuletzt aber eben auch dazu, aus seiner persönlichen Entwicklung und den eigenen Irrwegen im Sinne eines Protreptikos allgemeingültige moralische Essenzen zu ziehen und entsprechende Mahnungen zu artikulieren. Das jugendliche Fehlverhalten und die spätere Bekehrung des autobiographischen Ich (eine Perspektive, die so eben nur im autobiographischen Blickwinkel überhaupt formulierbar scheint) vermögen dem Leser sittlicher Wegweiser zu sein und ihn in seinem Streben, als guter Christ zu leben, zu bestärken.

»Eyn iungher der sol schamhafft syn/ Demuttig dynsbar in gemeyn/ Wahrhafftig from kusch und gerecht/ Gotfochtig erbar von geslecht/ Von gutten sytten ober al/ Sol haben er eyn gutten schal/ Welcher solch tughent hott an ym/ Der edel ist mych recht vernym/ Wan er schon ist eyns hyrten son/ So mag er fur eym keyser ston/ Dan adel nichts dan tughend ist/ Welcher dy hott zu aller frist/ Der billich wort in alle lant/ Fur eynen edelman erkant«.[60]

Angelegt als eine Art Confessio und Lebensbeichte (die sich deutlich am Lasterkatalog der sieben Hauptsünden abzuarbeiten scheint, um ihnen in pädagogisch-didaktischer Absicht die Kardinaltugenden gegenüberzustellen) wird die eigene Lebensbeschreibung in luzider Abwandlung des peripatetischen Konzepts zum warnenden Exempel stilisiert, mündend in einen selbständigen Abschnitt, der in moralischer Diktion ausführlich *Von zytten der iughent myt etzlichen*

---

[58] In der Transkription von Pietschmann/Rozenski, »Singing the Self«, S. 141.
[59] Ebd., S. 144f. Zuvor hieß es: »Myt gottes hylff dem ich getrw/ Er werd myr geben leytt und rew/ Fur mynem end barmhertziglich/ Des trw ich Gott von hymelrich/ Dan ich weysz und byn so gelert/ Das sollichs wort von Got bewert/ Vil me ist syn barmhertzigheytt/ Dan aller tod sonder bosheytt/ Sy sy so grosz auch als sy wol/ Deshalp nymantz vertzwyfeln sol«. Es folgt ausgehend vom oben zitierten Psalmzitat ein umfangreiches lateinisches Bußgebet.
[60] Ebd., S. 140. Vgl. weitere ähnliche Passagen auch ebd., S. 140f. und 143f.

gutten lern handelt.⁶¹ Dass auch dies wohl gewissermaßen kompensatorisch zum Ausgleich der eigenen jugendlichen Fehler geschieht, um mittels Predigt Erlösung und Seelenheil zu erwirken, liegt auf der Hand. Immerhin wird der Envoi am Schluss der Biographie als direkte Invokation formuliert:

> »Der ewig gott gyb myr genad/ Das ich myn leben besser drad/ Und al myn sond fur mynem end/ Mag bossen hy bald und behend/ Da myt ich gotlich gnad erlang/ So das ich ewig gott anhang/ In lyb myn tag byss in myn tott/ Des hilff myr her barmhertzig gott.«

In der Tat ist die Vita insgesamt sichtlich im gleichsam testamentarischen Bemühen um *memoria*, *gedechtnuß* und christliche Heilserwartung niedergelegt, und zwar gerichtet letztlich nicht allein nur auf Johann, dessen Namensnennung bezeichnenderweise wiederholt thematisiert wird,⁶² sondern auf die gesamte Familie. Die Autobiographie rückt in die Nähe der Familienchroniken, wie sie ab dem 16. Jahrhundert von einem neuen bürgerlichen Selbst- und Traditionsbewusstsein zeugen. Ehrbarkeit der Abstammung (»Doch elich byn geboren ich/ Dis danck ich Got von hymelrich«);⁶³ Bekanntheit und Frömmigkeit des Vaters (»meysterlich«, »bekent«, »from von art«);⁶⁴ Vornehmheit, Güte und Liebe der Mutter (»von alter her furnem und recht«, »mutterlich lyb«);⁶⁵ die Nennung der Brüder; die Bitte um Aufnahme der Eltern in den Himmel; die lange Rechtfertigung der zweiten Ehe, die alsbald nach dem Tod der ersten Frau erfolgte;⁶⁶ der Verweis schließlich auf die Taufe der Kinder und den frühen Tod der Tochter:⁶⁷ All dies macht die Schrift neben den berufsmäßigen Aspekten zu einem persönlichen, religiös motivierten Ego- und Familiendokument, bei dem die berufliche Laufbahn und musikalische Profession des Biographierten nur eine, wenn auch zentrale Facette darstellt, die – gleichsam ›ganzheitlich‹ – mit anderen Perspektiven auf das gelebte Leben verwoben und in den eschatologischen Gesamtzusammenhang integriert wird. Die Vita als Musiker ist Teil eines größeren Lebensplans, der von Susato hier gleichsam autobiographisch entschlüsselt wird. (Hinzuweisen ist in diesem Zusammenhang darauf, dass die Autobiographie

---

⁶¹ »Dy wyl mich ioghent hott verfortt/ In mossen yr fur habt gehort/ So will ich setzen hy eyn ler/ Da durch eyn iungher on beswer/ Mag lichtlich lernen syn gebresten/ Und wenden den zum allerbesten«; vgl. in der Transkription von Pietschmann/Rozenski, »Singing the Self«, S. 145f.
⁶² Z. B.: »Und hub mych an sustchen zu nennen/ Deshalb das ich genomen wart/ Tzu Soest von mym hern edler art/ Dar umb noch huttestags bekent/ Werd ich Johan von Sost genent«; ebd., S. 139. »Ich sprach ich byns heysz Johan Von Soest«; ebd., S. 148.
⁶³ Ebd., S. 135.
⁶⁴ Ebd., S. 135 und 136 (mit eigenem Gnadengebet).
⁶⁵ Ebd., S. 135 und 138.
⁶⁶ Vgl. ebd., S. 148–150. Selbst quasi-notarielle Notizen zum häuslichen Besitzstand schließt die Schrift mit ein (vgl. ebd., S. 150f.).
⁶⁷ Vgl. ebd., S. 152.

offenbar allein in einem einzigen Manuskript vorlag, das im Sinne eines Arbeitsmanuskripts zudem Streichungen enthält.[68] Inwiefern also überhaupt an eine Überlieferung oder gar Verbreitung außerhalb der Familie gedacht war, muss mithin fraglich bleiben. Gegen den Status als Dokument eines rein genealogischen Familiengedächtnisses spricht allerdings der dann doch allgemeingültige, auf einen größeren Leserkreis zielende Duktus speziell des Tugendspiegels.)

Ingenium und künstlerisches Selbstverständnis

Wenn bei Susato also gekoppelt an die topisch überwölbten werdegangsbezogenen Daten (und somit musikspezifischen Informationen) vor allem sozusagen generelle Aspekte eines christlich-humanistischen Buß- und Memorialwerks im Gefolge Augustinus' und Petrarcas als Interesse des autobiographischen Schreibens ausgemacht werden können, so zeigt sich im Unterschied dazu in kaum jüngeren Selbstentwürfen eine eindeutigere Fokussierung speziell auf Momente des Professionellen und des Künstlertums, worin sich eine Verschiebung zu manifestieren scheint, die einerseits mit der glaubens- und mentalitätsgeschichtlichen Zäsur der Reformation und einsetzenden Gegenreformation zusammenhängen dürfte, die man andererseits zugleich aber durchaus auch – gleichsam inhärent ›berufsgeschichtlich‹ – als Konsolidierung des Musizierens von einer eher handwerklichen zu einer kreativ-schöpferischen Tätigkeit beschreiben mag.[69] Das in Villanis Landini-Biographie beobachtete enge Wechselspiel von Künstlerlob und Exempel-Literatur, das bei Susato tendenziell zugunsten der moralischen Vorbild-Funktion gewichtet scheint, konnte so nun auch in die andere Richtung ausschlagen. Ein bekanntes Beispiel hierfür bietet etwa Ludwig Senfls personalisierte Hofweise *Lust hab' ich ghabt zur Musica* (Mitte der 1520er-Jahre), wo primär Aspekte der künstlerischen Berufung, der Ausbildung und des Schülerverhältnisses zu Heinrich Isaac sowie der Dienstzeit an der kaiserlichen Kapelle thematisiert sind.[70] Gerade in späteren Zeugnissen dieser Art wie in der Lebensbeschreibung des Thomas Whythorne (um 1576),[71] die sich symptomatischerweise um selbst komponierte Lieder und Gedichte herumrankt, oder auch

---

[68] Vgl. Fichard, »Johanns von Soest eigene Lebensbeschreibung«, S. 87.

[69] Vgl. etwa mit Blick speziell auf den Komponisten Rob C. Wegman, »From Maker to Composer: Improvisation and Musical Authorship in the Low Countries, 1450–1500«, in: *Journal of the American Musicological Society* 49 (1996), S. 409–479.

[70] Hierzu etwa Lütteken, » ›Autobiographische‹ Musik?«, S. 3–6; sowie Wolfgang Gratzer, »Im Spiegel des musikalischen Ichs. Autobiographie und Rezeption«, in: *Biographische Konstellation und künstlerisches Handeln*, hrsg. von Giselher Schubert (= *Frankfurter Studien*, 6), Mainz 1997, S. 268–283.

[71] Ediert als *The Autobiography of Thomas Whythorne*, hrsg. von James M. Osborn, Oxford 1961.

in den autobiographischen Dokumenten Philippe de Montes (1580er-Jahre)[72] scheint dieser Modus dann weiterverfolgt und ausgebaut zu werden, während an den Anekdoten und Legenden, wie sie sich schon zuvor um die Vita Josquin Desprez' zu ranken begonnen hatten,[73] zugleich ein Akzent insbesondere auf die Aura des schöpferischen Genius und damit auf den Komponisten als Künstlerpersönlichkeit gelegt ist. Denn bekanntlich kolportierten Autoritäten wie Giovan Tomaso Cimello oder Heinrich Glarean (in seinem *Dodekachordon*) ebenso nachhaltige wie diskursmächtige Erzählungen und Ondits aus dem Leben Josquins, die – freilich posthum, ab den 1540er-Jahren – primär seine Findigkeit, geistige Brillanz, das angeborene göttliche Talent und seine Inspiration insinuieren ließen, sowie die Idee des ganz dem Innersten entspringenden Kunstwerks, des ausgeprägten Autorwillens und Ähnliches, was auf eine Ausnahmeerscheinung des Komponisten deutete. Das Verhältnis zwischen biographischem *factum* und doxographisch verbrämendem *dictum* tendiert hier gezielt (und durchaus ostentativ) zu letzterem.

Samuel Quickelbergs Lasso-Biographie

Ein solcher Blick auf das musikalische *ingenium* aber scheint Voraussetzung dafür, dass 1566 – sechzehn Jahre nach Giorgio Vasaris wegweisendem Vitenprojekt im Bereich der Bildenden Künste,[74] aber auch sechs Jahre, nachdem Francesco Patrizi Künstler- und Gelehrtenbiographien (darunter expressis verbis auch diejenigen von Musikern) im Gegensatz zu Politiker- und Kriegsherrenviten vehement aus dem Feld der *Historia* auszuscheiden trachtete, da

---

[72] Siehe hierzu Richard Wistreich, »Philippe de Monte: New Autobiographical Documents«, in: *Early Music History* 25 (2006), S. 257–308.

[73] Vgl. etwa Rob C. Wegman, » ›And Josquin Laughed…‹. Josquin and the Composer's Anecdote in the Sixteenth Century«, in: *The Journal of Musicology* 17 (1999), S. 319–357.

[74] *Le Vite de' più eccellenti architetti, pittori, et scultori italiani, da Cimabue infino a' tempi nostri: descritte in lingua toscana da Giorgio Vasari, pittore arentino – Con una sua utile et necessaria introduzione a le arti loro*, 2 Bde., Florenz: L. Torrentino 1550. 1568 erschien eine erweiterte Ausgabe: *Le Vite de' più eccellenti pittori, scultori et architettori, scritte e di nuovo ampliate da Giorgio Vasari con i ritratti loro e con l'aggiunta delle vite de' vivi e de' morti dall'anno 1550 infino al 1567*, 3 Bde., Florenz: Giunti 1568. Hierzu etwa Patricia Lee Rubin, *Giorgio Vasari. Art and History*, New Haven und London 1995; und *Le Vite del Vasari. Genesi, topoi, ricezione | Die Vite Vasaris. Entstehung, Topoi, Rezeption*, hrsg. von Katja Burzer u. a. (= *Collana del Kunsthistorisches Institut in Florenz*, 14), Venedig 2010; sowie im weiteren Rahmen Karin Hellwig, »Vitenkunstgeschichte und Künstlerbiographik«, in: *Kunsthistorische Arbeitsblätter* 5 (2002), S. 51–60; dies., *Von der Vita zur Künstlerbiographie*, Berlin 2005; und Gabriele Guercio, *Art as Existence. The Artist's Monograph and Its Project*, Cambridge (MA) und London 2006.

sie keinen Gemeinnutz hätten[75] – ein Komponistenporträt Aufnahme fand in jene biographisch-prosopographische Großunternehmung des protestantischen Basler Universitätsgelehrten Heinrich Pantaleon, die als *Prosopographia heroum atque illustrium virorum totius Germaniae* (1565/1566) bzw. als *Teutscher Nation Heldenbuch* (ab 1567 in vier Folgeauflagen bis 1588)[76] unverkennbar ein Spätphänomen des nationalen Humanismus darstellt;[77] eines humanistischen Patriotismus allerdings, der in Zeiten konfessioneller Konfrontation das Nationalgefühl insofern zu beschwören suchte, als im Zeichen der Idee des ›Deutschen‹ die Konfessionen wieder zueinander finden sollten.[78] Angeregt etwa durch Johannes Trithemius,[79]

---

[75] So im achten Dialog seiner *Della historia diece dialoghi* (Venedig: Andrea Arrivabene 1560), »Il valerio overo dell'Historia della vita altrui«, fol. 44ʳ: »Voi dite il uero, che le historie delle uite altrui sono state scritte, de Filosofi, de Sofisti, degli Oratori, de Poeti, de Grammatici, de Musici, de Dipintori, & degli Scoltori, & d'altri. Ma questa scrittura è molto da quella differente, in cui si scriuono le uite de gli huomini ualorosi in guerra, & saui ne gouerni delle città. [...] Altra eccellenza è quella del mestiere della guerra, & delle ciuili cose; & altra quel la de gli Scoltori, de Dipintori, & de Grammatici, & degli altri.«

[76] Heinrich Pantaleon, *Prosopographia heroum atque illustrium virorum totius Germaniae... Opus plane novum et iucundissimum, ex omnium fere gentium chronicis, annalibus, & historiis magna diligentia excerptum, & vivis heroum imaginibus (quantum fieri potuit) poßim illustratum, ac nunc primum ob patriae decorem in lucem editum, ita quod instar continua historiae germanorum esse queat*, 3 Bde., Basel: Nicolaus Brylinger 1565 und 1566. Heinrich Pantaleon, *Teutscher Nation Heldenbuch. Erstlich durch den hochgelehrten Herren Heinrichen Pantaleonem fast auß aller völckeren Historien, Chronecken, unnd geschichtrodlen, mitt grosser Arbeit fleissig zu Latein zusammen gezogen, unnd mit sampt aller beschribener personen bildtnussen (so viel müglich) künstlich fürgestellet. Jetzmalen aber von dem ersten authore selbs verteütscht, gemehret, unnd gebesseret, auch zu lob Teütscher nation inn Truck verfertiget. Also daß auch der Gemeine mann alle Teütschen Historien, von anfang der welt biss zu gemeldeter Zeit, inn fürgestelleten personen ihren altvorderen leichtlich erkundigen. Alles gantz lustig, kurtzweilig, und nutzlich zulesen*, 3 Bde., Basel: Nicolaus Brylinger 1567–1570. Vgl. aus der erstaunlich spärlichen Literatur etwa die bis dato noch immer einzige Monographie von Hans Buscher, *Heinrich Pantaleon und sein Heldenbuch* (= *Basler Beiträge zur Geschichtswissenschaft*, 26), Basel 1946; sowie Ursula Liebertz-Grün, »Nationalkultur und Gelehrtenstand um 1570. Heinrich Pantaleons Teutscher Nation Heldenbuch«, in: *Euphorion* 80 (1986), S. 115–148; und Matthias Pohlig, *Zwischen Gelehrsamkeit und konfessioneller Identitätsstiftung. Lutherische Kirchen- und Universalgeschichtsschreibung 1546–1617* (= *Spätmittelalter und Reformation*, N. R. 37), Tübingen 2007, S. 259–269.

[77] Hierzu etwa Jörn Garber, »Vom universalen zum endogenen Nationalismus. Die Idee der Nation im deutschen Spätmittelalter und in der frühen Neuzeit«, in: *Dichter und ihre Nation*, hrsg. von Helmut Scheuer, Frankfurt a. M. 1993, S. 16–37.

[78] Zwar hatte Pantaleon vor allem 80 Reformatoren lutherischer und zwinglianischer Überzeugung in sein Werk aufgenommen, aber immerhin auch zwölf explizite Gegner der Reformation mit Einträgen in seinem *Heldenbuch* bedacht, von den vorreformatorischen Klerikern ganz zu schweigen. Hinzuweisen ist in diesem Zusammenhang auch auf Pantaleons zuvor erschienene *Chronologia Christianae Ecclesiae* (Basel 1550).

[79] Zum trithemischen Vorbild des *Cathalogus illustrium virorum germaniam suis ingenijs et lucubrationibus omnifariam exornantium* (1491–1495) siehe Klaus Arnold, »De Viris Illustribus.

John Bale,[80] John Foxe[81] und Paolo Giovio[82] fundierte das *Heldenbuch* seine Nationalmythologie dabei auf der Vorstellung einer genuinen Kulturtradition, deren überragendes Niveau es in einer »Mischung von antikisierender biographischer Kunst und volksbuchartiger mittelalterlicher Darstellungsweise«[83] anhand derjenigen zu demonstrieren galt, »wellche durch jhre tugendten, grosse authoritet, starcke waffen, frommkeit, weißheit, vnnd gute künst [...] jhr vatterland Teütsche nation höchlichen bezieret vnd groß gemachet«.[84]

Aus den Anfängen der humanistischen Literaturgeschichtsschreibung: Johannes Trithemius und andere Schriftstellerkataloge des 15. Jahrhunderts«, in: *Humanistica Lovaniensia* 42 (1993), S. 52–70.

[80] Nach dem *Illustrium majoris Britanniae scriptorum, hoc est, Angliae, Cambriae, ac Scotiae Summarium* (Ipswich und Wesel 1548/1549) ist hier vor allem zu denken an dessen erweiterte Version, den 1557–1559 in Basel gedruckten *Scriptorum illustrium majoris Britanniae... Catalogus.*

[81] Bereits 1563 hatte Pantaleon in Fortführung und geographischer Erweiterung von Foxes Märtyrergeschichte (*Actes and Monuments of these Latter and Perillous Days, Touching Matters of the Church*, bekannt als *Foxe's Book of Martyrs*) eine eigene Martyrologie vorgelegt: *Martyrum historia, Hoc Est, Maximarum Per Europam Persecutionum Ac Sanctorum Dei Martyrum, caeterarum'que rerum insignium in Ecclesia Christi postremis & periculosis his temporibus gestarum, atque certo consilio per Regna & Nationes distributarum, Commentarij*, 2 Bde., Basel: Nicolaus Brylinger 1563. Hierzu etwa Elizabeth Evenden und Thomas S. Freeman, *Religion and the Book in Early Modern England: The Making of John Foxe's ›Book of Martyrs‹*, Cambridge 2011.

[82] Dessen *Vitae virorum illustrium* (nach 1527; Italienisch von Ludovico Domenichi, Florenz 1549–1557) stehen wiederum in einer offenkundigen Tradition mit Filippo Villani, etwas weniger die *Elogia virorum bellica virtute illustrium* (1554).

[83] Buscher, Heinrich Pantaleon und sein Heldenbuch, S. 121.

[84] So der Untertitel des *Heldenbuchs*: »Inn diesem werden aller Hochuerrümpten Teütschen personen, Geistlicher vnd Weltlicher, hohen vnnd nideren staths, Leben vnnd nammhafftige thaten gantz warhaftig beschriben, wellche durch jhre tugendten, grosse authoritet, starcke waffen, frommkeit, weißheit, vnnd gute künst [...] jhr vatterland Teütsche nation höchlichen bezieret vnd groß gemachet«. Im lateinischen Titel hieß es: »In Hac Personarum Descriptione Omnium Tam Armis Et Authoritate, quam literis & religione totius Germaniae celebrium virorum Vitae & res praeclare gestae bona fide referuntur«.

Musikbezogene Biographik in der Frühen Neuzeit 57

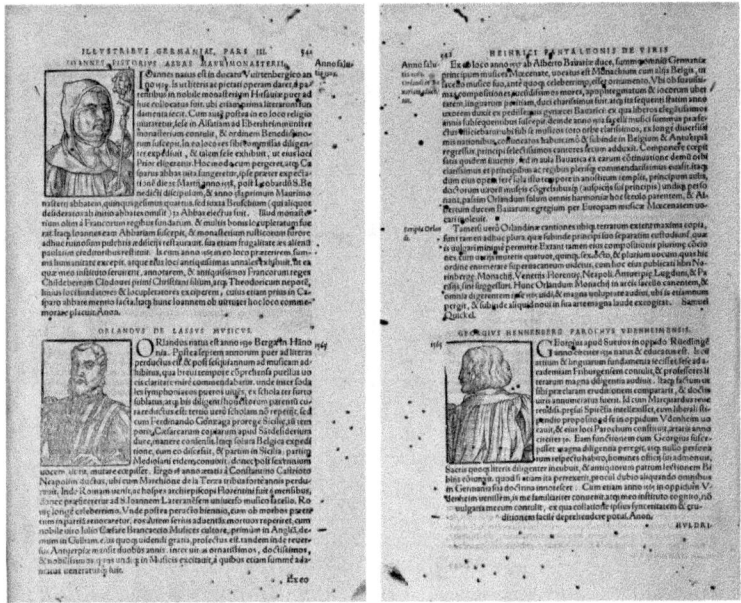

Abb. 3: Heinrich Pantaleon, *Prosopographia heroum atque illustrium virorum totius Germaniae...*, Bd. 3, Basel: Brylingerus 1566, S. 541 und 542 (Eintrag »Orlandus de Lassus Musicus«).

In dieser illustren Gruppe von immerhin 1.700 ›Helden‹[85] nun ist es – als dem einzigen Komponisten – dem noch lebenden Orlando di Lasso zugedacht, die Kulturleistungen im Bereich der Musik zu vertreten: also wohlgemerkt einem in den Niederlanden gebürtigen Katholiken, dessen gut eine Druckseite umfassende biographische Notiz zudem von dem ebenfalls niederländisch-stämmigen, katholischen Münchner Hofliteraten Samuel Quickelberg[86] beigesteuert wurde. Pantaleons Vision einer konfessionellen Wiedervereinigung eines großen deutschen Reichsverbundes könnte anschaulicher kaum zum Ausdruck kommen.

---

[85] Die Auswahl, die stets Informationen über Abstammung, Erziehung und Tugenden, Taten und Werke bietet, beginnt bei den germanischen Urkönigen und schließt vor allem die deutschen Päpste, etliche Mönche, Prälaten und Kardinäle sowie Fürsten, Ritter und Krieger ein. Der Eintrag zu Lasso zählt zu den 230 Gelehrten-Viten, die im Heldenbuch enthalten sind und in einen autobiographischen Artikel zu Pantaleon selbst münden.

[86] Quickelberg ist auch mit einem eigenen, von ihm selbst formulierten Eintrag bedacht, der in der deutschsprachigen Version auf dem Lasso-Eintrag gegenüberliegenden Seite (S. 506) platziert ist. In der lateinischen Fassung ist er zwei Seiten zuvor (S. 539) positioniert.

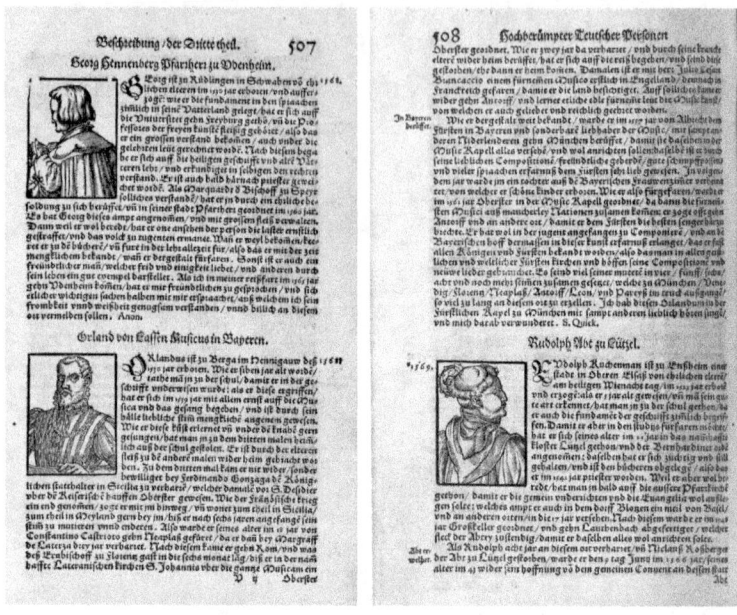

Abb. 4: Heinrich Pantaleon, *Teutscher Nation Heldenbuch*..., Bd. 3, Basel: Brylingerus 1570, S. 507 und 508 (Eintrag »Orland von Lassen Musicus in Bayeren«).

An dem mittels Daten und Altersangaben – so wie das Gesamtwerk – strikt chronologisch strukturierten Lebensabriss lassen sich dabei fünf Gesichtspunkte besonders herausstellen: Zum einen ist es die schon von Landini und Susato bekannte Koppelung von Begabung mit Fleiß und Gelehrsamkeit, die sich hier bemerkenswerterweise speziell auf das Moment der Literatur und Schriftlichkeit (*literae, geschrifft*) richtet und in der Tätigkeit als angesehenem Lehrer und Adels-Praeceptor mündet; insgesamt dem biographischen Topos der Erudition und Bildung folgend:

> »Postea septem annorum puer ad literas perductus est, & post sesquiannum ad musicam adhibitus, qua breui tempore comprehensa puellus uocis claritate mire commendabatur. unde inter sodales symphoniacos pueros uiuens, ex schola ter furto sublatus [...]. Tandem inde reuersus Antuerpiae mansit duobus annis, inter uiros ornatissimos, doctissimos, & nobilissimos, quos undique in Musicis excitauit, à quibus etiam summè adamatus ueneratuaque fuit.«[87]

---

[87] Prosopographia heroum, S. 541.

»Wie er siben jar alt worden, tathe man jn zu der schul, damit er in der geschrifft vnderwisen wurde: als er diese ergriffen, hat er sich im 1539 jar mit allem ernst auff die Musica vnd das gesang begeben, vnd ist durch sein hälle liebliche stimm menegklichen angenem gewesen. Wie er diese kunst erlernet vnn vnder den knaben gern gesungen, hat man jn zu dem dritten malen heimmlich auß der schul gestolen. [...] Auff solliches kame er wider gehen Antorff, vnd lernet etliche edle fürnemme leüt die Music kunst, von welchen er auch geliebet vnd reichlich geehret worden.«[88]

Zum zweiten kann die Engführung von kompositorischem Talent mit gutem sittlichen Verhalten (man denke abermals an Landini), sowie rhetorischer Gewandtheit und polyglotter Sprachbeherrschung als symptomatisch gelten, insofern sich hier – ebenso topologisch – Musikalität, Tugendhaftigkeit und humanistische Gelehrtheit verbinden: »Vbi ob suauissimas compositiones, iucundissimos mores, apophtegmatum & iocorum ubertatem, linguarum peritiam, duci charissimus fuit«;[89] »daselben ist er durch seine lieblichen Compositionen, freündtliche geberden, gute schimpffpossen, vnd vieler spraachen erfarnuß dem Fürsten sehr lieb gewesen.«[90] Dabei trägt – drittens – die Vielsprachigkeit auch zur Betonung des kosmopolitischen Aktionsradius und der überstaatlichen Strahlkraft Lassos bei, was die nationale Prestige-Funktion der Vita entscheidend erhöht. Nach den »heimlichen« Entführungen (man denke an Susato) werden nachdrücklich nämlich nicht zuletzt die internationalen beruflichen Stationen und das Reiseleben betont,[91] ehe nach der Münchner Berufung durch

---

[88] Teutscher Nation Heldenbuch, S. 507f.
[89] Prosopographia heroum, S. 542.
[90] Teutscher Nation Heldenbuch, S. 508.
[91] »[T]ertiò ueró scholam non repetijt, sed cum Ferdinando Gonzaga prorege Siciliae, tum temporis Caesarearum copiarum apud Santdesiderium duce, manere consensit. Itaque soluta Belgica expeditione, cum eo discessit, & partim in Sicilia, partim Mediolani eidem conuixit, donec post sexennium uocem, ut fit, mutare coepisset. Ergo 18 anno aetatio à Constantino Castrioto Neapolim ductus, ubi cum Marchione de la Terza tribus fortè annis perdurauit. Inde Romam uenit, ac hospes archiepiscopi Florentini fuit 6 mensibus, donec praeficceretur ad S. Ioannem Lateranensem uniuerso musico facello, Romae longè celleberrimo. Vnde postea peracto biennio, cum ob morbos parentum in patriam reuocaretur, eos autem ferius aduentans mortuos reperiret, cum nobile uiro Iulio Caesare Brancaccio Musices cultore, primùm in Angliam, demum in Galliam, eius quoque uidendi gratia, profectus est« (Prosopographia heroum, S. 541). | »Zu dem dritten mal kam er nit wider, sonder bewilliget bey Ferdinando Gonzaga dem Königlichen Statthalter in Sicilia zu verharren, welcher damalen vor S. Desidier vber den Keiserischen hauffen Oberster gewesen. Wie der Frantzösische krieg ein end genommen, zoge er mit jm hinweg, vnn wonet zum theil in Sicilia, zum theil in Meyland gern bey jm, biß er nach sechs jaren angefangen sein stimm zu mutieren vnnd enderen. Also warde er seines alter im 18 jar von Constantino Castrioto gehn Neaplaß füeret, da er dann bey Margraff de Laterza drey jar verharret. Nach diesem kame er gehn Rom, vnd was deß Erzbischoff zu Florenz gast in die sechs monat lang, biß er in der nammhaffte Lateranischen kirchen S. Johannis vber die gantze

Herzog Albrecht V. (»summo omnium Germaniae principum musices Moecenate«, »sonderbaren liebhaber der Music«) die Internationalität der Hofkapelle und Lassos Engagement beim Rekrutieren der besten Kräfte aus Antwerpen unterstrichen werden:

> »[D]einde anno 1562 facelli musici summus praefectus efficiebatur: ubi sub se musicos toto orbe clarissimos, ex longe diuersissimis nationibus conuocatos habuit, imò & subinde in Belgium & Antuerpiam regressus, principi selectissimos cantores secum adduxit.«[92]

> »Wie er also fürgefaren, warde er im 1562 jar Oberster in der Music Kapell geordnet, da dann die fürnemmsten Musici auß mancherley Nationen zusamen kommen: er zoge offt gehn Antorff vnd andere ort, damit er dem Fürsten die besten senger härzu brechte.«[93]

Vor allem freilich Lassos Œuvre – man beachte in der Textanlage die markante Separierung von Leben und Werk, die im Lateinischen eigens durch die Rubrik »Scripta Orlandi« hervorgehoben wird – zeichne sich dadurch aus, dass es europaweit allen Königen und Fürsten bekannt sei, allerorts an allen Kirchen und Höfen zum Klingen gebracht werde und international in Nürnberg, München, Venedig, Florenz, Neapel, Antwerpen, Lyon und Paris im Druck erscheine:

> »[D]emum orbi clarissimus, et principibus ac regibus plerisque commendatissimus euasit. itaque dum eius opere fere sola isto tempore in antistitum templis, principum aulis, doctorum uirorum musaeis congressibusque (auspicijs sui principis) undique personant, passim Orlandum solum omnis harmoniae hoc seculo parentem, & Albertum ducem Bauarum egregium per Europam musicae Moecenatem uocari inoleuit. Tam et si uerò Orlandinae cantiones ubique terrarum extent maxima copia, sunt tamen adhuc plura, quae subinde principi suo separatim custodiunt, quae is uulgari minimè permittit. Extant tamen eius compositionis plurimae conciones, cum varijs mutetis quatuor, quinque, sex, octo, & plurium uocum, quas hic ordine enumerare superua caneum uidetur, cum hoc eius publicati libri Norinbergae, Monachij, Venetijs, Florentiae, Neapoli, Antuerpiae, Lugduni, & Parisijs, sint suggessuri.«[94]

> »[D]as er fast allen Königen vnd Fürsten bekandt worden, also das man in allen geistlichen und weltlicher Fürsten kirchen vnd höffen seine Compositionen vnd neüwe lieder gebraucht. Es seind viel seiner muteten in vier, fünff, sechs, acht

---

Musicam ein Oberster geordnet. Wie er zwey jar da verharret, vnd durch seine krancke eltern wider heim berüffet, hat er sich auff die reiß begeben, vnd seind diese gestorben, ehe dann er heim kommen. Damalen ist er mit herr Julio Cesare Brancaccio einem fürnemmen Musico erstlich in Engelland, demnach in Franckreich gefaren, damit er die land besichtiget« (Teutscher Nation Heldenbuch, S. 507f.).

[92] Prosopographia heroum, S. 542.
[93] Teutscher Nation Heldenbuch, S. 508.
[94] Prosopographia heroum, S. 542.

vnd noch mehr stimmen zusamen gesetzet, welche zu München, Venedig, Florentz, Neaplaß, Antorff, Leon, vnd Pareyß im truck außgangen, so viel zu lang an diesem ort zu erzellen.«[95]

Das Medium des Musik-Drucks, das hier auffällig mit dem Medium des Biographien-Drucks koinzidiert (die Lasso-Vita ist wohl die älteste von vornherein zum Druck erstellte Musikerbiographie), fällt dabei – viertens – zusammen mit einem spezifischen Blick auf das komponierte Werk als originäres Vermächtnis des Musikers. Nicht länger das musikalische Tun, wie als Akt des virtuosen Instrumentalisten etwa bei Landini oder als berufliche Tätigkeit bei Johann von Soest, sondern das Opus, die *scripta* eben, als im Druck dauerhaft-bleibende Manifestationen und Konkretionen der künstlerischen Exzellenz garantieren dem Biographierten Biographiewürdigkeit. Medienwechsel (hin zum Druck) und Perspektivwechsel (hin zum kompositorischen Werk) fallen zusammen; und es mag kaum als Zufall gewertet werden, dass das *Heldenbuch* mit Lasso just jene Persönlichkeit inkludierte, die sich mit ihren über 80 in Eigenregie herausgebrachten Individualdrucken öffentlichkeitswirksam und gezielt zum musikalischen Marktführer ihrer Zeit aufschwang.[96]

Zuletzt schließlich ist – fünftens – die Qualifizierung des Komponierens auch insofern aufschlussreich, als es (abgesehen von der symptomatischen rhetorischen Floskel »so viel zu lang an diesem ort zu erzellen«) einerseits von Jugend an auf »erfarnuß« gründe (»er hat wol in der jugent angefangen zu Componieren, vnd an dem Bayerischen hoff dermassen in dieser kunst erfarnuß erlanget«),[97] es andererseits durch das ganz persönliche und direkte Hörerlebnis des Biographen approbiert wird: Quickelberg hole deshalb zum Lob aus, weil Orlandos Musik bei ihm »magna voluptas« bzw. »verwunderung« ausgelöst habe, womit *pars pro toto* zweifellos die noch immer bedeutsame wirkungsästhetische Idee der *effectus musicae* angesprochen scheint: »Hunc Orlandum Monachij in arcis sacello canentem, & omnia digerentem ipse 1565 uidi, & magna uoluptate audiui, ubi is

---

[95] Teutscher Nation Heldenbuch, S. 508.
[96] Vgl. etwa James Haar, »Orlando di Lasso. Composer and Print Entrepreneur«, in: *Music and the Cultures of Print*, hrsg. von Kate van Orden, New York 2000, S. 125–162; sowie Horst Leuchtmann und Bernhold Schmid, *Orlando di Lasso. Seine Werke in zeitgenössischen Drucken 1555–1687* (= *Orlando di Lasso. Sämtliche Werke. Supplement*), 3 Bde., Kassel und Basel 2001. Man beachte in den Drucken auch die Selbstbezüglichkeit zahlreicher Widmungsvorreden und Vorworte, mit denen sich Lasso zu einem bedeutsamen Knotenpunkt zentraler politisch-kultureller (klerikaler wie weltlicher) Netzwerke machte, um dabei intensiv für eine gesteigerte Wertschätzung seiner kompositorischen Verdienste zu werben und die Rezeption der entsprechenden Werke zu lancieren. Zum Kontext auch: *»Cui dono lepidum novum libellum?« Dedicating Latin Works and Motets in the Sixteenth Century*, hrsg. von Ignace Bossuyt u. a. (= *Supplementa humanistica lovaniensia*, 23), Löwen 2008.
[97] Teutscher Nation Heldenbuch, S. 508.

etiam num pergit, & subinde aliquid noui in sua arte magna laude excogitat.«[98]
»Ich hab diesen Orlandum in der fürstlichen Kapel zu München mit sampt anderen lieblich hören singen, vnd mich darab verwunderet.«[99]

Dass der Verweis auf das persönliche Hören im Sinne der direkten Zeitgenossenschaft Glaubwürdigkeit, Authentizität und Wahrheit des biographischen Berichts suggeriert, ist das eine. Wie sehr die Darstellung dabei insgesamt den Konventionen einer Typisierung verpflichtet bleibt, ist das andere – und mag im Übrigen gerade auch an der Wahl des Konterfeis ersichtlich werden, das dem Artikel (wie einem jeden Eintrag im *Heldenbuch*) beigegeben ist: Per se ein beachtliches redaktionelles Konzept und Moment aufwendig-hochwertiger Ausstattung und Visualisierung,[100] mitnichten aber in der Vorstellung eines tatsächlich individualisierten (geschweige denn individuellen) Porträts, taucht das Bildnis nämlich zumindest im deutschsprachigen *Heldenbuch* gleich mehrfach auf, so etwa auch beim hochadeligen Allwig Graf zu Sulz[101] – was emblematisch immerhin (wie die Kleidung und Haltung insgesamt) die (innere) *nobilitas* Orlandos indizieren mag, der ja 1570 dann in der Tat von Maximilian II. in den erblichen Adelsstand erhoben werden sollte.

Martin Geiers Schütz-Biographie

Wagt man abschließend und zum Ende des Betrachtungszeitraums abermals den Schritt eines ganzen Jahrhunderts, so tritt nach poetischer Autofiktion, Enkomion im Rahmen eines Städtelobs, versifizierter Selbstbiographie, Anekdote und lexikalischem Eintrag im ›Heldenbuch‹ mit Martin Geiers Schütz-Biographie von 1672 abermals eine andere Text- und Präsentationsform des *Life Writing* ins Blickfeld: die Leichenpredigt bzw. der Nekrolog, dem als zentralem Medium protestantischer Funeral- und Gedächtniskultur in den für höherstehende

---

[98] Prosopographia heroum, S. 542.
[99] Teutscher Nation Heldenbuch, S. 508.
[100] Fortsetzung findet dies dann beispielsweise bei Nicolaus Reusner, *Icones sive Imagines Virorum Literis Illustrium, Quorum Fide Et Doctrina religionis & bonarum literarum studia, nostra patrumque memoria, in Germania praesertim, in integrum sunt restituta Additis eorundem elogiis diversorum auctorum*, Straßburg: Bernhard Jobin 1587. Hier ist Lasso ebenfalls als einziger Musiker aufgenommen (fol. 203^v–205^v mit ganzseitigem Porträt-Holzschnitt von Tobias Stimmer auf fol. 203^v). Insgesamt findet sich Lasso auf Bildnissen so oft dargestellt wie kein anderer Musiker des 16. Jahrhunderts. Man denke generell auch an die Entwicklung des Künstler-Bildnisses im Bereich der Bildenden Kunst zu dieser Zeit.
[101] Vgl. Teutscher Nation Heldenbuch, S. 524f. In symptomatischer Weise hebt die Vita Allwigs – wie für den Adel üblich – ganz auf seine Tugendhaftigkeit ab, was in der Rubrik eigens unterstrichen wird: »Ehrliche geberden«.

Kreise regelmäßig erfolgten Drucken zumindest seit dem späten 16. Jahrhundert bekanntlich stets ein eigener Personalia-Teil resp. ein Lebenslauf beigegeben war.[102] So auch im Falle von Heinrich Schütz, wo in luxuriöser Ausstattung überdies ein epitaph-artiges Porträtmedaillon als prachtvolles Frontispiz (Kupferstich von Christian Romstet) sowie am Ende weitere Paratexte (ein Abdankungssermon, lateinische Trauerschriften, Epicedien und Nänien etc.) in das Memorialwerk integriert sind.[103] Nach der ausführlichen Predigt im engeren Sinne, die, ausgehend von Psalm 119:54 sowie Davids Etablierung der Tempelmusik, theologisch-lutherische Betrachtungen des Oberhofpredigers Geier zur Musik und ihrer Rolle als »köstliche arbeit« im christlichen Leben und im Gottesdienst anstellt,[104] schildert die *Kurtze Beschreibung Des [...] müheseeligen Lebens=Lauff*[105] dabei Schütz' Vita vor allem unter Gesichtspunkten eines zutiefst christlichen Lebenswandels.

---

[102] Zum Kontext etwa *Leichenpredigten als Quelle historischer Wissenschaften*, hrsg. von Rudolf Lenz, 4 Bde., Köln 1975–2004; Rudolf Lenz, »Zur Funktion des Lebenslaufes in Leichenpredigten«, in: *Wer schreibt meine Lebensgeschichte? Biographie, Autobiographie, Hagiographie und ihre Entstehungszusammenhänge*, hrsg. von Walter Sparn, Gütersloh 1990, S. 93–115; Ralf Georg Bogner, *Der Autor im Nachruf. Formen und Funktionen der literarischen Memorialkultur von der Reformation bis zum Vormärz*, Tübingen 2006; Cornelia Niekus Moore, *Patterned Lives. The Lutheran Funeral Biography in Early Modern Germany*, Wiesbaden 2006; sowie *Leichenpredigten als Medien der Erinnerungskultur im europäischen Kontext*, hrsg. von Eva-Maria Dickhaut (= *Leichenpredigten als Quelle historischer Wissenschaften*, 5), Stuttgart 2014.

[103] *Die köstlichste Arbeit/ aus dem 119. Psalm V. 54./ Deine Rechte sind mein Lied in meinem Hause; bei Ansehnlicher und Volckreicher Leichbestattung/ des weiland Edlen/ Hoch-Achtbaren/ und Wohlgelahrten/ Herrn Heinrich/ Schützens/ Churf. Sächs. älteren Capell-Meisters/ Welcher im 88. Jahre seines Alters am 6. Novembr. dieses 1672. Jahres/ alhier zu Dreßden sanfft in seinem Erlöser eingeschlaffen/ und darauf den 17. ejusden in der L. Frauen-Kirchen sein Ruh-Städlein bekommen/ In damahliger Leichen-Predigt abgehandelt/ und fürgestellet/ von/ dem Churfl. Sächs. Ober-Hof-Pred./ MARTINO GEJERO, D./ Dreßden/ in Verlegung Andreas Löfflers* [1672]; Exemplar: D-Dl MB 8° 1228,1-5. Ein kompletter Nachdruck findet sich auch in *D. Martin Geiers/ Churfürstl. Sächs. Ober-Hoffpredigers/ und Kirchen-Raths/ VOLUMEN/ CONCIONUM/ MISCELLANEARUM/ Das ist/ Unterschiedliche und denckwürdige/ Predigten/ von sonderbaren nützlichen Materien zu gewissen/ Zeiten und Orten gehalten; hiebevor absonderlich/ anitzo aber mit Fleiss auff vielfältiges Begehren alle/ zusammen gedruckt* [...], [hrsg. von Samuel Benedict Carpzov], Leipzig: Moritz Georg Weidmann 1687, S. 137–177.

[104] Hierzu etwa Robin A. Leaver, *Music in the Service of the Church: The Funeral Sermon for Heinrich Schütz (1585–1672)*, St. Louis 1984; sowie ders., »The Funeral Sermon for Heinrich Schütz«, in: *Bach* 25 (1994), S. 115–129.

[105] Ein Faksimile-Nachdruck des Lebenslaufs ist erschienen: Martin Geier, *Kurtze Beschreibung Des (Tit.) Herrn Heinrich Schützens, Chur=Fürstl. Sächs. ältern Capellmeisters, geführten müheseeligen Lebens=Lauff*, mit einem Nachwort von Dietrich Berke, Kassel u. a. 1972.

Abb. 5: Martin Geier, *Kurtze Beschreibung Des (Tit.) Herrn Heinrich Schützens, Chur=Fürstl. Sächs. ältern Capellmeisters, geführten müheseeligen Lebens=Lauff*, Dresden: Andreas Löffler [1672], Frontispiz mit Kupferstich von Christian Romstet und Beginn der Biographie (fol. F3ʳ).

Neben der uhrzeitgenauen Datierung der Geburt und dem Nachweis der Abstammung, der Taufe und glaubenstreuen Erziehung,[106] der Eheschließung und Nachkommenschaft sowie aller familiären Todesfälle bis hin zum Termin der letzten Beichte, dem medizinisch erörterten Krankheitsverlauf und Sterbevorgang

---

[106] »Der Chur=Fürstl. Sächs. ältere Capellmeister Herr Heinrich Schütze/ ist auf diese Welt gebohren worden zu Kösteritz/ ein wohlbekandten Flecklein an der Elster gelegen/ und denen Hoch=Edelgebohrnen Herrn von Wolfframsdorff gehörig/ im Jahr Christi 1585. am 8. Tage des Octobris, Abends umb 7. Uhr. Sein Herr Vater ist gewesen Herr Christoff Schütze/ nachmahls Bürgermeister der Stadt Weissenfelß. Seine Fr. Mutter Frau Euphrosina/ Herrn Johann Bergerns/ vornehmen Practici und Bürgermeisters zu Gera seel. eheleibl. Tochter. Sein Herr Groß-Vater vom Vater/ ist gewesen/ Herr Albrecht Schütze/ Raths=Cämmerer zu Weissenfelß / Seine Fr. Groß=Mutter/Mütterlicher Linie aber / Frau Dorothea/ geboren aus dem alten und zu Gera wohlbekandten Geschlechte/ der Schreiber/ Weitern Bericht von seinen Ober=Eltern und beyderseits Anverwandten/ ist wegen kürtze der Zeit allhier bescheidentlich zu übergehen; Vielmehr aber zu rühmen/ daß des Herrn Capellmeisters geehrte Eltern in ihrer Christlichen Sorgfalt/ nach welcher Sie zum ersten mit ihren dazumahl neugebohrnen Sohne/ nach dem Reich GOTTES getrachtet/ und damit Er dessen unzweiffelbarer Erbe werden möge/ unserm einigen Erlöser JESU CHRISTO/ denselben in der heiligen Tauffe an folgenden 9ten selbiges Monats fürgetragen/ da Er denn durch die Krafft des Blutes CHRISTI mit dem hochtheuern Verdienst seines Heylandes angethan/ und in GOTTES Geschlechte mit

unter geistlichem Beistand sowie der exakten Uhrzeit des Todes[107] (all dies Elemente eines quasi-amtsmäßigen Familienstammbuchs bzw. einer persönlichen protokollarischen Lebens-Akte, die das äußere Leben aus protestantischer Sicht zu vermessen sucht)[108] stellt der Text vor allem nämlich Schütz' religiöse Lebensführung, Tugendhaftigkeit und mit stetem Fleiß vervollkommnete Erudition im reformatorischen Sinne konsequenter Selbstperfektionierung heraus:

»[N]ach den wohlgelegten Grund der Gottseeligkeit/ stets zu einen tugendhafften Wandel/ stillen Leben/ erbaren Sitten/ guten Wissenschafften und Sprachen/ auch folgends zu höhern Studiis nicht allein durch eigene privat Praeceptores selbst gehalten und fleissig angewiesen/ sondern Jhn auch anderer stattlich gelehter Leuten Information hierzu untergeben«.[109]

»[I]n einer ansehnlichen Hof=Schule oder vielmehr Gymnasio unter Graffen/ vornehmen von Adel und andern tapfern Ingeniis, zu allerley Sprachen/ Künsten und exercitien angeführet worden/ welcher sein darinen gethaner Fleiß und darzu anreitzende Lust auch nicht vergebens gewesen ist/ massen Er in kurtzer Zeit in der Lateinischen/ Griechischen und Frantzösischen Sprachen mit Verwunderung

---

dem Nahmen Heinrich aufgenommen worden/ Diesen seeligen Anfang seines Christenthumbs haben die geehrte Eltern durch gottseelige Aufferziehung und zeitlichen Unterricht in der Erkäntnis seines GOttes/ treulich nachgesetzet/ und eiferigst dahin getrachtet/ wie Er mit zunehmenden Kräfften vornehmlich in wahrer Gottesfurch einher gehen/ zu einen rechtschaffenen Christen auffwachsen und zu denen würcklichen Gaben und Gnaden eines huld- und liebreichen Menschens gelangen möge«; ebd., fol. F3ʳ–F3ᵛ.

[107] »Es haben ihn auch Zeit hero etliche mahl starcke Flüsse überfallen/ welchen aber durch Gebrauch nützlicher Artzneyen noch immer widerstanden/ Am verwichenen 6. Novembris aber ist er zwar frisch und gesund auffgestanden/ und hat sich angezogen/ es hat ihn aber nach 9. Uhr/ als er in der Cammer etwas auffsuchen wollen/ eine gehlinge Schwachheit mit einem Steck=Fluß übereilet/ also daß er darüber zu Boden sincken müssen/ und sich nicht helffen können/ und ob wohl/ als seine Leuthe zu ihm kommen/ ihm auffgeholffen/ auch alsbald in die Stuben in ein Bette gebracht/ er sich in etwas wieder erholet und gar verständlich geredet/ hat ihn doch dieser Streck=Fluß so starck zu gesetzet/ daß er/ nachdem er noch diese Worte von sich hören lassen: Er stellete alles in GOTTES gnädigen Willen/ der Sprache nicht mehr mächtig gewesen/ und da gleich der Herr Medicus alsobald zu ihm gefordert worden/ und mit köstlichen Medicamentis ihm zu Hülffe zu kommen und die Natur zu stärcken allen Fleiß angewendet/ ist ihm doch wenig bey zu bringen gewesen/ Jn-gleichen sein Herr Beicht=Vater zu ihm erfordert worden/ der ihm allerhand Gebeth und Sprüche vorgebethet und eingeschrien/ da er denn etliche mahl durch Neigung des Haupts und mit den Händen zu verstehen gegeben daß er seinen JESUM in Hertzen habe/ worauff ihn der Herr Beicht=Vater eingesegnet/ Und ist er also fort als wenn er schlieffe/ gantz stille liegen blieben/ bis endlichen der Athem und Pulß allmehlich abgenommen und sich verlohren/ und er als es 4. geschlagen/ endlichen unter dem Gebeth und Singen der Umbstehenden/ sanfft und seelig ohne einiges Zucken verschieden«; ebd., fol. G4ʳ–G4ᵛ.
[108] Zur Bedeutung der Temporalisierung und exakten zeitlichen Vermessung, bei der im Hintergrund nach wie vor auch kosmologische Dimensionen wirksam bleiben, siehe etwa auch *Die Autorität der Zeit in der Frühen Neuzeit*, hrsg. von Arndt Brendecke u. a., Berlin 2007.
[109] Geier, Kurtze Beschreibung, fol. F3ᵛ.

zugenommen/ und nebenst den andern bald gleiche profectus erwiesen/ also gar/ daß auch seine Herren Praecepores und Professores, weil Jhm alles wohl von statten gangen/ sehr werth gehalten/ und ieder gewüntschet und Jhn angereitzet/ daß auff seine Profession Er sein Studium richten möchte.«[110]

»[B]ey welcher Zeit er denn nicht allein nach den rechten Nutz der Peregrination getrachtet/ was eines oder andern Orts Denckwürdiges wohl in acht genommen/ gelehrte und weise Leuthe fleissig gesuchet/ sich mit denenselben in gute Correspondentz gesetzet/ was zu imitiren heilsam/ wohl gemercket/ und nach der Lehre des Apostels/ was Erbar/ was Gerecht/ was Keusch/ was Lieblich/ was wohl lautet/ wo etwa eine Tugend/ wo etwan ein Lob gewesen/ demselben nachgedacht«.[111]

»[D]arbey aber des Verdienstes seines Heylandes und Erlösers JESU CHRJSTJ in wahren Glauben festiglich getröstet/ zum Gehör Göttliches Worts/ zum Beicht=Stuhl und hochwürdigen Abendmahl fleissig gehalten/ massen nur noch vor wenig Wochen am 15. Septembris nechst hin geschehen/. Und in übrigen der Schuldigkeit eines guten Christen gegen seinen Nechsten treulichen befliessen/ da benebenst iedermann nach Standes Erforderung mit Respect, mit aller Discretion, Freundschafft und Leuthseeligkeit begegnet/ Seinen armen Freunden und andern Nothdürfftigen Leuthen viel Gutes gethan und ihnen so viel möglich behülfflich gewesen«.[112]

Demgegenüber werden musikalische Neigung, Talentierung und sich dadurch eröffnende berufliche Karriere mit all ihren im Einzelnen genannten Stationen primär als Symptome göttlicher Fügung und Vorsehung ausgewiesen. Die Laufbahn des Komponisten erscheint als »des Allgewaltigen GOTTES wunderbarliche Schickung«,[113] wohingegen die Werke umgekehrt als Ausweis des Dienstes an Gott und als Beleg dafür dienen, dass Schütz »seine Zeit nützlich angewendet« habe.[114] Entgegen dem ursprünglichen Willen der Eltern und trotz des Einschlagens der juristischen Laufbahn habe Schütz »eine sonderbare Inclination zu der Profession der edlen Music vermercket«,[115] insofern der »Höchste […] vielleicht ihn von Mutterleibe an/ zu der Music abgesondert«:[116]

---

[110] Geier, Kurtze Beschreibung, fol. F4ʳ. Diese Bildung ist es denn auch in erster Linie, die ihm die Gunst des Fürsten eingebracht habe: »Nachdem nun er Herr Schütze sich nacher Dreßden gewendet/ mit seinen guten Qvalitäten und statlichen Wissenschafften bey seiner gnädigsten Herrschafft und männiglichen viel Gnade/ Liebe und Affection erworben«, ebd., fol. G1ᵛ.
[111] Ebd., fol. G1ʳ.
[112] Ebd., fol. G3ᵛ.
[113] Ebd., fol. G1ᵛ.
[114] Ebd., fol. G3ᵛ. Schütz habe vorgelegt: »stattliche Musicalische Compositiones über etliche Psalmen Davids/ sonderlich den 119. jtem die Passion nach drey Evangelisten/ mit grossen Fleiß verfertiget/ darbey sich sehr Diaetisch und Mässig gehalten«, ebd., fol. G4ʳ.
[115] Ebd., fol. F4ᵛ.
[116] Ebd., fol. G1ʳ.

»Gleich wie sich aber die Lust zu einem Dinge leichtlich nicht bergen lässet/ also hat sich auch Stracks in der Jugend eine sonderlich Inclination zu der edlen Music, bey dem Herrn Schützen gefunden/ also daß Er in kurtzer Zeit gewiß und ziemblich wohl mit einer besondern Anmuth zu singen gelernet hat/ welches denn nicht eine geringe Ursach seiner zeitlichen Beförderung gewesen«.[117]

Dass er sodann diese Anlage »in seiner edlen Music umb desto mehr perfectioniret« habe,[118] was zeitlebens »zu accrescirung seiner Wohlfahrt«[119] geführt habe, exemplifiziert dabei noch einmal die protestantische Idee steter Vervollkommnung durch Arbeitsethos und Fleiß: dies im Übrigen bereits auch eines der vorherrschenden Motive im *Unterthänigst Memorial An den Durchleuchtigsten etc. Churfürsten zu Sachsen* vom 14. Januar 1651,[120] jenem Pensionierungsgesuch also, in dem Schütz selbst autobiographisch seinen »von Jugend auff bishero geführten fast mühseeligen Lebenslauff«[121] präsentiert und das Martin Geier angesichts etlicher markanter Parallelformulierungen so oder ähnlich als Vorlage gedient haben dürfte. Auch hier geht es zuvörderst um den aus dem Werdegang zu erbringenden Nachweis der »schickung Gottes«: »sonder zweiffell aus schickung Gottes«; »ob zu der Music Ich von Natur in etwas geschickt were«; »schickte es aber Gott der almechtige (:der mich sonder zweiffell zu der Profession der Music von Mutterleibe an abgesondert gehabt:)«.[122] Diese himmlische Fügung aber habe ihre Erfüllung gefunden dank der profunden Bildung, auf dem Weg umfassender Erudition und aufgrund des steten Studiums, mittels des »grösten« und »besten fleis« also (»mit allem möglichsten grösten fleis«; »nach meinem besten fleis«),[123] der »nicht sonder mühe abgelegte[n] Verrichtungen«[124] und der »continuirliche[n] arbeit«:

»[V]on jugendt auff obgelegen stetigen Studierens, Reisens, schreibens, und anderer continuirlicher arbeit (:deren meine schwere Profession und Ambt, ohnumbgänglich benötigt gewesen ist, von dero difficultet und Schwere dann, meines erachtens die wenigsten, ja auch unsere gelerthen zum gueten theill selbst, nicht eigentlich möchten urtheilen können, alldieweill auff unsern Teutschen Universiteten solch Studium nicht getrieben wird:)«.[125]

---

[117] Geier, Kurtze Beschreibung, fol. F3ᵛ.
[118] Ebd., fol. G2ᵛ.
[119] Ebd., fol. G1ᵛ.
[120] *Heinrich Schütz. Gesammelte Briefe und Schriften*, hrsg. von Erich H. Müller (= *Deutsche Musikbücherei*, 45), Regensburg 1931, S. 207–216 (Nr. 77). [Ein Faksimile liegt vor: *Heinrich Schütz. Autobiographie (Memorial 1651)*, mit einem Vorwort und Anmerkungen von Heinz Krause-Graumnitz, Leipzig 1972.]
[121] Ebd., S. 207.
[122] Ebd., S. 208, 209 und 211.
[123] Ebd., S. 209 und 212.
[124] Ebd., S. 212.
[125] Ebd., S. 213.

Die fortdauernden Anstrengungen werden im *Memorial* dabei besonders auch in den Dienst der Verbreitung des Ruhmes des sächsischen Kurfürsten und der Dresdner Hofkapelle gestellt (»vom anfange meines Directorii, E. Churf Durchl Hoff Capell auch für andern in Teutschlandt berümbt zu machen mich allezeit bester massen beflissen, dero lob und ruhm verhoffentlich auch bis auff diese stunde zimlicher massen habe erhalten helffen«),[126] während als Schütz' persönliche Impulse zudem deutlich die Sorge um sein Ansehen (»etlicher massen erlangeten gueten namen«) und sein »andencken« eruiert werden können.[127]

Ausblick: Zur Wende ins ›biographische Zeitalter‹ um 1700

Liegen damit bei Schütz abermals elementare Motivationen, aber auch Erzählmuster und Ideologeme musikalisch-biographischen Schreibens in der Frühen Neuzeit bereit, Narrative, wie sie sich seit dem späteren 14. Jahrhundert typologisch ausgebildet und – mit wechselnden Vorzeichen – verfestigt hatten, so kann man in Schriften wie der über weite Strecken aus biographischem Material und anekdotischen Erzählungen kompilierten *Historischen Beschreibung der Edelen Sing- und Kling-Kunst* (1690) des Wolfgang Caspar Printz[128] wohl eine Art Katalysator und Relais ausmachen, mit dem das Biographische, enkomiastisch überwölbt und fortschrittsgläubig-teleologisch strukturiert, endgültig ins Historiographische transferiert und so zumindest in Ansätzen für die nachfolgenden musikbiographischen Unternehmungen des 18. Jahrhunderts anschlussfähig gemacht werden konnte; so wie sich in den von Printz und anderen stammenden

---

[126] Schütz. Gesammelte Briefe und Schriften, S. 212.
[127] Ebd., S. 213.
[128] *Historische Beschreibung der Edelen Sing- und Kling-Kunst/ in welcher Deroselben Ursprung und Erfindung/ Fortgang/ Verbesserung/ und unterschiedlicher Gebrauch/ wunderbare Würckungen/ mancherley Feinde/ und zugleich berühmteste Ausüber von Anfang der Welt biß auff unsere Zeit in möglichster Kürtze erzehlet und vorgestellet werden/ aus Denen vornehmsten Autoribus abgefasset und in Ordnung gebracht* von Wolfgang Caspar Printzen […], Dresden: Christoph Mieths 1690; Faksimile-Nachdruck, hrsg. von Othmar Wessely (= *Die großen Darstellungen der Musikgeschichte in Barock und Aufklärung*, 1), Graz 1964. Edition in: *Wolfgang Caspar Printz. Ausgewählte Werke*, hrsg. von Helmut K. Krausse, Bd. 2 (= *Ausgaben deutscher Literatur des XV. bis XVIII. Jahrhunderts*, 84), Berlin und New York 1979, S. 238–491. Siehe auch die Gedankenimpulse von Bernhard Jahn, »›Encomium musicae‹ und ›Musica historica‹: Zur Konzeption von Musikgeschichte im 17. Jahrhundert an Beispielen aus dem schlesisch-sächsischen Raum – Scherffer, Kleinwechter, Printz«, in: *Daphnis: Zeitschrift für mittlere deutsche Literatur und Kultur der frühen Neuzeit* 30 (2001), S. 491–511; sowie Burkhard Meischein, »Wolfgang Caspar Printz' ›Historische Beschreibung der edelen Sing- und Klingkunst‹ als Beispiel vormoderner Musikgeschichtsschreibung«, in: *Musik, Wissenschaft und ihre Vermittlung. Bericht über die internationale musikwissenschaftliche Tagung der Hochschule für Musik und Theater Hannover*, hrsg. von Arnfried Edler und Sabine Meine (= *Publikationen der Hochschule für Musik und Theater Hannover*, 12), Augsburg 2002, S. 347–350.

Musikerromanen und -satiren des ausgehenden 17. Jahrhunderts weitere, nun bereits durch die Gattung bekennend ins Literarisch-Novellistische, Fiktive transferierte lebensgeschichtliche Konstruktionen und Sinnstiftungen, Charakterporträts, Plots und Szenarien erprobt und ausgelotet finden.[129] (Man denke nur an die vielfach sprechenden Titel, die etwa »anmutige« Geschichten und »Moralien« verheißen.)

In so unterschiedlichen Formaten und Präsentationsformen wie der autofiktionalen Dichtung, der Eloge als Teil einer Städtechronik, der moralisierenden Selbstbiographie, der Anekdote, dem Lexikoneintrag, dem Memorial, dem Nekrolog, dem Roman und der Musikgeschichtsdarstellung jedenfalls konnte an der Wende um 1700 durchaus bereits auf einen ebenso traditionsreichen wie breiten, in den inhaltlichen Grundzügen dabei letztlich recht konstanten Fundus musikbezogener ›Biographeme‹ zurückgegriffen werden, mit denen das Schreiben über Musik schon seit dem 14. Jahrhundert immer wieder punktuell an den vielfältigen Formen des Schreibens über das Leben partizipiert hatte.

---

[129] Von Printz selbst etwa *Phrynis Mitilenaeus oder Satyrischer Componist, welcher vermittelst einer satyrischen Geschicht die Fehler der ungelehrten, selbstgewachsenen, ungeschickten und unverständigen Componisten höflich darstellet...* (1676); *Musicus vexatus, oder der wohlgeplagte, doch nicht verzagte, sondern iederzeit lustige Musicus instrumentalis, in einer anmuthigen Geschicht vor Augen gestellet von Cotala, dem Kunst-Pfeiffer-Gesellen* (1690); *Musicus Magnanimus oder Pancalus, der großmüthige Musicant, in einer überaus lustigen, Anmuthigen, und mit schönen Moralien gezierten Geschicht vorgestellet von Mimnermo, des Pancali guten Freunde* (1691); und *Musicus Curiosus oder Battalus, der vorwitzige Musicant, in einer lustigen, anmuthigen, unertichteten, und mit schönen Moralien durchspickten Geschichte vorgestellet von Mimnermo, des Battali guten Freunde* (1691). Man denke ferner an die Romane von Hans Jakob Christoffel von Grimmelshausen, Johann Beer, Johann Kuhnau, Georg Daniel Speer und anderen. Wenngleich bis dato nicht eigentlich für die Biographik ausgewertet, sind diese Schriften insgesamt relativ gut erforscht. Vgl. etwa Klaus Wolfgang Niemöller, »Die Bedeutung der Musik für Grimmelshausens *Simplicissimus*«, in: *Daphnis: Zeitschrift für mittlere deutsche Literatur und Kultur der frühen Neuzeit* 5 (1976), S. 567–594; Susanne Oschmann, »Johann Kuhnaus Roman *Der musicalische Quack-Salber*: Satire und tiefere Bedeutung«, in: *Semantische Inseln – Musikalisches Festland. Für Tibor Kneif zum 65. Geburtstag*, hrsg. von Hanns-Werner Heister u. a. (= *Zwischen/Töne*, 7), Hamburg 1997, S. 21–34; Eckhard Roch, »Von Kunstpfeifern, Bierfiedlern und anderen Bernheutern: Zur sozialen Charakteristik des Musikers bei Wolfgang Caspar Printz«, in: *Professionalismus in der Musik*, hrsg. von Volker Kalisch und Christian Kaden (= *Musik-Kultur*, 5), Essen 1999, S. 145–155; die Beiträge in *Johann Beer: Schriftsteller, Komponist und Hofbeamter, 1655–1700*, hrsg. von Ferdinand van Ingen u. a., Bern 2003; Stephen Rose, »Musician-novels of the German Baroque«, in: *The worlds of Johann Sebastian Bach*, hrsg. von Raymond Erickson, New York 2009, S. 175–190; sowie ders., *The musician in literature in the age of Bach*, Cambridge 2011.

Inga Mai Groote

Leben, wie es im Buche steht
Frühneuzeitliche Musikalien mit Benutzungsspuren als biographische Quelle

Musikbücher – das gilt für Musikalien wie Schriften über Musik – überliefern nicht nur die in ihnen enthaltenen Texte, sondern können als Objekte mit spezifischen Eigenschaften auch Informationen über ihre Besitzer und Benutzer dokumentieren: Das folgende kleine Plädoyer für buch- und lesegeschichtliche Perspektiven für biographisches Arbeiten soll das an einigen frühneuzeitlichen Beispielen demonstrieren. Dabei geht eine praxeologische Betrachtung des Umgangs mit Geschriebenen und Textträgern davon aus, dass diese als Zeugnisse einer materiellen Kultur Rückschlüsse auf die Praktiken und Bedeutungen in den jeweiligen historischen Kontexten zulassen.[1] Dabei werden in einer Umkehrung der Perspektive schließlich sogar Objektbiographien möglich, die im Laufe der Zeit unterschiedliche Gebrauchsformen und Kontexte (z. B. ein Buch, das vom Arbeitsmittel zum Sammlerobjekt wird) belegen können, wobei stets die mit den Objekten interagierenden Menschen ebenfalls betrachtet werden sollten.[2] Eine materielle Artefakte – hier: Überlieferungsträger von Texten – als Quellen heranziehende Biographik ist dann nicht nur als Dokumentation von Lebensläufen zu verstehen, sondern zugleich als eine Möglichkeit des breiteren Zugangs zu historischen Lebenswelten und ihren kulturellen Praktiken. Sie kann gerade in den hier vorgestellten älteren Fällen oft keine vollständige Darstellung des Lebens ihrer Protagonisten erreichen, aber zumindest einzelne Lebensphasen darstellen und mit dem diskutierten Material insbesondere Ausbildung und intellektuellen Horizont der behandelten Persönlichkeiten fassbar machen. Die ›Biographiewürdigkeit‹[3] ist dabei nicht auf außergewöhnliche und schöpferisch tätige Protagonisten beschränkt,[4] sondern kann alle musikalischen Akteure

---

[1] Allgemein vgl. dazu Markus Hilgert, »Textanthropologie. Die Erforschung von Materialität und Präsenz des Geschriebenen als hermeneutische Strategie«, in: *Mitteilungen der deutschen Orient-Gesellschaft zu Berlin* 142 (2010), S. 87–126, sowie *Praxeologie. Beiträge zur interdisziplinären Reichweite praxistheoretischer Ansätze in den Geistes- und Sozialwissenschaften*, hrsg. von Friederike Elias u. a. (= *Materiale Textkulturen*, 3), Berlin u. a. 2014 (darin vor allem Andreas Reckwitz, »Die Materialisierung der Kultur«, S. 13–25) und *Materiale Textkulturen. Konzepte – Materialien – Praktiken*, hrsg. von Thomas Meier, Michael R. Ott und Rebecca Sauer (= *Materiale Textkulturen*, 1), Berlin u. a. 2015.
[2] Vgl. schon Hans Peter Hahn, *Materielle Kultur. Eine Einführung*, Berlin 2005, S. 40–45.
[3] Vgl. Christian Klein, *Handbuch Biographie: Methoden, Traditionen, Theorien*, Stuttgart 2009, S. 32–36.
[4] Zu Entwicklungen der Auswahlstrategien und dem Umgang mit Quellen allgemeiner vgl. Melanie Unseld, *Biographie und Musikgeschichte. Wandlungen biographischer Konzepte in Musikkultur und Musikhistoriographie*, Köln u. a. 2014, vor allem S. 436–443.

erfassen. Einige davon mögen zugleich als Komponisten gewirkt haben – die Möglichkeiten, aus buchgeschichtlichen Quellen Informationen zu gewinnen, sind aber gerade nicht auf diesen Personenkreis beschränkt. Der Nutzen dieser Art von Dokumentation liegt damit auf einer grundsätzlicheren Ebene: Die Rolle und Präsenz von Musik kann in vergangenen Lebenswelten in größerem Umfang erfasst werden. Dabei lassen sich sowohl Individuen als auch Gruppen (z. B. Studenten, Kantoren) betrachten, so dass auch gruppenbiographische oder prosopographische Fragestellungen erforscht werden können, die zu einer Darstellung ›typischer‹ Lebensläufe oder des ›Alltäglichen‹ beitragen können. Aber auch im Falle von Komponistenbiographien sollte derartiges Material häufiger grundlegend berücksichtigt werden, da deren Bildungs- oder intellektuelle Biographie oder ihr Wissenshorizont im Verhältnis zum musikalischen Schaffen ebenfalls oft zu wenig berücksichtigt wird. Die Bibliotheken und Lektüren von Bach,[5] Mozart[6] oder Brahms[7] illustrieren das ebenso wie die Bibliothek Paul Hindemiths, der – obwohl ohne höheren Schulabschluss – sich intensiv mit historischen, literarischen und musikwissenschaftlichen Lektüren auseinandersetzte.[8]

Die im Folgenden vorgestellten älteren Beispiele können nur schlaglichtartig das Potenzial des Ansatzes illustrieren, Bücher und ihre materiellen Besonderheiten im Hinblick auf biographische Fragestellungen auszuwerten. Dieses Material, das auf den ersten Blick wenig biographierelevant erscheinen mag, kann dennoch beachtlich konkrete Informationen vermitteln: Historische Privatbibliotheken können Bildungsgang und intellektuellen Horizont ihrer Besitzer abbilden. Über Vorbesitzereintragungen dokumentierter Buchbesitz bietet Indizien für die Auseinandersetzung mit Werken durch einzelne, identifizierbare Personen, manchmal sogar datierbar. Sammelbände dokumentieren

---

[5] Vor allem Robin A. Leaver, *Bachs theologische Bibliothek: eine kritische Bibliographie* (= *Beiträge zur theologischen Bachforschung*, 1), Neuhausen und Stuttgart 1983; Kirsten Beißwenger, *Johann Sebastian Bachs Notenbibliothek* (= *Catalogus musicus*, 13), Kassel u. a. 1992.

[6] Laurenz Lütteken, »Mozart als Leser«, in: *Von Tönen und Texten. Mozart-Resonanzen in Literatur und Wissenschaften*, hrsg. von Mathias Mayer und Katja Schneider, Berlin und Boston 2017, S. 41–54.

[7] Kurt Hofmann, *Die Bibliothek von Johannes Brahms. Bücher- und Musikalienverzeichnis*, Hamburg 1974.

[8] Andres Briner, »Paul und Gertrud Hindemiths literarische Interessen: eine Studie aufgrund der Bibliothek in Blonay und einiger Materialien im Hindemith-Institut«, in: *Hindemith-Jahrbuch* 22 (1993), S. 158–199, zu seinen musikwissenschaftlichen Lektüren Inga Mai Groote, »Was hat das alles wohl mit praktischer Ausführung zu tun?‹ Hindemiths Materialsammlung für den Theorieunterricht in Amerika«, in: *Hindemith-Jahrbuch* 29 (2000), S. 51–126, zur Vorbereitung von *Die Harmonie der Welt* Ina Knoth, *Paul Hindemiths Kompositionsprozess »Die Harmonie der Welt«: Ambivalenz als Rhetorik der Ernüchterung* (= *Frankfurter Studien*, 14), Mainz 2016, vor allem S. 141–145.

Kombinationen von Texten, die für ihre jeweiligen Benutzer einen bestimmten Zweck erfüllen konnten. Einzelne Bände oder Texte können mit Marginalien und ähnlichen Benutzungsspuren punktuelle und im günstigsten Falle datierte Informationen zum Leben (und Arbeiten) eines früheren Benutzers liefern.

Diese Art von Quellen wurde im Rahmen von buch- und lesegeschichtlichen Forschungen in anderen Disziplinen in den vergangenen Jahrzehnten zunehmend ausgewertet und analysiert;[9] dies geschieht jedoch nach wie vor zu wenig für musikgeschichtliche Fragestellungen, obwohl sich der Ansatz mit großem Gewinn auch auf Musikalien oder musiktheoretische Texte anwenden lässt. Dann bietet er hervorragende Möglichkeiten einer konkreten personalen Rückbindung von Phänomenen wie Repertoirekenntnis oder Verbreitung von musikalischen Kompetenzen. Dies lässt sich sowohl für professionelle Musiker als auch nicht-spezialisierte Personen verfolgen, und sowohl für praktische Musikkenntnisse als auch theoretisches Wissen über Musik.

Unter den frühneuzeitlichen Musikern ist der private Buchbesitz etwa der Kantoren Thomas Selle in Hamburg[10] oder Andreas Raselius in Regensburg[11] über Kataloge gut dokumentiert, allerdings ohne, dass alle Exemplare noch erhalten wären. Nicht nur zahlreiche Gelehrtenbibliotheken enthielten Musikbücher,[12] sondern auch für Nicht-Musiker anderer Professionen kann der musikalische Buchbesitz eine umfangreichere – und in andern Quellen nicht unbedingt greifbare – musikalische Aktivität belegen, wie im Fall des niederländischen Schreibmeisters Johannes Heuvelman, der nach dem Zeugnis des Auktionskatalogs

---

[9] Vgl. etwa Roger Chartier, »Ist eine Geschichte des Lesens möglich? Vom Buch zum Lesen: einige Hypothesen«, in: *Zeitschrift für Literaturwissenschaft und Linguistik* 57/58 (1985), S. 250–273; typische Studien sind etwa Anthony Grafton und Lisa Jardine, »»Studied for action«: How Gabriel Harvey read his Livy«, in: *Past & Present* 129 (1990), S. 30–78, oder William Sherman, *Used Books. Marking Readers in Renaissance England*, Philadelphia 2008, als Anthologie programmatischer Studien *The History of Reading. A Reader*, hrsg. von Shafquat Towheed, London 2011; mit einer Auswahl musikalischer Fallstudien vom 16. bis 20. Jahrhundert *Music and the Cultures of Print*, hrsg. von Kate van Orden (= *Critical and Cultural Musicology*, 1), New York 2000.

[10] Jürgen Neubacher, *Die Musikbibliothek des Hamburger Kantors und Musikdirektors Thomas Selle (1599–1663): Rekonstruktion des ursprünglichen und Beschreibung des erhaltenen, überwiegend in der Staats- und Universitätsbibliothek Hamburg Carl von Ossietzky aufbewahrten Bestandes* (= *Musicological Studies and Documents*, 52), Stuttgart 1997.

[11] Karl Schwämmlein, »Die Bibliothek des Andreas Raselius Ambergensis«, in: *Der Eisengau* 1 (1993), S. 53–77.

[12] Als eine der wenigen synthetischen Darstellungen vgl. Werner Braun, »Die Musik in deutschen Gelehrtenbibliotheken des 17. und 18. Jahrhunderts«, in: *Die Musikforschung* 10 (1957), S. 241–250; vor allem für die jüngere Zeit vgl. auch Siegrun H. Folter, *Private Libraries of Musicians and Musicologists: a Bibliography of Catalogs With Introduction and Notes* (= *Auction catalogues of music*, 7), Buren 1987.

seiner Privatbibliothek 37 Bände bzw. Werke an Vokal- und Instrumentalmusik besaß (in seinem Fall belegt zudem noch ein Widmungsgedicht seine musikalischen Fähigkeiten).[13] Für die betreffenden Personen kann der Besitz an musikbezogenen Büchern damit zu ihren musikalischen Biographien beitragen.

In anderen Fällen materialisieren sich dagegen soziale Kontexte unter Verwendung musikalischer Bücher in einer Art gemeinschaftlicher biographischer Dokumentation, vor allem in stammbuch-ähnlichen Quellen,[14] in denen persönliche Netzwerke dokumentiert werden – sie schließen an die allgemein verbreitete Stammbuchpraxis an (an der ihrerseits selbstverständlich auch Musiker wie Leonhard Lechner, Sethus Calvisius und Heinrich Schütz mit musikalischen und anderen Einträgen teilhatten[15]): So stellt eine Gruppe Braunschweiger Geistlicher durch das kollektive Schreiben einer Musiksammelhandschrift ein Dokument her, in dem die einzelnen Motetten die ihre Abschriften namentlich zeichnenden Personen auf Dauer als Mitglieder des Braunschweiger Geistlichen Ministeriums und an Musikpflege interessierte Individuen festgehalten werden.[16] Die musikalische Quelle wird zum Zeugnis einer professionellen Gruppenidentität und überliefert biographische Daten wie Dienstantritt oder Anwesenheit am Ort, wie sie sich auch auf anderen Ebenen und mit explizitem institutionellem Hintergrund manifestiert – beispielsweise, ebenfalls in Braunschweig, in (heute nicht mehr vollständig erhaltenen) Kirchenfenstern in der Brüdernkirche, die die Lehrer der Martinsschule und die örtlichen Geistlichen mit Namen und Wappen repräsentieren.[17]

---

[13] Meindert Peters, »Trekt Heuvelman voor ons gezicht?« The Library of Writing-Master Johannes Heuvelman«, in: *Quaerendo* 46 (2016), S. 307–328.

[14] Vgl. etwa für Einträge von Helmstädter Lateinschülern und Studenten in einem einzeln überlieferten Stimmbuch aus dem späteren 17. Jahrhundert (D-W Cod. Guelf. 327 Mus. Hdschr.). Daniela Garbe, *Das Musikalienrepertoire von St. Stephani zu Helmstedt: ein Bestand an Drucken und Handschriften des 17. Jahrhunderts*, Bd. 1 (= *Wolfenbütteler Arbeiten zur Barockforschung*, 33/1), Wiesbaden 1998, S. 39–43.

[15] Dazu z. B. Werner Breig, »Die Stammbucheinträge von Heinrich Schütz«, in: *Schütz-Jahrbuch* 29 (2007), S. 81–109; Michael Maul, »Musica noster amor«: Musikereinträge im Stammbuch von Sethus Calvisius d. J.«, in: *Schütz-Jahrbuch* 32 (2010), S. 149–155; Klaus Aringer, Art. »Lechner, Leonhard«, WERKE, III. (Kanons für Theodor Lindner), in: *MGG Online*, hrsg. von Laurenz Lütteken, Kassel u. a. 2016ff. (zuerst veröffentlicht 2003, online veröffentlicht 2016), <https://www.mgg-online.com/mgg/stable/47046>, 5.10.2018.

[16] Vgl. mit ausführlichen Informationen zur Identifikation der Personen Helmut Lauterwasser, »Ein musikalisches Stammbuch im Umfeld des Geistlichen Ministeriums zu Braunschweig aus dem 17. Jahrhundert«, in: *Schütz-Jahrbuch* 39 (2017), S. 71–178.

[17] Vgl. *Deutsche Inschriften*, www.inschriften.net: DI 56, Stadt Braunschweig II, Nr. 566† (Sabine Wehking), <urn:nbn:de:0238-di056g009k0056601>, und Nr. 558(†) (Sabine Wehking), <urn:nbn:de:0238-di056g009k0055800>.

Auch im Bereich theoretisch-pädagogischer Texte sind Quellen überliefert, die aus dieser Perspektive Informationen bereithalten; sie können sowohl im Hinblick auf Fragen der konkreten Vermittlung musikalischen Wissens – wie wurde Musik(theorie) gelernt? – als auch auf biographische Arbeiten – wer erwarb diese musikalischen Kenntnisse? – ausgewertet werden.

Ein Beispiel ist die in großem Umfang in den Beständen der Herzog August Bibliothek Wolfenbüttel überlieferte Bibliothek von Johann Caspar Trost. Er war Mitglied einer vor allem in Thüringen ansässigen Juristen- und Organistenfamilie (und Großvater des Orgelbauers Heinrich Gottfried Trost); die private Bibliothek der Familie umfasste 800–900 Bände aus diversen Fachgebieten, die durch Besitzeinträge und Reste eines alten Signatursystems dem Bestand zugeordnet werden können.[18] Biographische Informationen ergeben sich hier vor allem aus den Besitzeinträgen, da nur wenige Bände Lesespuren wie Anmerkungen tragen, und aus der sich im Gesamtbestand und seiner Zusammensetzung manifestierenden fachlichen Prägung. So ist erkennbar, dass Johann Caspar Bände schon von seinem Vater, Caspar Trost, ebenfalls Organist, übernahm, da beispielsweise ein Eintrag des Vaters gestrichen und ein neuer des Sohnes mit Datum 1639 eingetragen wurde.[19] In einem anderen, während seines Jurastudiums in Leipzig entstandenen Eintrag bezeichnet Trost sich als Organist in Wettin[20] – eine in anderen Quellen nicht überlieferte Information, die aber zu anderweitig nachgewiesenen Praktiken passt, dass Studenten im Umland parallel Tätigkeiten wie die eines Organisten innehaben konnten. Die inhaltlichen Schwerpunkte der Sammlung – neben zahlreichen Musiklehrschriften und -traktaten beispielsweise auch juristische Texte – entsprechen dem Tätigkeitsprofil des Besitzers. Die aus den Eintragungen in den Büchern hervorgehenden biographischen Daten können daher tatsächlich die über andere Quellen wie Archivalien oder Universitätsmatrikel verfügbaren Informationen ergänzen.

---

[18] Ausführlicher dazu Inga Mai Groote und Dietrich Hakelberg, »Circulating Musical Knowledge in Early 17th-Century Germany: *Musica poetica* Treatises by Johann Hermann Schein and Michael Altenburg in the Library of Johann Caspar Trost«, in: *Early Music History* 35 (2016), S. 131–201, sowie zur Rekonstruktion der Bibliothek der Beitrag von Dietrich Hakelberg, »Lebensspuren. Die Bücher des Musikers und Juristen Johann Caspar Trost (1616/17–1676)«, Tagung *Spur und Kontext. Sachkulturen in Bibliotheken von Schriftstellern und Gelehrten*, 09.11.2015 – 10.11.2015 Wolfenbüttel (eine erweiterte Fassung des Beitrags wird zur Publikation vorbereitet).
[19] »Sum Caspari / Trosts Balhus.« und »Sum ex libris Johann. Ca-/spari Trostij. Jenensis Thur./ a[nn]o 1639«; vgl. die Abb. in Groote und Hakelberg, »Circulating Musical Knowledge«, S. 148 (D-W J 772.8° Helmst (1)).
[20] Ebd.

Es gibt aber auch, als Sonderfall, Hinweise, die sich als Ausdruck von Trosts individueller Lernbiographie interpretieren lassen: Auf einem Blatt vorgedruckten Notenpapiers, das einem Sammelband beigebunden ist, machte eine relativ ungeübte Hand Skalenübungen (in verschiedenen Notenwerten, mit teils korrigierten Halsungen, dazu einige abgebrochene Notate sowie Pausenzeichen).[21] Der Band enthält eine lateinisch-deutsche Zitatensammlung für Schüler sowie drei Einführungen in die Musik von Andreas Finolt und Daniel Friderici, also einfache Schülerliteratur.[22] Die Druckdaten der Werke (1619, 1622 und 1623) liegen kurz vor der Datierung des Besitzeintrags (1625):[23] Dieses Buch besaß Johann Caspar laut Besitzeintrag mit ungefähr 9 Jahren, so dass die ungelenke Schrift darauf schließen lässt, dass hier tatsächlich ein Junge Schreibübungen in Notenschrift unternahm. Auf dem rechten, im Rückendeckel klebenden Teil des Notenblatts stehen überdies zwischen den Notenlinien mehrere Gruppen von Initialen – soweit sie sich auflösen lassen, entsprechen sie den Namen von Johann Caspars Geschwistern (s. Abb. 1). Warum dieses Blatt eingebunden wurde, ist zwar nicht mehr nachvollziehbar, aber immerhin kann es als Beleg dafür dienen, dass im Alter von 9 Jahren der Junge die Notation von Figuralmusik lernte und reproduzieren konnte – und dass, zumindest in sehr rudimentärer Form, sich in den Initialen auch hier die weitverbreitete Praxis niederschlägt, in Büchern die Familie zu dokumentieren (elaboriertere genealogische Notizen finden sich beispielsweise oft in Familienbibeln als langfristig und sorgfältig aufbewahrten Büchern[24]). Die Lehrwerke von Finolt und Friderici hingegen zeigen keine Benutzungsspuren, aus denen sich ein Arbeiten mit ihnen rekonstruieren ließe.

---

[21] Digitalisat der Seite: <http://diglib.hab.de/drucke/22-musica-helmst-4s/start.htm?image=00089>, 5.10.2018.
[22] D-W 22 Musica Helmst: *Libellus sententiarum selectiorum latino-germanicarum*, Erfurt: Birckner 1623; Andreas Finolt, *Gar kurtze und einfeltige anführung/ wie man nur schlecht die Musicalischen Elementa erkennen [...]*, Erfurt: Wittel 1622; ders., *Anderweit summarische Continuation [...] wie nun ein knab [...] in musica fortschreiten soll*, Erfurt: Wittel [1622]; Daniel Friderici, *Musica figuralis*, Rostock: Hallervordt 1619.
[23] Digitalisat der Seite: <http://diglib.hab.de/drucke/22-musica-helmst-4s/start.htm?image=eb02>, 5.10.2018.
[24] Vgl. die Beispiele in James Daybell, »Gender, politics and archives in early modern England«, in: *Gender and Political Culture in Early Modern Europe, 1400–1800*, hrsg. von James Daybell und Svante Norrhem, S. 25–45, vor allem S. 37f.

Frühneuzeitliche Benutzungsspuren als biographische Quelle

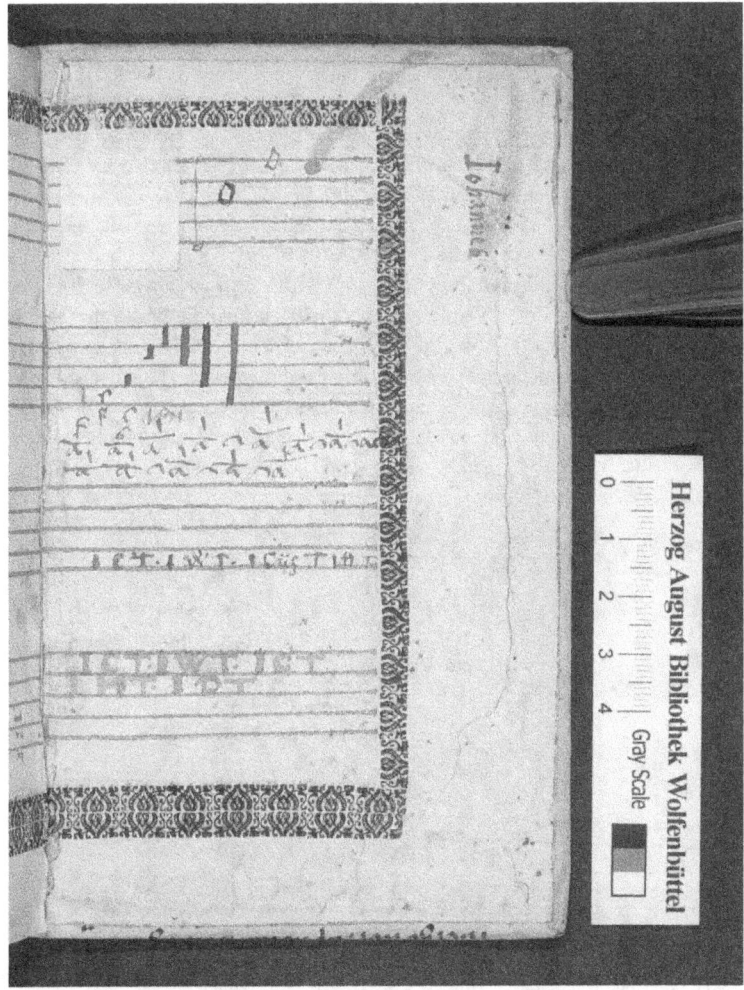

Abb. 1: Initialen von Geschwistern Johann Caspar Trosts (© HAB Wolfenbüttel: 22 Musica Helmst. 4s <http://diglib.hab.de/drucke/22-musica-helmst-4s/start.htm?image=eb03>).

Ein Beispiel für die Aneignung eines Lehrtexts ist ein Exemplar des *Musicae Compendium Latino-Germanicum*, das von Melchior Vulpius auf der Grundlage des Elementarbuches von Heinrich Faber überarbeitet herausgegeben und mehrfach nachgedruckt wurde, bekanntlich eines der verbreitetsten Lehrbücher für

Musik in dieser Zeit.[25] Das gezeigte Exemplar stammt aus dem Besitz eines Joachim Heinsius.[26] Auch er war offensichtlich ein Lernender, da in seinem Buch nur unterstützende Bemerkungen eingetragen sind (möglicherweise auch von einer anderen Hand, also etwa der des Lehrers), vor allem Solmisationssilben als Hilfe zum Finden der Mutationsstellen.[27] In einem anderen Exempel sind »forte« und »pian« als Vortragsanweisungen ergänzt,[28] vermutlich nach den Anweisungen, die sein Lehrer für das Singen des Beispiels gegeben hat. Außerdem wurden an zwei Stellen Daten notiert: auf der Rückseite des Titels Namenszüge mit dem Datum 1643 (ein weiterer Heinsius, Christophorus, ist ebenfalls eingetragen, ohne Datum), und in der zweiten Hälfte des Buches signiert Joachim noch einmal, nun mit dem Datum 1648, in deutlich flüssiger wirkender Schrift und mit einem Motto (s. Abb. 2).[29] (Ob das eine doppelte Lektüre impliziert, lässt sich allerdings nicht entscheiden.) Auch wenn genauere Lebensdaten beider Vorbesitzer bislang nicht bekannt sind, ähnelt dies doch der Situation in Trosts Fall, dass – abgesehen davon, dass die musikalischen Ausbildungsnotizen offenbar auch hier von jungen Schülern stammen – ein Lehrbuch innerhalb der Familie weitergegeben wurde.

---

[25] Für eine vergleichende Auswertung der Benutzungsspuren diverser Exemplare des Werkes, vgl. Inga Mai Groote, »Das *Musicae compendium latino germanicum* von Faber/Vulpius: Versuch einer Lese(r)geschichte«, in: *Melchior Vulpius. Leben, Werk, Wirkung*, hrsg. von Maren Goltz und Kai Marius Schabram, Beeskow 2018, S. 75–86 [im Druck].

[26] Melchior Vulpius/Heinrich Faber, *Musicae Compendium Latino-Germanicum, M. Heinrici Fabri: Pro Tyronibus huius artis, ad maiorem discentium commodaditatem aliquantulum variatum ac dispositum, cum facili brevique de Modis tractatu*, Jena ^{6}1636, Exemplar D-B Mus.ant.theor. F 38; Besitzeintrag auf: <http://resolver.staatsbibliothek-berlin.de/SBB000144C200000006>.

[27] Ebd, S. XXVII, <http://resolver.staatsbibliothek-berlin.de/SBB000144C200000033>, und S. XXII, <http://resolver.staatsbibliothek-berlin.de/SBB000144C200000038>, 10.10.2018.

[28] Ebd., S. XXXIV, <http://resolver.staatsbibliothek-berlin.de/SBB000144C200000040>, 10.10.2018.

[29] Ebd., S. LXXII, <http://resolver.staatsbibliothek-berlin.de/SBB000144C200000077> (»Omnia conando docilis solertia vincit«).

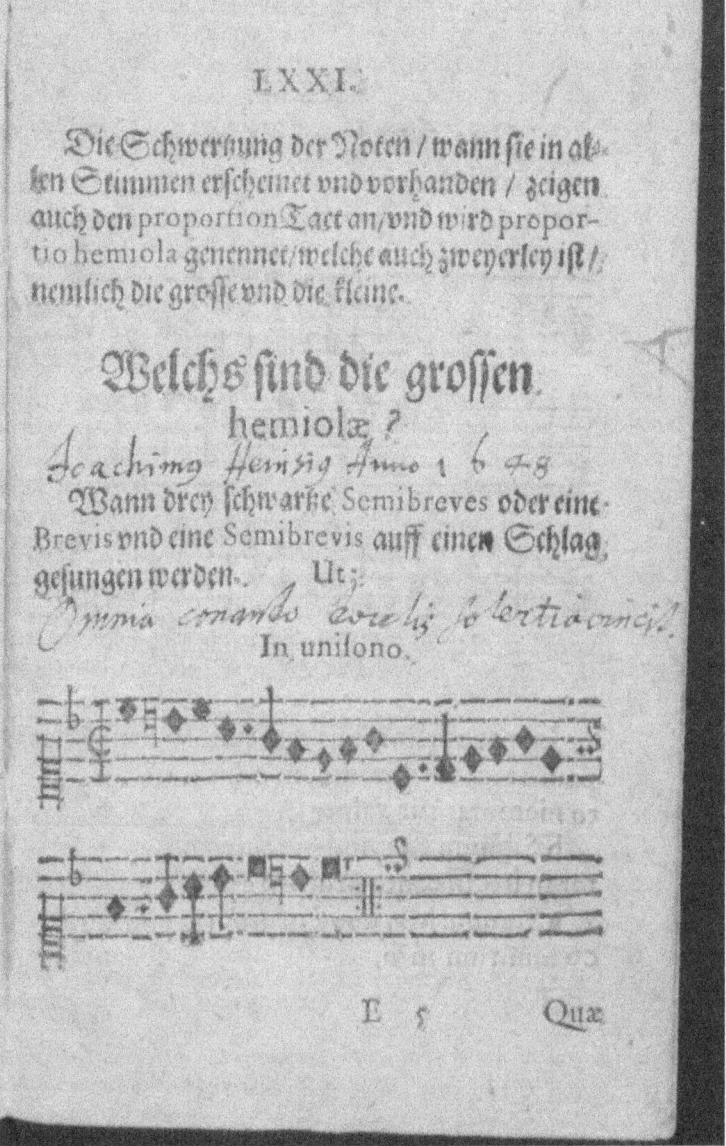

Abb. 2: Zweiter Besitzeintrag von Joachim Heinsius in Vulpius' *Musicae Compendium* (© Staatsbibliothek zu Berlin – PK <http://resolver.staatsbibliothek-berlin.de/SBB000144C200000077>).

Eine komplexere Verbindung von elementarem Musiklehrwerk und persönlichen Daten illustriert das Exemplar von Auctor Lampadius' Druck *Compendium musices* aus dem Besitz des Tübinger Gräzisten Martin Crusius (1526–1607),[30] dessen Tagebuchaufzeichnungen sich bekanntlich gerade durch die darin dokumentierten musikalischen Interessen und Kenntnisse (bis hin zur Nennung der von ihm auswendig beherrschten Lieder) einen detaillierteren Einblick in den musikalischen Horizont eines Gebildeten um 1600 ermöglichen.[31] Dieses Musiklehrbuch vereinigt die typischen Elemente, die ein personalisiertes Exemplar aufweisen kann und die eine Verknüpfung mit der Biographie des Besitzers ermöglichen: Der 1541 erschienene Lampadius-Druck wurde von Crusius im Folgejahr in Ulm gekauft, also während seiner Schulzeit dort; der Kaufvermerk ist allerdings nur mit den Initialen (»M. K. P.«) gezeichnet (die Herkunftsangabe ist als »Pot[t]ensteinensis«, bezogen auf den Herkunftsort des gleichnamigen Vaters, zu lesen). Der Band enthält einen handschriftlichen Anhang mit einer auf Juni 1551 datierten Übersicht über Konsonanzen (gezeichnet mit »Martin[us] Kraus Potensteinensis«, mit folgender griechischer Umschrift des Namens[32]) und ein *Compendium musices per quaestiones explicatum pro incipientibus* (ohne Autorangabe[33]). Letzteres ist auf 1554 in Memmingen datiert, also auf die Zeit, als Crusius dort Schulrektor wurde. Diese sehr knappe Lehrschrift behandelt in drei Kapiteln Elementarlehre, Mensuralnotationszeichen und Solmisation. Abgesetzt durch eine Leerseite folgen noch Ligaturregeln.[34] Am Ende steht jedoch noch ein kurzer, vierzig Jahre jüngerer Zusatz: eine einfache, vom Hexachord ausgehende Übungsmelodie, die nach der einfachen auf- und absteigenden Skala Intervallsprünge und schließlich unterschiedliche Notenwerte, mit kleinen Strichen als Hilfe beim Zählen, umfasst (Abb. 2).[35] Durch die Beischrift »1. Aug. 1594. Joanni Jac. Maiero, nepoti« wird diese Übung einem Nachkommen zugeeignet – die Deutung, dass Crusius damit seinen Enkel selbst in der Musik unterrichtete[36] oder zumindest an dessen Anfänge im Musiklernen erinnern wollte,

---

[30] Auctor Lampadius, *Compendium musices, tam figurati quam plani cantus ad formam dialogi* […] *congestum*, Bern: Apiarius 1542, Exemplar: D-Tu De 4. Digitalisat unter: <urn:nbn:de:bsz:21-dt-45564>, 10.10.2018. Zur Vita vgl. Hans Widmann, Art. »Crusius (Kraus), Martin« in: *Neue Deutsche Biographie* 3 (1957), S. 433–434 [Online-Version], <https://www.deutsche-biographie.de/pnd118677446.html#ndbcontent>, 10.10.2018.

[31] Dazu ausführlich bereits Martin Reichert, »Martin Crusius und die Musik in Tübingen um 1590«, in: *Archiv für Musikwissenschaft* 10 (1953), S. 185–212, der auch den Lampadius-Band identifiziert hat (vgl. S. 187).

[32] Lampadius, *Compendium*, hs. Anhang, fol. 54ʳ/55ʳ.

[33] Ebd., fol. 56ʳ–61ʳ.

[34] Ebd., fol. 60ᵛ–61ʳ.

[35] Ebd., fol. 61ʳ.

[36] So Reichert, »Martin Crusius«, S. 187.

ist plausibel: Er hält also biographische Informationen in einem für ihn selbst nachweislich wichtigen Gebiet fest.

Abb. 3: Ende des handschriftlichen Anhangs und späteres Notat einer Übung für Johann Jacob Maier in Lampadius, *Compendium* (De 4). (© Universitätsbibliothek Tübingen: De 4, <urn:nbn:de:b-sz:21-dt-45564>).

Waren dies eher Beispiele für Anfänger in der Musik, so lassen sich entsprechende Aspekte auch auf einer professionelleren Ebene der Auseinandersetzung mit Musik untersuchen, so in der Verwendung anspruchsvollerer theoretischer Texte, sogar auf Universitätsniveau. Erinnert sei nur daran, dass bei der Auswertung der Vorlesungsaufzeichnungen aus dem Umfeld von Heinrich Glarean in Freiburg im Breisgau nicht nur die Inhalte von Glareans Unterricht rekonstruiert werden konnten,[37] sondern auch etwa zwei Dutzend Studenten in diesen Quellen konkret greifbar sind: Es ist festzustellen, dass insbesondere Angehörige von Familien aus bestimmten Regionen der katholischen Schweiz bei ihm studierten; auf einer solchen Basis können sich vertiefte Studien über Ausbildungsnetzwerke anschließen, die hilfreich sind, um zu verstehen, wie bestimmte Lehrer im wahrsten Sinne des Wortes ›schulbildend‹ wirken konnten.[38] Die Biographien der Studenten weisen dann für die Studienzeit Ähnlichkeiten und Überschneidungen auf, die eben ›typische‹ Bildungskarrieren sichtbar werden lassen. Doch auch in diesem Fall sind noch detailliertere biographische Daten aus den Benutzungsspuren abzuleiten, so die häufig genannten Anfangs- und Enddaten von Vorlesungen: Der Solothurner Hans Jakob vom Staal vermerkte beispielsweise, von einer gezeichneten Tafel eingerahmt, dass er die letzte Livius-Vorlesung bei Glarean am Barbaratag 1559 gehört habe, und er versah sogar einige der aufwändigen Einbände seiner Bücher mit Inschriften zur Erinnerung an besondere Ereignisse oder Personen – darunter ist auch ein Band dem Gedächtnis Glareans gewidmet.[39] Selbst die Aufführung eines Werks – so im Fall von Josquins *Missa de beata virgine* aus dem heute in Baden überlieferten Exemplar von Andrea Anticos *Liber quindecim missarum* (1516), nämlich im Jahre 1561 im Freiburger Münster zu Ehren Glareans (vermutlich) durch Freunde oder Studenten[40] – kann für einen Beteiligten zu einem erinnerungswürdigen

---

[37] Dazu vor allem Bernhard Kölbl, *Autorität der Autorschaft: Heinrich Glarean als Vermittler seiner Musiktheorie* (= *Elementa musica*, 6), Wiesbaden 2012; sowie Inga Mai Groote, Bernhard Kölbl und Susan F. Weiss, »Evidence for Glarean's Music Lectures from his Students' Books: Congruent Annotations in *Epitome* and *Dodekachordon*«, in: *Heinrich Glarean's Books. The Intellectual World of a Sixteenth-Century Musical Humanist*, hrsg. von Iain Fenlon und Inga Mai Groote, Cambridge 2013, S. 280–302, und Inga Mai Groote, »Studying Music and Arithmetic with Glarean: Contextualising the *Epitome* and *Annotationes* among the Sources for Glarean's Teaching«, in: ebd., S. 195–222; vgl. im selben Band auch die Beiträge von Claudia Wiener und Anthony Graft/Urs Leu zu den Horaz-Kommentaren und der Livius-Chronologie.
[38] Vgl. Ian Holt, »Bücher aus dem Vorbesitz von Studenten Glareans in der Zentralbibliothek Solothurn«, in: *Glareans Solothurner Studenten. Regionale Identität und internationale Vernetzung in der frühneuzeitlichen Gelehrtenkultur*, hrsg. von Inga Mai Groote (= *Veröffentlichungen der Zentralbibliothek Solothurn*, 35), Solothurn 2013, S. 20–41.
[39] Ebd., S. 33, 35 und Abb. 4.5.
[40] Vgl. Martin Kirnbauer, »»sind alle lang‹ – Glareans Erläuterungen zur Mensuralnotation und die Praxis der Mehrstimmigkeit«, in: *Heinrich Glarean oder: Die Rettung der Musik aus dem Geist*

Ereignis werden, das in dieser Form, nämlich durch einen Eintrag im Druck, festgehalten wird – und zur Biographie Glareans das Detail ergänzen kann, dass dieser noch kurz vor seinem Lebensende Musik Josquins aufgeführt hörte.

Was ist aus derartigen buchgeschichtlichen Materialien abzuleiten? Es lohnt sich, eine möglichst präzise Kontextualisierung von Quellen zur Musik vorzunehmen und dabei die mit einzelnen Quellen in Verbindung zu bringenden Personen und biographischen Daten zu dokumentieren. Bei Drucken verlangt das, nicht beliebige Exemplare eines Textes zu benutzen, etwa die am bequemsten erreichbaren Digitalisate, sondern die individuellen Exemplare und ihre materiellen Besonderheiten zu beachten. Methodisch ergibt sich daraus ein doppelter Gewinn: Für biographisches Arbeiten ermöglicht die Einbeziehung solcher Quellen oft eine Anreicherung der anderweitig verfügbaren Lebensdaten. Sie kann ihnen mehr Tiefe verleihen, wenn etwa für Person X nicht nur der Besuch einer bestimmten Schule bekannt ist, sondern auch die dort vermittelten Inhalte und seine Aneignung erschließbar werden. Praxeologische Ansätze können dann das biographische Handeln zu analysieren helfen, und Aspekte intellektueller Biographien werden besser greifbar.

Umgekehrt präzisiert dann die biographische Perspektive auch andere Forschungsgebiete wie z. B. die Rezeptionsgeschichte oder die Geschichte der Musiktheorie, wenn die personengebundenen Überlieferungs- und Beeinflussungswege systematisch betrachtet werden. Gegenüber der einfachen Feststellung, dass ein Werk oder Text Ähnlichkeiten zu anderen aufweist (wobei Werke gleichsam losgelöst in einem abstrakten Raum imaginiert werden, die frei miteinander in Kontakt treten könnten), erlaubt die Berücksichtigung der materiellen und an Personen gebundenen Seite der Überlieferung, konkret nachzuvollziehen, dass ein Werk tatsächlich rezipiert wurde, oder aus welchen Quellen eine Schrift erarbeitet wurde. Dies lässt – anstelle einer gewissermaßen unsichtbaren Hand – die Akteure (und fallweise auch ihre persönlichen oder institutionellen Netzwerke) bei Überlieferung und Traditionsbildung sichtbar werden. Musikkenntnisse, praktische Fähigkeiten und auch musiktheoretisches Wissen können dann gründlicher in den Biographien auch musikalischer ›Laien‹ verankert werden.

---

der Antike?, hrsg. von Nicole Schwindt (= *Trossinger Jahrbuch für Renaissancemusik*, 5), Kassel u. a. 2005, S. 77–92, hier S. 80 und 88; leider ist der Schreiber der Einträge nicht identifiziert.

Joachim Kremer

Mit den »subjecta mirabilia« gegen die musikalische »Barbarie«

Matthesons Begründung der Musikerbiographik im Wissenschaftssystem zwischen 1713 und 1740

Johann Matthesons biographische Arbeit in ihrer Bedeutung für die Fachgeschichte zu bewerten, ist kein leichtes Unterfangen. Die Beschäftigung mit diesem Sujet durchzog sein gesamtes publizistisches Schaffen, vom *Neueröffneten Orchestre* 1713 bis zur Übersetzung von John Mainwarings *Memoirs of the Life of the Late George Frederic Handel* (1760) im Jahre 1761. Seine Biographik – soweit man sein Tun summarisch so benennen kann – stellt zudem kein geschlossenes Konzept dar und ist wie sein gesamtes Denken heterogen. Nur ein Stadium dieses vielgestaltigen Interesses in seiner Bedeutung für die Fachgeschichte in den Blick zu nehmen, wäre deshalb kaum zu verantworten. Matthesons Biographik gilt wissenschaftsgeschichtlich als wichtiger, für die Musikwissenschaft entscheidender Schritt zu einer Verwissenschaftlichung der Musikbetrachtung im frühen 18. Jahrhundert. Zweifelsfrei ist seine 1740 erschienene *Grundlage einer Ehrenpforte* vor diesem Hintergrund ein epochales Werk.[1] Aber selbst diese Sammelbiographie kann nicht als Repräsentant eines fest umrissenen biographischen Konzepts gelten, weil sie als ein erst nach Jahrzehnten zum Druck beförderter Kompromissprodukt kaum noch Matthesons ursprünglichen Ansatz von 1714 repräsentiert. Wegen eminenter Probleme musste nämlich im Laufe der langen Entstehungszeit von 1713 bis 1740 die ursprüngliche Konzeption verändert, und es mussten Zugeständnisse eingegangen werden. Matthesons tabellarischer Rechenschaftsbericht in der *Exemplarischen Organisten-Probe* von 1719 ist ein eindrückliches Beispiel für das zeitweilige Stocken des Projekts: Er benennt hier vor allem die bislang ausgebliebenen Viten, um so erneut zu einer Einsendung aufzufordern.[2] Trotz der Modifikationen wird eine wissenschaftsgeschichtliche Bewertung der Biographik Matthesons an der *Ehrenpforte* nicht vorbeikommen. Die entscheidende Frage besteht aber aus zwei Teilfragen: welches nämlich das ursprüngliche Konzept Matthesons war und wie das letztlich publizierte Kompromissprodukt die weitere Fachgeschichte förderte. Die erste dieser Fragen

---

[1] Johann Mattheson, *Grundlage einer Ehrenpforte* […], Hamburg 1740; hrsg. von Max Schneider, Kassel u. a. 1969.

[2] Johann Mattheson, *Exemplarische Organisten=Probe Im Artikel Vom General-Bass* […], Hamburg 1719, S. 120ff.

sei hier verfolgt, weil Mattheson sein Konzept schon 1714 ziemlich klar vor Augen hatte. Entgegen der gängigen Meinung kann dieses Anliegen nicht als ein wissenschaftliches oder historiographisches, sondern im Sinne der Zeit eher als ein anti-akademisches verstanden werden, das sich zwar stark an Konzepten anderer Disziplinen orientierte, in wesentlichem Maße aber musik- und praxisbezogen ist.

1. Defizitäre Situation der Musikerbiographik: Im Kontext der Disziplinen

Die ersten Hinweise auf den Plan zur Erstellung einer Sammlung von Biographien, nämlich auf die spätere *Ehrenpforte*, finden sich schon 1713 im *Neu-Eröffneten Orchestre*. In der Folgezeit hat Mattheson mehrfach darauf hingewiesen, teilweise um den Stand seines Projekts zu dokumentieren, teilweise um weitere autobiographische Beiträge zu erbitten.[3] Während seine Konzeption 1713 noch vage war, begründete bereits die Vorrede zu den 1714 erschienenen *Pièces de clavecin* seinen Plan ausführlich. Diese, noch bis 2014 von der Musikforschung weitgehend ignorierte Quelle kann wegen ihrer Ausführlichkeit und ihrer bekennerhaften Selbstdarstellung geradezu als ein Gründungsdokument der deutschen Musikerbiographik bezeichnet werden, weshalb sie im Folgenden noch einmal aufgegriffen wird, und zwar unter dem Aspekt der Vernetzung mit anderen Disziplinen.[4]

Einen wesentlichen Antrieb für Matthesons Biographikkonzept stellte das Bewusstsein eines Defizits dar. Alle anderen Disziplinen hätten nach seiner Einschätzung Vitensammlungen hervorgebracht; nur die Musik stünde im interdisziplinären Vergleich im Abseits. In der Anrede der *Pièces de clavecin* formuliert er diese Einschätzung wie folgt:

---

[3] Vgl. dazu Joachim Kremer, »Biographien als Indikatoren. Johann Matthesons Ehrenpforten-Projekt und die regionale Ausdifferenzierung des Kantorats im Ostseeraum«, in: *Studia Musicologica Regionis Balticae* 1, Kopenhagen 2011, S. 99–175, hier S. 112–138.

[4] Wiedergegeben ist die Quelle in: Joachim Kremer, *»Von dem Geschlecht deren Bachen«. Kommentierte Quellen zur Musikerbiographik des frühen 18. Jahrhunderts*, Neumünster 2014, S. 77–86: [Johann Mattheson], *MATTHESONS Harmonisches Denckmahl/ Aus Zwölf erwählten Clavier=Suiten/ Bestehend in Ouverturen/ Symphonien/ Fugen/ Boutaden/ Praeludien/ Allemanden/ Couranten/ Sarabanden/ Giquen/ Arien und Menuetten/ nebst ihren Doublen oder Variationen, Von Arbeitsamer und ungemeiner STRUCTUR errichtet/ Auch mit einer etwas umständlichen doch wolgemeinten vor= oder Anrede An die heutige[n] berühmte[n] KOMPOSITEURS loco Frontispicii versehen*, London 1714 [1715].

»Wende mich derohalben wieder zu euch/ ihr tüchtige Compositeurs und rechtschaffene teutsche Virtuosen, und lege euch hiemit zu beurtheilen für/ ob ihr warten könnet/ biß etwa ein Grammaticus, Metaphysicus, Opticus, Astrologus, oder ein ander recoctus Scriba eine zulängliche Historiam Musices, als sein Neben=Werck/ zusammen trage? (welches wol in Ewigkeit nicht geschehen möchte) oder ob ihr mit mir causam communem machen/ meinen wenigen Vorrath/ so ich in materia substrata habe/ mit gesammter Hand zu Hülffe kommen/ und das ungeheure Vacuum in Historia Literaria einiger massen ausfüllen wollet? Tausend unendliche Entia & Haecceitates; Millionen Praedicamenta, Barbara, Celarent; hundert Ellen lange Tubos, für welche keine Fliege im Mond mit Frieden und unbelauret sitzen kan/ &. Das sind alles solche Sachen/ die bey unsern Morosophis die Leute unsterblich machen und vergöttern/ ja deren Länge und Breite in gantzen Bändern beschrieben werden müssen. Von der Music aber/ ausser dem bloßen Namen/ wird kein Wörtgen gedacht.«[5]

Mattheson kennt sehr wohl die prosopographisch und kompilatorisch arbeitende Biographik des 17. und frühen 18. Jahrhunderts, und er nennt ausdrücklich solche Sammlungen. Seine Vorbilder liegen vorwiegend in zwei Bereichen, nämlich im Bereich der Kunstgeschichtsbetrachtung und im Bereich der teils fachlich, teils geographisch ausgerichteten Gelehrtenbiographik. Als Vorbild dienten ihm nicht, wie oft angenommen oder behauptet, Giorgio Vasaris *Vite de' piu eccellenti Pittori, Scultori, et Architettori* [6] und auch nicht, wie Hans Lenneberg vermutete, Evrard Titon du Tillets *Le Parnasse françois* von 1732.[7] Im selben Verlag wie das *Neueröffnete Orchestre*, nämlich bei Benjamin Schiller, war kurz zuvor im Jahre 1710 in deutscher Übersetzung Roger de Piles *Abrégé de la vie des peintres* (1699) erschienen, unter dem Titel *Historie Und Leben Der berühmtesten Europaeischen Mahler*. Und als weitere beispielhafte Sammel- und Individualbiographien nennt Mattheson Jean-François Félibien und Jacob Campo Weyermann, aus dem Bereich der galanten Mémoirs und der Poetik Roger Bussy-Rabutin, Hieronymus Cardano und Christoph Woltereck. Bis hin zur 1740 publizierten *Ehrenpforte* verweist er also mehrfach auf kunsthistorische und literarische Sammelbiographien, nämlich die folgenden:

---

[5] Hier zitiert nach Kremer, »Von dem Geschlecht deren Bachen«, S. 83.
[6] Siehe dazu *Le vite del Vasari. Genesi, topoi, ricezione/Die Vite Vasaris. Entstehung, Topoi, Rezeption. Atti del convegno, 13–17 febbraio 2008/Kongreßakten, 13.–17. Februar 2008*, hrsg. von Katja Burzer u. a., Venedig 2010.
[7] Vgl. Hans Lenneberg, *Witnesses and Scholars. Studies in Musical Biography* (= *Musicology Series*, 5), New York 1988, S. 38–45.

Autor	Titel	Verweis in:
Bussy-Rabutin, Roger	[Mémoires, ohne Titel-Nennung]	Mattheson 1725, S. 204f., autogr. Zitat: SUB, Cod. hans. IV: 38–42: 3 (15).
Cardano, Hieronymus	[ohne Titel-Nennung]	Mattheson 1725, S. 204f.
Felibien, André	Jean-François Félibiens Historie Und Leben der berühmtesten Europaeischen Baumeister/ So sich vor und nach Christi Geburt biß auff diese unsere Zeiten [...]bekand gemacht, Hamburg: Schiller 1711.	Mattheson 1740, Vorbericht, § 6, S. IX.
Piles, Roger de	Roger de Piles: Abrégé de la vie des peintres [...] (1699) [Historie Und Leben Der berühmtesten Europaeischen Mahler [...] Hamburg, bey BENJAMIN Schillern/ 1710].	Mattheson 1713, 300–329 und Mattheson 1740, Vorbericht, § 6, S. IX.
Weyermann, Jacob Campo	De levens-beschryvingen der Nederlandschekonstschilders en konst-schilderesse, Teil 1-3, s-Gravenhage 1729.	Mattheson 1731, CCLXXVII, S. 182.
Woltereck, Christoph	Holsteinische Musen, Glückstadt 1712.	Mattheson 1714.

Tabelle 1: Kunsthistorische, von Mattheson beispielhaft genannte Sammelbiographien.

Ein deutlicher Hinweis auf den wegen seiner Selbstdarstellung oft kritisierten Roger de Bussy-Rabutin (1618–1693) findet sich im Nachlass Matthesons, wo er auf einen Briefumschlag ein Zitat kopierte, nämlich eine Stelle aus Bussys *Mémoirs*, die deutlich das Problem der »modestie« aufnimmt. Bussys Schriften waren im unmittelbaren Umfeld der Genese des *Ehrenpforten*-Projekts en vogue, wurden 1711 in Paris und Amsterdam publiziert, und 1710 waren in Leipzig in *Philanders von der Linde Galante Gedichte* auch Bussys »Liebes-Maximen« in deutscher Sprache erschienen.[8]

Eine weitere Quelle für Matthesons biographischen Ansatz stellen die zahlreichen Gelehrtenlexika dar, die oft als fachspezifische Sammelbiographien angelegt sind, vielfach auch mit regionaler Ausrichtung. Auf einige verweist er bereits 1714 mit der Nennung der betreffenden Autorennamen: »Quenstedt,

---

[8] Wiedergegeben ist diese Abschrift in Kremer, »Von dem Geschlecht deren Bachen«, S. 37. Vgl. dazu Roger de Bussy-Rabutin, *Œuvres mêlées, Tome troisième*, Amsterdam 1711, S. 43.

König, Freher, Spangenberg, Zwinger«, und er nennt pauschal auch die Autoren, die »[de] foeminis eruditis« geschrieben haben. Die Mischung des sprachlichen Idioms Deutsch, Latein und Französisch ist dabei Argumentationshilfe:

> »Mein unmaßgebliches Project, Messieurs, wäre dieses: Daß man vorläuffig einige persönliche Nachrichten de Viris Musica clarissimis sammlete/ und solche der curieux=gelehrten Welt vor Augen legte; Vielleicht dürffte das Andencken so vieler hochberühmten Leute/ den übrigen im Quenstädt/ König/ Freher/ Spangenberg/ Zwinger/ und andern recensirten Viris, oder doch wenigstens (lachet nicht) den im Pasch/ Juncker/ NB. Frauenlob und Paulin auffgeputzten foeminis eruditis gleich geachtet werden. Ja/ wenn sich auch nur vors erste dieses Thema auff etwa eine zeit von hundert Jahren/ und so weit als Teutschlands Gräntzen gehen/ erstreckte; so wäre doch einmal die Bahne gebrochen/ und andern Nationes zugleich Anlaß gegeben/ die Materie weiter auszuführen.«[9]

Mattheson hat also eine umfassende Kenntnis von den Vitensammlungen aus dem Bereich der Gelehrtengeschichte und von den berufsständischen und regional ausgerichteten Sammelbiographien. Die von ihm 1730 übersetzte Rostocker Dissertation Heinrich Jacob Sivers über gelehrte Kantoren, eine im Geiste der berufsständischen Berufsbiographien verfasste Kompilation, hatte solche bereits vorliegenden Sammlungen ausgewertet, und Mattheson nahm auch Sivers akademische Schrift im Akt der Übersetzung zur Kenntnis.[10] Zudem betrachtete er Gelegenheitsschriften, die 1719 so genannten »Personalia«, als wertvolle biographische Quellen. Einige der von Mattheson genannten Sammelbiographien sind im Folgenden zusammengestellt:

Autor	Titel	Verweis in:
Freher, Paul	Pauli Freheri theatrum virorum eruditione clarorum, Nürnberg 1688.	Ohne Titel-Nennung: Mattheson 1714, Vorrede. mit Titel: Mattheson 1730.
Jöcher, Christian Gottlieb	Compendiöses Gelehrten-Lexicon	Mattheson 1730, passim.
Jonsius, Johannes	De Scriptoribus Historiae Philosophicae Libri IV, Frankfurt 1659.	Mattheson 1725, S. 204f.
König, Matthias	[ohne Titel-Nennung:] Bibliotheca vetus et nova, 1678.	Mattheson 1714, Vorrede.

---

[9] Hier zitiert nach Kremer, »Von dem Geschlecht deren Bachen«, S. 85.
[10] Vgl. Heinrich Jacob Sivers, *Dissertatio ex historia litteraria, sistens cantorum eruditorum decades duas*, Rostock 1729 und Johann Mattheson, *M. H. J. Sivers Gelehrter Cantor, Bey Gelegenheit einer zu Rostock gehaltenen Hohe-Schul-Uebung, in Zwantzig, aus den Geschichten der Gelehrsamkeit ausgesuchten Exempeln, zur Probe, Vertheidigung und Nachfolge vorgestellet*, Hamburg 1730.

»Personalia«	[ohne Titel-Nennung]	Mattheson 1719, S. 122 und z.B. Mattheson 1740, S. 335.
Thou, Jacques Auguste de	[ohne Titel-Nennung, thuani commentarius de vita sua, libri IV, Orleans 1620.]	Mattheson 1725, S. 204f.
Spangenberg, Cyriakus	[Adels-Spiegel, 1591/94.]	Mattheson 1714, Vorrede.
Spitzel, Theophil	»Spitzels Ehren-Tempel« Templum honoris, Augsburg 1673.	Mattheson 1730.

Tabelle 2: Von Mattheson beispielhaft genannte Sammelbiographien der Gelehrtengeschichte (ex historia litteraria).

Aus dem Bereich der Musikliteratur nennt er nur wenig, nämlich den *Catalogus* von Sebastien de Brossard[11] und auch Wolfgang Caspar Printz, den er 1717 im *Beschützten Orchestre* anführt, von dem er sich aber ausdrücklich absetzen will, weil dieser weitgehend »Antiquitäten« bot. Natürlich kennt Mattheson auch die Lully-Biographie, wie sie 1719 in den *Lettres historiques sur tous les spectacles de Paris* erschien, und die er 1722 in der *Critica musica* in übersetzter und bearbeiteter Form für das deutschsprachige Publikum publizierte.

Entscheidend ist aber Matthesons eigene Fachkompetenz: Musikerviten zusammenzustellen möchte er – wie er in der Anrede der *Pièces de clavecin* schreibt – nicht irgendeinem der humanistisch-philologisch ausgebildeten ›Schreiberlinge‹ überlassen.[12] Sein eigenes Biographiekonzept ist deshalb mehr als nur ein kompilatorisches Auswerten vorhandener Schriften. Er grenzt sich ausdrücklich davon ab und übernimmt deshalb von der 1729 veröffentlichten Rostocker Dissertation *Der Gelehrte Cantor* nur etwa die Hälfte der Viten. Diese Beanspruchung einer Fachkompetenz lässt nach Methode und Zielsetzung fragen, die sich offenbar vom Verfahren aller anderer philologisch arbeitenden Schreiber unterscheiden muss.

---

[11] Brossard erwähnt Mattheson schon 1713; vgl. Johann Mattheson, *Das Neu=Eröffnete Orchestre, Oder Universelle und gründliche Anleitung/ Wie ein Galant Homme einen vollkommenen Begriff von der Hoheit und Würde der edlen Music erlangen/ seinen Gout darnach formiren/ die Terminos technicos verstehen und geschicklich von dieser vortrefflichen Wissenschaft raisonniren möge* […], Hamburg 1713, S. 327.

[12] Vgl. die Wiedergabe dieser Quelle in Kremer, »Von dem Geschlecht deren Bachen«, S. 83.

2. Autobiographie versus kompilatorische Gelehrtenbiographie

Die Technik der Kompilation kann als das zentrale wissensgenerierende Verfahren der Wissenschaft des 17. und frühen 18. Jahrhunderts gelten. Das eklektische Zusammenfügen geht davon aus, dass die »Idee der Respublica literaria als einer Art virtueller Gesamtbibliothek«[13] verwirklicht wird. Deshalb bezeichnet Karsten Mackensen dieses Verfahren, bezogen auf Matthesons *De eruditione* (1732), sogar als »Schlüsselkompetenz«.[14] Ganze Bibliotheken sind durch ein solches Umsortieren des Wissens entstanden, auch zahlreiche Sammelbiographien verschiedenster Disziplinen sind dieser Methodik verpflichtet. Bis in die Gelehrtenschulen strahlte diese Technik des Kompilierens aus, und eindrucksvoll ist, was am Lübecker Katharineum in der ersten Dekade des 18. Jahrhunderts an kompilatorischer Arbeit geleistet wurde, indem durch die Schulreden des dortigen Superintendenten Georg Heinrich Götze die Gelehrsamkeit verschiedener Berufe nachgewiesen wurde.[15] Als eindrückliches Beispiel sei die *Gelehrsamkeit der Schuster* von 1708 kurz vorgestellt. Die Methode ist einfach: Aus vorhandenen Schriften wurden Informationen zu Schusterhandwerk und Gelehrsamkeit gefiltert (für heutige, suchmaschinenerprobte Wissenschaftler ist dies ein probates Verfahren), und in der chronologischen Anordnung scheint dann etwas wie eine Geschichte der Gelehrsamkeit der Schuster auf. So war auch 1716 die Wittenberger Dissertation *Scriptores qui de sua ipsi vita exposuerunt* über die Autobiographie von Gottfried Wagner[16] entstanden, auf die Mattheson 1731 ausdrücklich hinwies. Sie dient ihm zur Abwehr einer unbegründeten und vorgeschobenen Bescheidenheit:

> »Wagner (ich glaube er hieß mit Vornahmen Christian) hat diejenigen Scribenten mit Fleiß gesammlet/ welche ihren Lebens=Lauff selbst beschrieben haben. Es waren die allersittsamste Leute von der Welt/ und thaten es eben aus lauter wahrer Bescheidenheit/ damit ihnen ein andrer keine unverdiente Lobsprüche stellen mögte. Henr. Meibom handelt auch gar artig von den Lebens=Beschreibungen der Gelehrten/ welche desto mehr zu schätzen/ wenn sie von ihnen selbst nicht aus Ehrgeitz gemacht werden/ dessen man insonderheit den Cardanum beschuldiget.«[17]

---

[13] Martin Gierl, »Kompilation und die Produktion von Wissen im 18. Jahrhundert«, in: *Die Praktiken der Gelehrsamkeit in der Frühen Neuzeit*, hrsg. von Helmut Zedelmaier und Martin Mulsow (= *Frühe Neuzeit*, 64), Tübingen 2001, S. 63–94, hier S. 65.

[14] Karsten Mackensen, »Mattheson und der Begriff einer musikalischen Gelehrsamkeit«, in: *Johann Matthesons und Lorenz Christoph Mizlers Konzeptionen musikalischer Wissenschaft*, hrsg. von Karsten Mackensen und Oliver Wiener, Mainz 2011, S. 1–34, hier S. 7.

[15] Vgl. dazu Kremer, »Von dem Geschlecht deren Bachen«, S. 215.

[16] Vgl. Gottfried Wagner, *Scriptores, qui de sua ipsi vita exposuerunt*, Wittenberg 1716.

[17] Johann Mattheson, *Grosse General-Bass-Schule. Oder: der exemplarischen Organisten-Probe zweite, verbesserte und vermehrte Auflage* […], Hamburg 1731, Faks. ND Hildesheim u. a. 1994, CCLXXIII, S. 166.

Matthesons Aufruf zur Einsendung von Autobiographien ist gegenüber dieser kompilatorischen Arbeit neuartig: Johann Wilhelm Götten publizierte 1735 einen ähnlichen Aufruf bei der Arbeit an seinem *Jetzt lebenden Europa*. Er grenzte sich damit ausdrücklich zur bisherigen Biographik ab, nannte seine bevorzugten Quellen und rief zur Einsendung von Informationen auf. Schon Günter Niggl wies 1977 in seinen Studien zur Geschichte der Autobiographie auf die Besonderheit eines solchen Konzepts hin, bewertet es aber falsch, weil er Mattheson in der Nachfolge Göttens sah. Niggl bedachte nicht, dass Mattheson nicht erst im unmittelbaren Vorfeld der 1740 erfolgten Publikation der *Ehrenpforte*, sondern schon 1713 einen Aufruf startete, also mehr als 20 Jahre vor Götten.[18] Mattheson ist also – das kann nicht genug unterstrichen werden – schon 1713 in seiner Methodik der Datenerhebung innovativ und bediente das publizistische ›Klavier‹ mit der ihm eigenen Instinktsicherheit. Den Gestus der Authentizität, der Glaubwürdigkeit und der sprachlichen Direktheit übernahm er dabei von den Gattungen der galanten Autobiographik der *Mémoirs* im Stile de Bussys und Cardanos. Einzigartig ist aber sein Konzept, ausschließlich Autobiographien zu publizieren und dieses Konzept in Nähe zur modernen Musik zu sehen, etwa seinen eigenen *Pièces de clavecin*.

3. Auswahlkriterien: galant versus gelehrt

Autobiographien sind intentiös. So wie August de Thou 1620 zu seiner eigenen Rechtfertigung eine Autobiographie schrieb, so sollten auch die von Mattheson gesammelten Autobiographien einem bestimmten Zweck dienen, und Mattheson benennt ihn in der Anrede zu den *Pièces de clavecin*. Ausdrücklich grenzt er sich hier von der philologischen Kompilation, aber auch von jeder Form der Geschichtsschreibung ab:

> »Aus Büchern verlange nichts oder gar wenig zu schreiben; von Todten auch nicht viel; von Antiquitäten/ die wir doch reichlich haben/ noch weniger. […] aber von neuen/ lebendigen/ künstlichen/ galanten und wolgesinneten Subjectis einen honorablen Catalogum von etwa ein paar Alphabeten zu füllen/ wäre meine Freude; und dazu müssen mir neue/ lebendige/ künstliche/ galante und wolgesinnete Virtuosen die hülffliche Hand bieten/ sonst wird nichts daraus.«[19]

Denn die Zeiten haben sich zu Beginn des 18. Jahrhunderts auch in musikalischer Hinsicht grundlegend geändert und »il faut aujourd'hui plus des conditions pour faire un veritable musicien, qu'il en fallut anciennement, pour en

---

[18] Vgl. Günter Niggl, *Geschichte der deutschen Autobiographie im 18. Jahrhundert. Theoretische Grundlegung und literarische Entfaltung*, Stuttgart 1977, S. 22f.
[19] Hier zitiert nach Kremer, »Von dem Geschlecht deren Bachen«, S. 85f.

faire sept.«[20] Mit diesem von Baltasar Gracian stammenden Bonmot, 1721 erneut im *Forschenden Orchestre* wiedergegeben, geht es Mattheson um die moderne, galante Musik, die er als Gegenpol zur bisherigen »Barbarie« betrachtet, und in den Musikern, den Personen, werden die ›Instrumente‹ fassbar, mit denen diese Phase der »Barbarie« beendet wurde. So versteht Mattheson 1715 die Vitensammlung auch als Dokumentation des musikalischen Talents:

> »Solches thut der Allmächtige zu dem Ende/ damit durch die heutigen Subjecta Mirabilia seiner unendlichen und unbegreifflichen Majestät/ in Erhalt= und Erhebung dieser Engel=mäßigen Virtù ein desto herrlicheres wolklingendes Ehren=Gedächtnüs auffgerichtet werden möge.«[21]

Typisch für den publizistisch jungen Mattheson ist die theologisierende Argumentation, in der es darum geht, das von Gott verliehene Talent sinnvoll gegen die »Barbarie« zu setzen, also gegen stilistisch veraltete Musik. Und das Handeln dieser galanten Komponisten bezeugt das von Gott verliehene Talent. Es ist bemerkenswert, dass Mattheson in dieser Argumentation die geistliche Musik als Beispiel heranzieht, um den drohenden Verfall der Musik zu entwerfen. Dieses Vorgehen ist einerseits ein publizistischer Trick (weil der Verfall der geistlichen Musik die Preisgabe zentraler Werte bedeutet hätte), andererseits ist die Frage nach der Modernisierung der Kirchenmusik gerade in Hamburg nicht nur mit den Dichtungen Erdmann Neumeisters, sondern auch dem 1710 erfolgten Verbot des Oratoriums Georg Bronners[22] und der antimodernen Verweigerungshaltung des städtischen Kantors Gerstenbüttel erkennbar. Die als gottgefällig betrachtete Abfassung von Autobiographien bietet hier einen legitimatorischen Rahmen und erstickt zugleich jede Widerrede mit dem Verweis auf die biblische Begründung der Selbstäußerung als gottgefälliges Handeln. Das Verfassen einer Autobiographie wird damit geradezu zu einem bibelkonformen Gebot.

Mattheson weiß wohl, dass die Kategorie der Galanterie für ein Lebenskonzept steht, das weniger in der Welt der etablierten Akademiker, will sagen Juristen, Philologen und Theologen, zu finden ist. Die Kategorie der Galanterie kann deshalb ohne eine gewisse Verteidigung kaum postuliert werden, jedenfalls nicht in einer urbanen Kultur, in der jedes höfische Element zwar gerne, aber auch mit Skepsis betrachtet wurde. Im Umfeld der Oper wurde die Galanterie sogar zu einer Schlüsselkompetenz stilisiert, und Mattheson kannte diese Welt seit seiner Kindheit, als er bei der Oper zu singen begonnen hatte. Die viel zitierte, aber

---

[20] Johann Mattheson, *Das Forschende Orchestre, oder desselben Dritte Eröffnung*, Hamburg 1721, S. 279.
[21] Hier zitiert nach Kremer, »Von dem Geschlecht deren Bachen«, S. 81.
[22] Vgl. Irmgard Scheitler, »Geistliche Musikzensur in Hamburg 1710. Ein verhindertes Passions-Oratorium und sein problematisches Libretto«, in: *Kirchenmusikalisches Jahrbuch* 88 (2004), S. 55–72. Zu Gerstenbüttel vgl. Joachim Kremer, *Joachim Gerstenbüttel (1647–1721) im Spannungsfeld von Oper und Kirche* (= *Musik der frühen Neuzeit*, 1), Hamburg 1997, passim.

selten gelesene Rede *De Galantismo*, die 1714 am Hamburger Johanneum vom dortigen Rektor Johann Hübner gehalten wurde, ist in der älteren Forschung als später Nachhall des Hamburger Opernstreits gesehen worden. Im Umfeld des *Neueröffneten Orchestre* ist sie aber ein Dokument einer weit über Hamburg reichenden Debatte, nämlich der Verhältnisbestimmung von Galanterie und Gelehrsamkeit, bzw. dem falsch verstandenen Ideal der Gelehrsamkeit, dem Pedantismus. Auch in Cosmopolis (wohl Leipzig) wurde 1715 eine *Epistola* über die Frage des Galantismus und des Pedantismus in lateinischer Sprache publiziert (sie war dem Schlesinger Rektor Laurenz Müller gewidmet).[23] Bezogen auf das Herzstück der humanistischen Gelehrsamkeit, der lateinischen Sprache, wurde damit die Frage der Galanterie aufgeworfen, und der Pedantismus dementsprechend als *morbus intellectus* verworfen. Ausdrücklich nimmt der Autor dieser Rede dabei Bezug auf Burkhard Menckes kurz zuvor erschienene Schrift *De Charlataneria eruditorum* und reiht sich damit in die bissige Gelehrsamkeitskritik ein, die nichts weniger als ein Erdbeben der bisherigen Wissenschaftskultur und der Wissensgenerierung bedeutete. Die beiden genannten Schriften sind keineswegs die einzigen Dokumente einer solchen Kritik. Das Problemfeld war derart bewusst, dass die Lateinschule nicht länger mehr ungebrochen als Hort der Wissenskultur verstanden werden konnte. Ob sich diese Verlagerung im Wissenserwerb nun – wie es Laurenz Lütteken sah – vom englischen Sensualismus oder – wie es bis heute noch zu wenig geschah – von der französischen Geschmacksdiskussion nährte, ist einerlei.[24] In jedem Fall wurden damit neue Erkenntnisquellen postuliert: Autobiographie, der narrative Duktus, Publizistik und Anekdote sind Ausdruck dieser Umorientierung, auch für den Bereich des biographischen Schreibens. Dass Mattheson aber die galanten Musiker als »subjecta mirabilia« bezeichnet, nun also die Kategorie der Mirabilität aktiviert, erinnert an den zu Beginn des Jahrhunderts publizistisch hochaktiven Eberhard Werner Happel und seinen mehrbändigen *Mundus mirabilis tripartitus*, der eine Art Wunderkammer der Welt bot.

Im Spannungsfeld ›galant versus gelehrt‹ steht Mattheson auf der Seite der Galanterie, und er will jene auch im Bereich der Musik verwirklicht wissen. Deshalb widmet er 1713 sein *Neueröffnetes Orchestre* dem galanten Musiker und auch seine Biographik steht im Dienste dieses Ideals: In der Vorrede der *Pièces de clavecin* for-

---

[23] Vgl. Charisius (ab Amicis), *Epistola philologica de paedantismo et galantismo latinae linguae*, Cosmopolis 1715.
[24] Vgl. Laurenz Lütteken, »Matthesons Orchesterschriften und der englische Sensualismus«, in: *Die Musikforschung* 60 (2007), S. 203–213; sowie Joachim Kremer, »›Regel‹ versus ›Geschmack‹. Die Kritik an musikalischen Regeln zwischen 1700 und 1752 als Paradigmenwechsel«, in: *Musikalische Norm um 1700*, hrsg. von Rainer Bayreuther (= *Frühe Neuzeit*, 149), Berlin 2010, S. 117–143.

derte er folglich Biographien galanter Musiker ein. Das war 1714 voller Elan und etwas nassforsch gesagt, aber wer als Prototyp eines solchen Ideals zu gelten habe, das war damals weitgehend unklar; Matthesons Aushängeschilder waren 1714 Georg Friedrich Händel und Reinhard Keiser, in der *Organistenprobe* 1719 dann Jean-Baptiste Lully und Georg Philipp Telemann. Damit gab Mattheson Muster und mit der Vita Lullys und Telemanns auch literarische Modelle vor, und sein knapper Kommentar von 1731 zu Telemans Vita von 1718 lässt an Eindeutigkeit nichts zu wünschen übrig:

> »Es ist bereits in der musicalischen Critic an der Lullischen Lebens=Beschreibung ein Exempel gegeben/ wie dergleichen Aufsatz/ ohne Weitläufftigkeit/ zu machen sey. Ich will aber hier noch ein anders vorstellen/ um diejenigen desto mehr aufzumuntern/ und zur Nachfolge zu reitzen/ bey denen ein Beispiel grösseren Eingang findet/ als viele vernunfft=Schlüsse. Und das soll die lebens=Beschreibung unsers berühmten Telemanns sey[n]/ so weit er dieselbe damahls entworffen/ und eingesandt hat/ mit dessen eigenen/ hier folgenden Worten/ und aufgeweckten Schreib=Art. Die Probe ist gut. Ein jeder mache dergleichen.«[25]

4. Die Wissenschaftlichkeit der Biographik

Matthesons Biographik propagiert das Ideal der modernen Musik, und die mit Anekdoten angereicherte *oral tradition* will auch die Wissenschaftwürdigkeit der Biographik beweisen. Ein solcher Beweis war nötig, weil diese Art der Biographik als verschriftlichte Erfahrungen fungieren; zwar sind sie individuell, aber durch die Verschriftlichung werden sie aus der Sphäre des Singulären gehoben. Stil, Darstellungsform und Erzählmodus orientieren sich an der Publizistik der Zeit, als einer popularisierten Form der Wissensvermittlung, nicht etwa an der akademisch-universitären Wissenschaft.[26] Auch Johann Heinrich Zedler wies in seinem Artikel »Wissenschafften« ausdrücklich auf Journale, Lexika und Periodika hin, die er als »Hülffs-Mittel der Gelehrsamkeit und Wissenschafften«[27] bezeichnete. Doch schon 1714 hatte Mattheson das später sogenannte »Populare« diskutiert, und mit seinem biographische Informationen vergleichenden

---

[25] Mattheson, Grosse General-Bass-Schule, S. 167f., sowie ähnlich ebd., S. 182. 1725 hatte Mattheson die Vita von Johann Philipp Krieger in der *Critica musica* publiziert; vgl. hierzu Johann Mattheson, *Criticae musicae Tomus secundus*, Hamburg 1725, S. 169ff.

[26] Vgl. zu diesem Absatz ausführlich Joachim Kremer, »Von ›scientia‹ zu ›scientiae‹. Matthesons Konzept einer Musikerbiographik in der wissenschaftsgeschichtlichen Entwicklung«, in: *Studien zum 250. Todestag Johann Matthesons. Musikschriftstellerei und -journalismus in Hamburg*, hrsg. von Simon Kannenberg (= *Musik und.*, NF 12), Berlin 2017, S. 59–85.

[27] Johann Heinrich Zedler, »Wissenschafften. Lat. Scientia«, in: ders., *Grosses vollständiges Universal LEXICON Aller Wissenschafften und Künste*, Bd. 57, Halle und Leipzig 1748, Sp. 1399–1517, hier Sp. 1437 und besonders Sp. 1502.

Ansatz ist ein ordnender Gedanke vorausgesetzt, der individuelle Erfahrungen systematisch in Beziehung setzen kann. Das aber ist etwas, was Zedler als Grundanliegen der Wissenschaft überhaupt versteht: die systematisierte und in Ordnung gebrachte Auswertung individueller Erfahrungen.

> »Wissenschafft oder Einsicht erfordert zwar Erfahrung, und setzet sie zum Theil voraus [...] sie ist aber ein weit mehrers als blosse Erfahrung, nämlich eine scharfsinnige Erkenntniß der Wahrheiten, die aus dem Grunde der sinnlichen Empfindungen und also dessen, was die Erfahrung lehrt, in einer an einander hangenden Ordnung aus einander zu schliessen sind.«[28]

Die Biographik war in ihrer populär-kommunikativen Ausrichtung in besonderem Maße geeignet, der Musik im Wissenschaftsgefüge einen Platz zu verschaffen, den sie in Fakultäten der Universitäten nicht mehr hatte, auch nicht mehr als Teil der (ehemals) musiktheoretisch oder philosophisch operierenden *artes liberales*.

Indem Mattheson auch Angaben zu »Einkommen, Dignitäten und Rang«[29] einfordert, gibt er ausdrücklich Ordnungskategorien vor. Dass ihm die Verwirklichung in der 1740 publizierten *Ehrenpforte* aber nur ansatzweise gelingt, nämlich in Bezug auf die Einkünfte eines hamburgischen Domkantors, deren bescheidenes Maß er selbst hinreichend kannte, hat vielfältige Gründe, schmälert die Qualität seines systematischen und schon 1717 klar erkennbaren Denkens aber nicht. Sein Ansatz war derjenige der Berufsbiographie, aber nicht im modernen Verständnis von ›Beruf‹, auch nicht im Sinne einer akademischen oder handwerklichen Spezialisierung. Mattheson spricht demgegenüber von der Gesamtheit aller Musiker, indem er nun nicht vom Status oder vom akademischen Abschluss ausgeht, und er überträgt die Vorzüge der Berufsbiographie auf alle Musiker. Der von Hermann Abert 1919 so sehr geschmähte Typus der Berufsbiographie[30] war Ausdruck des frühneuzeitlichen ständischen Denkens, das soziale Anerkennung durch den beruflichen Status verlieh. In der Berufsbiographie erfolgte eine gruppenspezifische Rückbindung an die große und sozial etablierte Gruppe der Akademiker, in die Musiker ja nur ausnahmsweise eingebunden waren, z. B. im Falle der Kantoren. Im Gegensatz dazu innermusikalische Kategorien als Auswahlkriterien zu nehmen, nämlich »neu«, »lebendig«, »künstlich«, »galant« (und »galant« nennt Mattheson 1714 in seiner Anrede zweimal), und so auch die praktischen Musiker als biographiewürdig zu verstehen, entspricht einerseits der pietistischen Bekenntnisbiographik des frühen 18. Jahrhunderts, die standesübergreifend vorbildliche Biographien unter dem Gesichtspunkt einer

---

[28] Zedler, »Wissenschafften«, Sp. 1346–1359, hier Sp. 1352.
[29] Mattheson, Criticae musicae Tomus secundus, S. 205.
[30] Vgl. Hermann Abert, »Über Aufgaben und Ziele der musikalischen Biographie«, in: *Archiv für Musikwissenschaft* 2 (1920), S. 417–433, hier S. 417.

Praxis vereinte, hier der Frömmigkeitspraxis.[31] Und es entspricht der absoluten Hochschätzung der musikalischen Ausführung, die das Klingende und den Prozess des Hörens als die zentralen Momente der Musik versteht, wie es die scharfe Kritik von Theorie und Kontrapunkt durch Heinichen schon 1711 und noch bissiger 1728 ausdrückt.[32] Diese nun auch im Bereich der Biographik wirksam werdende Hochschätzung der über die Ausführung verwirklichten Musik als sinnlich wahrnehmbares Phänomen stellt eine Parallelerscheinung zur Gelehrsamkeitskritik des frühen 18. Jahrhunderts dar.

Matthesons Biographien sind also keine Berufsbiographien alten Stils mehr, aber auch noch längst keine Vertreter einer psychologisierenden, subjektivindividuellen Biographik, deren Erscheinen mit dem als »psychologischer Roman« bezeichneten *Anton Reiser* von Karl Philipp Moritz (1785) entscheidend vorbereitet wurde.[33] Seine soziologisch-systematische Sichtweise ist grundsätzlich verschieden von dem, was üblicherweise als Verwissenschaftlichung der Musik im 18. Jahrhundert gesehen wird. Denn im Grunde bleibt Matthesons Biographik durch die weitgehende Aussparung der Musik eine Künstlergeschichte und wird nicht zur Kunstgeschichte im eigentlichen Sinn.[34] Sein innovatives Konzept der zweiten Dekade des 18. Jahrhunderts musste bis zur Drucklegung der *Ehrenpforte* 1740 wegen der Verschleppung und Verweigerung der Autoren verändert werden. Statt einer reinen Autobiographiensammlung publizierte er 1740 hinsichtlich der Provenienz seiner Informationen ein Mischkonzept. Auch lernte er zwischendurch neue Musik kennen, etwa Johann Sebastian Bachs Partiten, die er 1731 ausdrücklich nennt,[35] und zudem kam ihm 1732 Johann Gottfried Walthers *Musicalisches Lexicon* mit einigen biographischen Artikeln als Konkurrenz in die Quere. Das waren für ihn ärgerliche Störungen, aber für Mattheson blieb die Biographik dennoch unverzichtbarer Teil einer Musikbetrachtung. Im *Vollkommenen Capellmeister* skizziert er 1739 deshalb grundsätzlich den

---

[31] Zu diesem standesübergreifenden Typus der Sammelbiographie vgl. Hans-Jürgen Schrader, »Die neue Gattung. Die ›Historie Der Wiedergebohrnen‹ als Vorbild der pietistischen Sammelbiographien«, in: Johann Henrich Reitz, *Historie Der Wiedergebohrnen*, hrsg. von Hans-Jürgen Schrader (= *Deutsche Neudrucke. Barock*, 29), Bd. 4, Tübingen 1982, S. 127–203.
[32] Vgl. die Belege in Kremer, »»Regel‹ versus ›Geschmack‹««, passim.
[33] Eine Anwendung der neuen Auswahlkriterien dokumentieren Georg Heinrich Götze, *Dissertatio historica* […] *De Scriptoribus Haeresiologicis*, Wittenberg 1687; sowie Johann Caspar Ebert, *Eröffnetes Cabinett deß gelehrten Frauen-Zimmers*, Frankfurt und Leipzig 1706.
[34] Vgl. dazu Stefan Germer, *Kunst – Macht – Diskurs. Die intellektuelle Karriere des André Félibien im Frankreich von Louis XIV.*, München 1997, S. 505.
[35] Mattheson, Grosse General-Bass-Schule, S. 344f.

Entwurf einer Musikgeschichte, als deren drei unverzichtbare »Haupt=Glieder« er die »Zeit=Rechnung«, die Instrumentenkunde und auch die Biographik benennt.[36]

5. Leben ›und‹ Werk: ein einzulösender Anspruch

1761 legte Mattheson ein im Vergleich zu seiner zwischen 1713 und 1740 verfolgten Biographik völlig neuartiges Konzept vor, wenn auch nicht als genuiner Schöpfer des Typus der großen biographischen Monographie, sondern als deren Übersetzer. In der zweigeteilten Händel-Monographie John Mainwarings folgt dem »Lebenslauff von G. F. Händel« ab Seite 111 ein »Verzeichniß der von Georg Friedrich Händel verfertigten Werke« und von S. 118 bis S. 155 folgen »Anmerkungen über Georg Friedrich Händels Werke«, die Grundlegendes zur Ästhetik und Gestaltung ausführen. Fast 30 % des Buches sind also dem kompositorischen Werk des Biographierten gewidmet, eine bis dahin unbekannte Verbindung von Leben und Werk. Die 1714 über die Kategorie der Galanterie postulierte Relevanz der Biographik für das künstlerische Handeln ist hier weiter entwickelt worden.

Matthesons lebenslange biographische Arbeit ist sowohl im Längs- wie auch im Querschnitt stets vom Anknüpfen an Traditionen, deren Umdeutung beziehungsweise Umakzentuierung, sowie von innovativer Vorwegnahme gekennzeichnet. Die Konsequenzen, die ein Musikwissenschaftler aus dem komplexen Verhältnis Matthesons zur Biographik ziehen kann, sind daher vielfältig. In jedem Fall muss die künftige Forschung nicht wie eine pflichtschuldige Alibiargumentation pauschal auf Matthesons Arbeit als den vermeintlichen (vorstufenartigen) Beginn der Musikerbiographik verweisen,[37] sondern kann vielmehr klarstellen, auf welche Phase seines von 1713 bis 1761 währenden, vielgestaltigen Interesses Bezug genommen wird. Ein solches auf Differenzierung angelegtes Verfahren erlaubt zahlreiche vergleichende Seitenblicke, die Intention und Strategien

---

[36] »Diese allgemeine Beschreibung hat drey Glieder, welche wiederum mit verschiedenen Gelencken versehen sind. Das erste Haupt=Glied in der Ordnung begreifft die Zeit=Rechnung [...] Das zweite Haupt=Glied müsste auf die Personen und ihren Lebenslauff gerichtet seyn, die sich sonderlich, es sey durch Schriften oder andre löbliche Verrichtungen, in der Musik hervorgethan [...]. Das dritte Glied könnte die Werckzeuge vornehmen, die zum Spielen erfordert werden.« Johann Mattheson, *Der Vollkommene Capellmeister, Das ist Gründliche Anzeige aller derjenigen Sachen, die einer wissen, können, und vollkommen inne haben muß, der einer Capelle mit Ehren und Nutzen vorstehen will* [...], Hamburg 1739; Faks.-Nachdr. hrsg. von Margarete Reimann (= *Documenta Musicologica*, I/V), Kassel [u. a.] 1954, hier S. 21, § 7–9.

[37] Vgl. dazu Hans Lenneberg, »Biographik«, in: *MGG2*, Sachteil 1, Kassel 1994, Sp. 1545–1551, hier Sp. 1546.

biographischen Schreibens in interdisziplinärer Perspektive erfassen können. Die im vorliegenden Beitrag vorgestellten Typen der Musikerbiographik vor 1761, also die soziologisch-ständische Berufsbiographie in der Tradition des 17. Jahrhunderts, die stilbezogene und auf den galanten Modernisierungsschub zu Beginn des Jahrhunderts bezogene Biographik Matthesons, aber auch die auf das situative Handeln bezogene Äußerung Carl Philipp Emanuel Bachs, der in seiner Autobiographie 1773 die Abhängigkeit von Aufführungsbedingungen und musikalischer Faktur andeutete,[38] werfen mit Nachdruck nicht nur Fragen zur Biographik als einem literarischen Phänomen auf, sondern drängen gewissermaßen zu dem Problem, das die Musikwissenschaft bis heute nachdrücklich umtreiben müsste und welches schon Zedler in seinem Lexikon umschrieb:

> »Verstorbener Leute Vornehmen kann mir auch öffters nutzen; weiß ich nun ihre Lebens-Umstände nicht, werde ich mich leicht in meinem Urtheile betrügen. Ihre Reden werde ich nicht nach des redenden Sinn verstehen. Ihre Schrifften werde ich nicht auslegen können, wenn nicht eine hinlängliche Lebens-Beschreibung mit den weg dazu bähnet.«[39]

Es geht also um die Beziehung von Leben und Werk, und damit um nichts weniger als um die Begründung einer musikbezogenen Biographik. Als Vorrede zu den *Pièces de clavecin* war das Plädoyer für die Biographik bestens platziert, als ideale Zusammenschau von Leben und Werk, von galanter Lebensart und galanter Komposition. Welcher Art aber die Beziehung zwischen Leben und Werk grundsätzlich sein kann, das deuten die hier genannten Typen der Biographik auf ganz unterschiedliche Art an. Sie alle, und der Werdegang des *Ehrenpforten*-Projekts im Besonderen, weisen darauf hin, dass im Konzept ›Leben und Werk‹ das ›und‹ die eigentliche Herausforderung darstellt, Zedler weiterdenkend eben auch für die Wissenschaft von der Musik.

---

[38] »Weil ich meine meisten Arbeiten für gewisse Personen und fürs Publikum habe machen müssen, so bin ich dadurch allezeit mehr gebunden gewesen, als bey den wenigen Stücken, welche ich bloß für mich verfertigt habe. Ich habe sogar bisweilen lächerlichen Vorschriften folgen müssen; indessen kann es seyn, daß dergleichen nicht eben angenehme Umstände mein Genie zu gewissen Erfindungen aufgefordert haben, worauf ich vielleicht ausserdem nicht würde gefallen seyn.« So Carl Philipp Emanuel Bach in: Charles Burney, *Carl Burney's* […] *Tagebuch seiner Musikalischen Reisen*, Bd. 3, Hamburg 1773, S. 208.

[39] Johann Heinrich Zedler, »Lebens=Beschreibung«, in: ders., *Grosses vollständiges Universal LEXICON Aller Wissenschafften und Künste*, Bd. 16, Halle und Leipzig 1737, Sp. 1279–1277, hier Sp. 1277.

Wolfgang Fuhrmann und Oliver Wiener

Biographie als Musikwissenschaft um 1800
Zuspitzung zur Physiognomie und Generalisierung zu Epochenmachern

1. »Schnellkraft«: Zu Bildungstheorien des Subjekts

Wenn die Situation der Musiker-Biographik um 1800 anhand von zwei Beispielen skizziert werden soll, die als gegenseitige Pendants betrachtet werden können, und dies unter dem Begriff der ›Musikwissenschaft‹ geschieht, so muss vorausgeschickt werden, dass mit der Fachbezeichnung nicht die institutionelle Realität gemeint ist, sondern die imaginäre Institution, die hinter der Summe der musikgelehrten Versuche des 18. Jahrhunderts steht, das theoretische und praktische Wissen über Musik zu verwissenschaftlichen. Im deutschsprachigen Raum geschah dies, da Anstrengungen zu einer Institutionalisierung vor 1800 kein Erfolg beschieden war, primär durch Publikationen. Hinsichtlich dieses Prozesses konnte am Ende des 18. Jahrhunderts auf mehrere mediale Experimentierphasen in fachliterarischen Genres zurückgeblickt werden, worunter die verschiedenen Formate der Musikzeitschrift, das Musiklexikon und nach der Jahrhundertmitte die Musikhistoriographie herausragen. Auch die Biographik gehört in dieses imaginär fachliterarische Feld. Da sie aber kaum als eigenes, sondern vor allem als unselbständiges oder transversales Publikationsgenre an den genannten Formaten teilhatte, hat sie nur eine relativ instabile Stellung innerhalb der Systematik gewinnen können.

Es ist nicht zu übersehen, dass die Biographie trotz ihrer steigenden Popularität als bürgerliches Orientierungsmedium ab dem zweiten Drittel des 18. Jahrhunderts erst spät eine literarische Fundierung als nichtfiktionales, aber doch mit dem Individual-Leben befasstes, mithin als lebendig zu präsentierendes Scharnier zwischen den Narrationen der Geschichtsschreibung und dem Roman erhalten hat. Die Grenze, um die die systematisch unsichere Form der Biographie oszilliert, wird markiert durch die ontologische Frage nach der Individualität im Verhältnis zu einem Ganzen einerseits, der poetologischen Frage nach Faktizität und Suggestivität der Narration andererseits.[1] Der Erfolg

---

[1] Früh: Johann Georg Wiggers, *Ueber die Biographie*, Mitau 1777; Johann Joachim Eschenburg, *Entwurf einer Theorie und Literatur der schönen Wissenschaften. Zur Grundlage bey Vorlesungen*, Berlin und Stettin 1783, S. 261–264; eine Generation später, zur Zeit der beiden unten zu besprechenden Biographien: Daniel Jenisch, *Theorie der Lebens-Beschreibung. Nebst einer Lebens-Beschrei-*

des biographischen Mediums[2] und seine gleichzeitige systematisch schwache Stellung mag auch daher rühren, dass das Interesse am personenbezogenen Stoff, der ein höheres Potenzial an Identifikation und Immersion bereitstellt als eine unpersönliche universalgeschichtliche Narration, systematische Erwägungen überwog. Der Graben zwischen Fachwissenschaft und Biographie scheint sich jedenfalls schon im Verwissenschaftlichungsprozess des 18. Jahrhunderts aufzutun.[3]

Die polare Gegenüberstellung einer Top-down-Systematik und einer Bottom-up-Deskription war den Zeitgenossen im letzten Drittel des 18. Jahrhunderts gegenwärtig als Paradigma der Leitwissenschaft Naturgeschichte mit ihrer Merkmalstaxonomie in der Formulierung Carl von Linnés auf der einen, der deskriptiven Individual- und Mutationsbiologie Georges-Louis Leclerc de Buffons auf der anderen Seite.[4] Auf anthropologische Verhältnisse übertragen

---

bung Karls des Großen: eine Preisschrift, Berlin 1802. Hierzu Michael Maurer, »Zur Theorie der Biographie im 18. Jahrhundert«, in: *Biographie und Kunst als historiographisches Problem*, hrsg. von Joachim Kremer u. a. (= *Telemann-Konferenzberichte*, 14), Hildesheim u. a. 2004, S. 40–45. Ferner Falko Schnicke, Art. »18. Jahrhundert«, in: *Handbuch Biographie. Methoden, Traditionen, Theorien*, hrsg. von Christian Klein, Stuttgart und Weimar 2009, S. 234–242, zur frühen Theoretisierung S. 240–242; sowie Tobias Heinrich, *Leben lesen. Zur Theorie der Biographie um 1800*, Köln u. a. 2016.

[2] Maurer spricht (»Zur Theorie der Biographie«, S. 41) von einem »Massenphänomen« auf der Basis »bürgerlicher Aneignung« der Biographie. Aus dieser Perspektive ließe sich das 18. Jahrhundert »zum eigentlichen Jahrhundert der Biographie« (S. 40) erklären. Hinsichtlich der zwar steigenden, insgesamt aber bescheidenen Alphabetisierung der Gesamtbevölkerung bedarf der Begriff der Masse freilich einer Relativierung; vgl. Hans-Ulrich Wehler, *Deutsche Gesellschaftsgeschichte. Erster Band: Vom Feudalismus das Alten Reiches bis zur Defensiven Modernisierung der Reformära 1700–1815*, 4. Aufl. München 2006, S. 287f. Dennoch kann aus bürgerlicher Perspektive im 18. Jahrhundert von einer »Leserevolution« die Rede sein; vgl. Barbara Stollberg-Rilinger, *Europa im Jahrhundert der Aufklärung*, Stuttgart 2000, S. 138. Unter den primären ›populären‹ Medien scheint die Biographie aber nicht an allervorderster Front auf; vgl. etwa Holger Dainat, »»Meine Göttin Popularität«. Programme printmedialer Inklusion in Deutschland 1750–1850«, in: *Popularisierung und Popularität*, hrsg. von Gereon Blaseio u. a., Köln 2005, S. 43–62. – Zur quantitativen Erfassung der bürgerlichen Biographie vgl. Michael Maurer, *Die Biographie des Bürgers. Lebensformen und Denkweisen in der formativen Phase des deutschen Bürgertums (1680–1850)*, Göttingen 1996.

[3] Vgl. Melanie Unseld, *Biographie und Musikgeschichte. Wandlungen biographischer Konzepte in Musikkultur und Musikhistoriographie* (= *Biographik. Geschichte – Kritik – Praxis*, 3), Köln u. a. 2014, S. 9f.

[4] Linnés Systematik wurde in der Regel als heuristisches Werkzeug für vernünftiger erachtet, für die Erfassung der Veränderungen und Kontinuitäten in der Natur gaben Mutations- oder Stufenmodelle freilich mehr Raum für Spekulation. Vgl. die nicht unironische Charakterisierung der Stufenleitermodelle (prominent Charles Bonnet, *Contemplation de la nature*, Genf 1764) beim Göttinger Naturforscher Johann Friedrich Blumenbach, *Handbuch der Naturgeschichte*, Teil 1, Göttingen 1779, S. 11f.: »Jedes natürliche System sollte eigentlich eine Art Bonnetischer

hat die systematische Diskrepanz nicht nur eine Parallele im Verhältnis von allgemeiner Historie und Individualbiographie generell, sondern auch speziell bei der Biographik in der Frage nach der Bedeutung des dargestellten Lebens in seiner Relation zur Geschichte – als mustergültige Ausprägung eines moralischen Werts[5] oder einer symbolischen Form oder aber als individueller Fall. Im Rekurs auf die Gedächtnistheorie scheidet sich das gespreizte Interesse am deutlichsten am Begriff des Merkwürdigen – als einer Unterkategorie des Interessanten –, das zunächst vom lateinischen *memorabilis* kommend, den Akzent auf das legt, was des Erinnerns würdig erscheint, dann aber auch zunehmend eine Normabweichung, das Seltsame, meint.[6] Hierin ist die Spannbreite der biographischen Gattungen von der umfassenden Lebensdarstellung bis zur Charakteristik und zur Anekdote als aufs Merkwürdige entkleideten Schwundstufen inbegriffen.

Was die Biographie um 1800 leisten kann, ist vom Philosophen und Theologen Daniel Jenisch erörtert worden, der als Beiträger zu Carl Philipp Moritz' *Magazin für Erfahrungsseelenkunde* an einem für die Biographie brisanten Diskurs der Berliner Aufklärung zur psychologisch-anthropologischen Biographie teilhatte. Nicht zufällig findet sich in Jenischs *Theorie der Lebens-Beschreibung* auch eine Charakteristik von Moritz.[7] Neben den generellen anthropologischen und (proto-)psychologischen Theoremen – der Annahme einer allgemeinen Gleichheit der menschlichen Grundfähigkeiten[8] und der Bildungs- und Entwicklungsfähigkeit des Charakters[9] – hat Jenischs Abhandlung an wenigstens drei weiteren interferierenden Diskursen teil, dem erwähnten naturgeschichtlichen, dem Diskurs der Geschichtswissenschaft und einem erkenntnistheoretischen, der in der zweiten Hälfte des 18. Jahrhunderts eine signifikante Transformation erhält, dem

---

Leiter seyn […] Aber alles dies herzlich gerne zugegeben, dürfen doch die Leitern und Ketten, der guten Sache der bestimmten Naturreiche, und der Classification der Naturalien, bey weitem keinen Eintrag thun.«
[5] Die Biographie bildet ein wesentliches unter den historischen Genres bei der »Verankerung der Musik im kulturellen Gedächtnis« auf der Basis bürgerlicher Moralwerte; vgl. Frank Hentschel, *Bürgerliche Ideologie und Musik. Politik der Musikgeschichtsschreibung in Deutschland 1776–1871*, Frankfurt a. M. und New York 2006, S. 140ff.
[6] Für die Nuance im Sinne von ›denkwürdig‹ vgl. Johann Christoph Adelung, *Grammatisch-kritisches Wörterbuch der Hochdeutschen Mundart*, Wien 1811, Bd. 3, Sp. 183f.; für den Begriffsübergang zu ›seltsam‹ vgl. Art. »Merkwürdig«, in: Jakob und Wilhelm Grimm, *Deutsches Wörterbuch*, München 1991, Bd. 12, Sp. 2107f.
[7] Jenisch, Theorie der Lebens-Beschreibung, S. 42.
[8] Ebd., S. 49: Die »Allgemeine Menschen-Natur« sei »in allen Individuen Eine und Dieselbe«.
[9] Ebd., S. 32: Die »pragmatische Biographie […] betrachtet den Menschen als ein sinnlich-vernünftiges, durch die äußerlichen Umgebungen in dem bestimmten Punkte des Raums und der Zeit seiner Existenz ausbildsames Wesen […]. Dies ists, was ich die *psychologische Entwickelungs-Geschichte des Menschen* nenne, und worunter ich gewissermaßen alles übrige befasse.«

Diskurs um den Begriff einer ›intuitiven‹ Erkenntnis. Jenisch teilt die Biographie in zwei narrative Typen, die »schlicht-historische« und die »pragmatische«, wobei erstere »blos Thatsachen aufstellt, Beurtheilung und Würdigung derselben dem Gefühl und Nachdenken des Lesers anheimstellend«.[10] Ihre Kunst besteht in der geschickten Auswahl und einer Enthaltsamkeit im Räsonnieren. Die »pragmatische« Biographie dagegen, der Jenischs Abhandlung hauptsächlich gewidmet ist, möchte durch Hineinversetzung in das biographische Subjekt eine Entwicklungsgeschichte des Charakters erzählen. Jenisch unterscheidet vier Darstellungsformen, die der pragmatische Biograph beherrschen soll, eine rein »erzählende«, eine »psychologisch-analysirende«, eine »pragmatisch raisonnirende« und eine »charakterisirende«,[11] wobei die beiden letzteren mit ihren Urteilsstrategien eine Metaebene zu den beiden ersteren Darstellungsformen bilden, die sich mit der Schilderung der äußeren und inneren Begebenheiten der Person befassen. Die systematische und solchermaßen künstliche[12] Gegenüberstellung von »schlicht-historischer« und »pragmatischer« Biographie dient als Kontrastmittel, um den Modernitätsanspruch der psychologisch entwickelnden Biographie zu höhen: Hier Materialien, die kommentarlos dem inneren Auge des Lesers vorgestellt werden, dort die vollständige Herleitung und Beurteilung der für die Charakterbildung des Subjekts wesentlichen Begebenheiten.

Zu reflektieren ist einerseits auf den Naturbegriff, der Jenischs Ausführungen zugrunde liegt, andererseits auf das Verhältnis von Biographie und Geschichtlichkeit. Nach dem aristotelischen Diktum macht die Natur keine Sprünge, hat also keine Epochen, wodurch sie sich von der Geschichte unterscheidet. Unter dieser Entwicklungsidee nähert Jenisch das Ideal einer »pragmatischen« Autobiographie dem mutationstheoretischen Modell von Charles Bonnet an:

> »Vergebens wendet man [...] ein, daß in unserer geistigen Bildung alles so allmählich und durch unbemerkbare Stufen gehe, wie etwa bey dem Wachsthum der Pflanzen; und daß man daher die Geschichte seiner eigenen Denk- und Handlungsweise immer nur sehr fragmentarisch werde beschreiben können. Für gemeine Augen geschieht die Entwickelung der Pflanzen allerdings unmerklich; aber nicht für die eines Bonnet oder Ingenhouß. Und eben so brauchts auch in der Psychologie und Anthropologie der geistigen Augen der Bonnete und Ingenhouße. Gewisse feinere Nüancen in der Stufenfolge der Entwickelung entgehen freilich dem Natur-Beobachter dort, dem Selbst-Beobachter hier; aber in Hinsicht auf die obersten Grundbestimmungen und gleichsam Grundzüge der

---

[10] Jenisch, Theorie der Lebens-Beschreibung, S. 30.
[11] Ebd., S. 98ff.
[12] So die ansonsten recht wohlgesonnene (anonyme) Kritik in der *Neuen allgemeinen deutschen Bibliothek* 79 (1803), Stück 1, S. 168–177, hier S. 169: »Bloße *Lebensumstände*, wenngleich mit einiger Wahl, sammeln, und sie erträglich vortragen, heißt *Personalien* zu einer Leichenpredigt aufsetzen«.

Bildung wird es dem letztern fast noch eher, als dem erstern gelingen: weil es bey dem Selbst-Beobachter nur einer sorgfältigen Erinnerung, bey dem Natur-Beobachter dagegen vielleicht ganz neuer, bis dahin unerfundener Werkzeuge der Beobachtung bedarf [...].«[13]

Die Parallele der Beobachter von vegetabilem Wachstum und von menschlicher Bildung soll das Objekt des Biographen naturalisieren und durch eine ›mediale Unmittelbarkeit‹ die Erinnerung, die Beobachtung des inneren Reichs, sogar noch ein Stück natürlicher erscheinen lassen als die Erforschung der Naturreiche. Das zweifache Ziel des pragmatischen Biographen besteht darin, ein Bild des Charakters in möglichst hoher Auflösung wie auch umgekehrt Daten für die Gesetzmäßigkeiten der menschlichen Bildungsfähigkeit zu gewinnen. Die Parallele der Biographik zur Naturbeobachtung impliziert eine für beide Bereiche wirksame Lebenskraft, die Gegenstand der Beobachtung ist. So wird speziell aber die Biographik, die ja nicht primär mit Beobachtungen von Aktualitäten, sondern von Erinnerungen arbeitet, selbst zum Indiz einer von Aleida Assmann analysierten Umstrukturierung der Gedächtniskultur. Sie ist nicht länger, wie noch bis ins 17. Jahrhundert hinein, ›ars‹, eine Kunst der Kombination gespeicherten Wissens, sondern ›vis‹: Die pragmatische Biographik bedient sich selbst einer im Sinne wissenschaftlichen Werkzeugs kultivierten oder geschärften menschlichen Fähigkeit oder eben Kraft, der Erinnerung, die wiederum Bildungen aller Seelenkräfte beobachtet und beurteilt.[14]

Jenischs *Theorie* lässt die zweite Perspektive, die der Bildungsfähigkeit, in eine Linneische Klassifikation von vier menschlichen »Wurzel-Charakteren«[15] münden, die in einer Antiklimax vom Genie, einer »allem Einfluß der Außendinge vorhergehende[n] Präorganisazion«, bis zur niedrigsten Kategorie reicht, deren »Charakter bloß in der Charakterlosigkeit besteht«.[16] Aus dieser Taxonomie wird erahnbar, dass Jenischs Beobachtungstheorie des menschlichen Wesens (männlichen Geschlechts)[17] mit der aufgeklärten Geschichtstheorie nicht nur die Idee der Stufenfolge, sondern auch die Grundannahme einer

---

[13] Jenisch, Theorie der Lebens-Beschreibung, S. 41. Zur Bonnets »Stufenfolge« als »natürlichem System« vgl. Anm. 3.
[14] Zur Veränderung im Gedächtniskonzept von ›ars‹ zu ›vis‹ nach Aleida Assmann vgl. Unseld, Biographie und Musikgeschichte, S. 58f.
[15] Jenisch, Theorie der Lebens-Beschreibung, S. 55.
[16] Ebd., S. 58f.
[17] Vgl. ebd., S. 172–178: »VI. Die Weiber«, übrigens nach der Klasse der »Sonderlinge«. Von den Ausnahmen der Herrscherinnengestalten geht Jenisch ganz patriarchalisch von der häuslichen Rolle der Frau aus. Durch »Liebe«, »Achtung« und »Ahnungsgefühl« seien Anlagen zu einer »Haushaltung im Großen« vorhanden.

sie operational (eben als ›vis‹) überquerenden »Konjunktur«[18] teilt. Nicht nur Verbesserungsprozesse, sondern auch solche des Niedergangs,[19] bei Jenisch heißt der Begriff »Verbildung«,[20] sind zu berücksichtigen. Eine Ähnlichkeit zeigt sich auch in der Relation von Teil und Ganzem, die freilich nicht nur auf die naturgeschichtlichen Systematikmodelle reduziert werden kann, sondern die historische Theoriebildung angeht.[21] Programmatisch führt Jenisch seine *Theorie* im Vorwort als »ein Seitenstück zu des *Abts Mably Kunst, Geschichte zu schreiben*«[22] ein, die mit ihrer deutschen Übersetzung, die mit den Kommentaren des Göttinger Historikers Ludwig August Schlözer herausgekommen war,[23] im Fokus kritischer Geschichtstheorie stand. Schlözer hatte Gabriel Bonnot de Mablys Präferenz der Stil- und Narrations-Modelle antiker Geschichtsschreibung als idealisierte »schöne« Geschichts-Malerei gegenüber einer auf Fakten gestützten, mit Anspruch auf Wahrheit erzählten Geschichts-Schreibung kritisiert. Die Gegenüberstellung antiker und moderner Geschichtsschreibung gibt die Blaupause für Jenischs grobe Dichotomie von (alter) »schlicht-histo-

---

[18] Vgl. Ludwig August Schlözer, *Vorstellung seiner Universal-Historie*, Göttingen und Gotha 1772, S. 4f.: »Alle Menschen sind Geschöpfe von einer Art […]: dies ist ein Satz, den Mose aus der Offenbarung, und Buffon, aus der Naturkunde, behaupten«; ferner S. 6: »Der Mensch ist von Natur nichts, und kann durch Conjuncturen alles werden; die *Unbestimmtheit* macht den zweiten Theil seines Wesens aus«.

[19] Vgl. Reinhart Koselleck, »›Fortschritt‹ und ›Niedergang‹ – Nachtrag zur Geschichte zweier Begriffe«, in: *Niedergang. Studien zu einem geschichtlichen Thema*, hrsg. von dems. und Paul Widmer (= *Sprache und Geschichte*, 2), Stuttgart 1980, S. 214–230.

[20] Vgl. Jenisch, Theorie der Lebens-Beschreibung, S. 84: Es »kann auch Gemählde des durch eigne Verbildung Charakterlosen unter den Händen des Biographen höchst anziehend und höchst belehrend werden […]: man würde auch noch in diesem Versinken zur Selbstlosigkeit die Menschheit ehren müssen, die nur deswegen *tief fallen kann*, weil sie durch ihre Natur *so hoch steigen kann*«. Analog zum subjekttheoretisch aufgewerteten Begriff der Selbstbildung wird auch die Verbildung der Verantwortung des Subjekts zumindest partiell anheim gestellt, vgl. S. 83 (»durch *eignen Muthwillen schöne Kräfte* in sich *zerstören*«; Hervorhebungen im Original).

[21] Vgl. Otto Gerhard Oexle, »›Der Teil und das Ganze‹ als Problem geschichtswissenschaftlicher Erkenntnis. Ein historisch-typologischer Versuch«, in: *Teil und Ganzes. Zum Verhältnis von Einzel- und Gesamtanalyse in Geschichts- und Sozialwissenschaften*, hrsg. von Karl Acham und Winfried Schulze (= *Beiträge zur Historik*, 6), München 1990, S. 348–384; ferner Peter Hanns Reill, »Das Problem des Allgemeinen und des Besonderen im geschichtlichen Denken und in den historiographischen Darstellungen des späten 18. Jahrhunderts«, in: dass., S. 152–156.

[22] Jenisch, Theorie der Lebens-Beschreibung, S. III.

[23] Gabriel Bonnot de Mably [Abbé Mably], *Von der Art die Geschichte zu schreiben, oder über die historische Kunst. Aus dem Französischen mit Anmerkungen von F. R. Salzmann* […] *Und einer Vorrede von A. L. Schlözer* […], Strasburg 1784. Jenisch führt Mably vor allem auch deshalb an, weil Schlözer in seinem Vorwort Mablys Ideal des bedächtigen Geschichtsmalers u. a. am Beispiel der Biographie Karls des Großen demontiert. Jenisch exemplifiziert seine Theorie pragmatischer Lebensbeschreibung eben mit derjenigen des Frankenkönigs.

rischer« und (moderner) »pragmatischer« Biographie ab.[24] Mit dem Adjektiv »pragmatisch« überträgt Jenisch zudem einen Begriff auf die Biographie, den die Göttinger Historik für eine auf Zusammenhänge abzielende systematische Geschichtsschreibung gemünzt hatte. Nach Johann Christoph Gatterer meint das »Pragmatische« – von *to pragma*: die Tat, der Handel, auch das Verhältnis – den allgemeinen historischen Zusammenhang, der im »höchsten Grad«, als »Nexus rerum universalium« betrachtet und dann stufenweise kleiner differenziert betrachtet werden könne, wonach »keine Begebenheit in der Welt« sei, die »so zu sagen, *insularisch*« sei,[25] somit gerade auch nicht die Biographie, die innerhalb dieses Netzes der Begebenheiten Aktantenrollen entwirft.

Das Programm solcher pragmatischer Sicht von Geschichte zieht – in Abgrenzung zur aggregativen Universalhistorie – die Forderung nach einer gedächtnisentlastenden Daten-Diätetik nach sich, als die sich August Ludwig Schlözers einflussreiche *Vorstellung seiner Universalhistorie* im Kern lesen lässt. Erst die Datenauswahl lässt die Synthese zum historischen Blick gelingen.[26] Schlözer ruft mit der Idee der Bündelung einer Mannigfaltigkeit von Fakten in den zusammenfassenden Blick die erkenntnistheoretische Idee einer Intuitiverkenntnis auf, in der der Zeitfaktor des Erkenntnisprozesses gleichsam unwichtig zu werden beginnt. Der Begriff der Intuition, in der Erkenntnistheorie bei Leibniz als höchste und lediglich göttliche Erkenntniseigenschaft eingestuft,[27] erfährt in der zweiten Hälfte des 18. Jahrhunderts einen Trivialisierungsprozess zu einer Anschauung auf einen Blick, einem Evidenzeffekt. Somit fällt die Vorstellung von einer Erkenntnis, die durch langwierige Merkmalsanalyse gewonnen wurde und erst nachträglich durch einen Abstraktionsprozess verkürzt abgerufen wird (bei Christian Wolff heißt dies *cognitio symbolica*) und die Spontanerkenntnis, die u. a. auch auf common-sense-Urteilen beruht, in unsauberer, aber hoch kommuni-

---

[24] Jenisch, Theorie der Lebens-Beschreibung, S. 13: »Die Zeit hat […] aus den Perioden der *frühesten* Cultur des menschlichen Geschlechts einige sehr glücklich-skizzirte, sehr charakteristische *Lebens-Beschreibungen der schlicht-historischen Gattung* auf die Nachwelt herabgebracht: aber *pragmatische* suchen wir in jenen Perioden vergebens.«

[25] Johann Christoph Gatterer, »Vom historischen Plan«, in: *Allgemeine historische Bibliothek* 1 (1767), S. 15–89, hier S. 16. Zur Methodik Schlözer, Vorstellung seiner Universal-Historie, S. 44ff. (Kap. II: *Vom Zusammenhange der Begebenheiten*).

[26] Zum »allgemeine[n] Blick, der das Ganze umfasset« vgl. Schlözer, Vorstellung seiner Universal-Historie, S. 18f. Schlözer rekurriert hier auf Moses Mendelssohns Theorie des Erhabenheitsgefühls.

[27] Gottfried Wilhelm Leibniz, »Meditationes de cognitione, veritate et ideis« [1684], in: *Philosophische Schriften I: Kleine Schriften zur Metaphysik*, hrsg. von Hans Heinz Holz, Frankfurt a. M. 1966, S. 25–47, die Leiter der Erkenntnisarten S. 32: »Est ergo cognitio vel obscura vel clara, et clara rursus vel confusa vel distincta, et distincta vel inadaequata vel adaequata, item vel symbolica vel intuitiva: et quidem si simul adaequata et intuitiva sit, perfectissima est.«

zierbarer Weise zusammen. Unsauber deshalb, weil Abstraktion und Spontaneität vielleicht vernünftigerweise schon aber rational nicht notwendig zu gleichen Ergebnissen führen.

Das Urteil des ersten Blicks, das durch die individuelle Usurpation der Intuition seine Aufwertung erfährt, indiziert die Stunde der Physiognomie, deren Anliegen es ist, den Impakt des äußeren Erscheinens, mehr noch des ersten Eindrucks, zugleich zum Ausgangspunkt und Ziel des analytischen Interesses zu erheben. Die Plötzlichkeit des Zusammenschießens von Teilen zu einer ganzen Charaktererkenntnis gewinnt Entscheidungsmacht. »Schnellkraft des Geistes« nennt Jenisch diese Fähigkeit, und ihm genügt allein ihre Existenz als psychologische Kraft, die sich einer Begründung entschlägt: »Man wende nicht ein: diese Schnellkraft des Geistes sey unbegreiflich; genug sie ist, wir sehn's, Thatsache, sie ist wirklich«.[28] Und sie scheint Teil einer Seelenmechanik zu sein, der mnemonische Traum einer mühelos scheinenden Auswendigkeit:

> »Wenn wir im Leben häufige Veranlassung finden, den *geistigen Mechanismus* zu bewundern, bis zu welchem Extemporal-Redner, musikalische Componisten, und große Künstler jeder Gattung den Geist gleichsam ausglätten und abschleifen können; so mögen wir das Talent, mit einem gewissen Schnell-Blick aus einer Menge von Alltäglichkeiten das minderalltägliche, aus einem Gewirre gleichgültiger und bedeutungsloser Züge die minder gleichgültigern und bedeutungsvolleren heraus zu sondern, und eben so schnell unserm Gemüth einen gewissen bestimmten Eindruck von dem vielfach-zusammengesetzten Ganzen einzuprägen, zu einer Untergattung dieses Mechanismus rechnen, von welchem jedem Menschen von gesundem Sinn mehr oder weniger zu Theil geworden. | Eben auf diesem Wege werden sie möglich – jene unsre Schnell-Urtheile über den physiognomischen Ausdruck der Gesichts-Züge eines Menschen, den wir in unserm Leben zum erstenmale sehen; [...] und so nicht minder – jene auf der Stelle und im Augenblick der angeschauten Darstellung ausgesprochenen Urtheile, über Vortrefflichkeit oder Schlechtigkeit eines musikalischen Stücks, eines Schauspiels, einer von dem Schauspieler durchgeführten Rolle.«[29]

Die Parallele musikalischer Extemporierkunst mit physiognomischer Intuition ist Anlass genug zu fragen, ob die Musikerbiographie um 1800 an den Diskursen teilhat, die Jenisch für die Biographie in Anspruch nimmt. Ein hinreichendes Gesamtpanorama zu erschließen,[30] wird der Raum hier nicht gestatten, weshalb die zwei reziproken Spielarten der Individual- und der Kollektivbiographie im Fokus auf zwei Publikationen zugespitzt kontrastiert werden sollen:

---

[28] Jenisch, Theorie der Lebens-Beschreibung, S. 50.
[29] Ebd., S. 14f.
[30] Vgl. den Versuch einer Systematisierung bei Manuel Gervink, »Voraussetzungen und Grundlinien deutscher Musikbiographik im 18. Jahrhundert«, in: *Acta Musicologica* 67 (1995), S. 39–54.

Johann Nicolaus Forkels Bach-Biographie, die sich als eigenartige Zuspitzung der Genie-Biographik einer Pragmatik im Sinne der Lebenskontexte in frappanter Weise selbst beraubt, und das große kollektivbiographische Unternehmen von Ernst Ludwig Gerbers Tonkünstler-Lexikon, das, in der Kritik Forkels, in seiner Berücksichtigung allzu vieler Personen des musikalischen Kulturbetriebs, in seinem Kontextüberschuss des Guten zu viel geleistet habe.

2. Der »erste Klassiker, der je gewesen ist, und vielleicht je seyn wird« – eine Kanonisierung

> Got a face of stone | And a ghostwritten biography
>
> Talking Heads, »Blind«

> ich bitte um arbeit entsprechend meiner qualifikation
> irgendwo am boden | selbst für den lohn | eines hirten mit flöte
>
> Eugenijus Ališanka, »curriculum vitae«

Anlass, Umstände und Quellen von Forkels 1802 bei Hoffmeister und Kühnel in Leipzig publizierter Biographie *Ueber Johann Sebastian Bachs Leben, Kunst und Kunstwerke* sind fachhistorisch so umfänglich erforscht,[31] dass an dieser Stelle eine stichpunktartige Zusammenfassung genügen mag. Anlass für die konzentrierte Biographie war die Ausgabe der *Œuvres complettes de Jean Sébastien Bach*, die 1801 vom Leipziger »Bureau de Musique« begonnen und von Forkel aus quellenkritischen Gründen angegriffen worden war, worauf die Verleger Hoffmeister und Kühnel Forkel zur Mitarbeit einluden. Alsbald bot Forkel an, das ambitionierte verlegerische Unternehmen mit einer Biographie, als Kontextinformation wie als Werbung zugleich, zu begleiten und zu unterstützen. Da die biographischen Informationen zu Johann Sebastian Bach weniger als spärlich

---

[31] An kommentierten Ausgaben empfehlen sich: *Ueber Johann Sebastian Bachs Leben, Kunst und Kunstwerke, Reprint der Erstausgabe Leipzig 1802*, hrsg., kommentiert und mit Registern versehen von Axel Fischer, Kassel u. a. 1999; dass. *Reprint der Erstausgabe (Leipzig 1802)*, Edition, Quellen, Materialien, vorgelegt und erläutert von Christoph Wolff unter Mitarbeit von Michael Maul, Kassel u. a. 2008. Zur ästhetischen und methodischen Verortung der Schrift im Rahmen der frühen Bach-Rezeption vgl. den reichhaltigen Beitrag von Hans-Joachim Hinrichsen, »Johann Nikolaus Forkel und die Anfänge der Bachforschung«, in: *Bach und die Nachwelt*, hrsg. von dems. und Michael Heinemann, Bd. 1: *1750–1850*, Laaber 1997, S. 193–253. Als methodischen Schritt zur kritischen Editorik wertet die Biographie Axel Fischer, *Das Wissenschaftliche der Kunst. Johann Nikolaus Forkel als Akademischer Musikdirektor in Göttingen*, Göttingen 2015, Kap. V/4.3, S. 461–481.

waren – u. a. weil der Thomaskantor, möglicherweise aus Gründen des eigenen Rollenverständnisses, Johann Matthesons Bitte, ihm eine Selbstbiographie zu schicken, nicht gefolgt war und in dessen *Grundlage einer Ehren-Pforte* (Hamburg 1740) auch nicht auftaucht –, füllte Forkels Buch eine Lakune, tat aber weitaus mehr als das, indem es den Mangel an biographischem Material als Indiz für die Selbstgenügsamkeit des Genies umdeutete, als moralischen Wert gleichermaßen wie als prototypischen Umstand einer anbrechenden Autonomieästhetik. Dass Forkel, wie früh kritisiert wurde, primär Bachs Instrumental-, darunter vor allem die Claviermusik bevorzugte, die Vokalmusik jedoch vernachlässigte, konnte Hans-Joachim Hinrichsen überzeugend mit einem Mangel an verfügbaren Quellen begründen (ferner mit der Vermutung, dass die Kantatentexte in ihrer geschmacklichen Überholtheit kein gutes Aushängeschild abgegeben hätten).[32] Dass er die Jugendwerke Bachs ausklammerte, was vor allem Carl Friedrich Zelter kritisierte, lag an Forkels entwicklungsgeschichtlich geprägter Kritik, die die ersten Anfänge als klein und unbedeutend einschätzte.[33] Zum einen störten sie das Bild des Kunst-Genies, das Forkel von Bach zeichnen wollte, zum anderen war die Elision der »pragmatischen« Daten-Diät geschuldet, denn kürzer ließ sich das Bild vom arbeitenden und verbessernden Komponisten anhand der Entstehung einiger Präludien aus dem *Wohltemperierten Clavier* zeichnen (Kapitel X der Bach-Biographie).

Für den Historiker Forkel ist Bach ein geschichtliches Subjekt von höchster Relevanz, doch bedarf diese Sonderstellung, die für Zeitgenossen nicht unumschränkt nachvollziehbar gewesen sein dürfte, in ihrer Konstruktion einer Erklärung. Laut der Vorrede war die Bach-Biographie ursprünglich als Kapitel seiner *Allgemeinen Geschichte der Musik* geplant, da »in der Geschichte dieser Kunst *Bach* mehr als irgend ein anderer Künstler Epoche gemacht hat«.[34] Von einem dritten Band der Forkelschen *Geschichte* ist nichts erhalten, doch angesichts des aufgeklärten kunsthistorischen Designs von Band 2 der *Allgemeinen Geschichte*, die ein Jahr vor der Bach-Biographie erschienen war, ist anzunehmen, dass diese ein zentrales Kapitel geworden wäre, denn Forkels *Allgemeine Geschichte* hatte – im Gegensatz zur *General History of Music* von Charles Burney etwa – vor allem »Lehrer«-Figuren als Epochen-Indices und folglich als Epoche-Macher erhoben, nämlich Guido von Arezzo und Franchino Gaffori.[35] Wie in der Ein-

---

[32] Hinrichsen, »Forkel und die Anfänge«, S. 215ff.; kurz auch Fischer, Das Wissenschaftliche der Kunst, S. 471.
[33] Forkel, Bach, S. 23 (»Bachs erste Versuche in der Composition waren wie alle erste Versuche mangelhaft«); S. 49 (Begriff und Umfang der »kritischen Vergleichung«: Trennung der »Jugendübungen« von den »wahren Meisterwerken«).
[34] Ebd., S. V.
[35] Oliver Wiener, *Apolls musikalische Reisen. Zum Verhältnis von System, Text und Narration in Johann Nicolaus Forkels Allgemeiner Geschichte der Musik (1788–1801)*, Mainz 2009, S. 69 und 256.

leitung zum ersten Band der *Allgemeinen Geschichte der Musik* dargelegt, bedeutet für Forkel Geschichte der Musik die systematische Herausarbeitung der Stufenfolge von der einfachen Tonfolge bis zum kunstvollen musikalischen Satz, dessen Kohärenz seiner Bestandteile als eine Art kunsteigener Logik begriffen wird. Dass Forkel das Schnittfeld von musikalischem Satz und Logik mit dem Begriff der »Rhetorik« bezeichnet – und in seinem Gefolge der Theoretiker Heinrich Christoph Koch –, muss nicht verwirren. Es ist facheigen-terminologisch verständlich aus der Nachfolge Matthesons, den Forkel sehr geschätzt hat, doch ist hier nicht primär eine Form barock-bildhafter musikalischer Tropologie gemeint, sondern eher die aufgeklärte oder ›vernünftige‹ Rhetorik der 1770er-Jahre, die mit ihrer synthetischen Argumentationsweise ein Modell für die Hervorbringung musikalischer Syntax und Form bereitzustellen vermochte. Gemeint ist der musikalische Satz im umfänglichen Sinn, gegründet in der Harmonie der Akkordfortschreitungen, aber hinzielend auf die polyphone »Verwebung mehrerer Melodien«.[36] Die eigentliche Logik solcher Musik hatte in Forkels Augen der Bach-Schüler Johann Philipp Kirnberger formuliert,[37] und ihr, als regulativer Idee, beugt sich sowohl die entwicklungsgeschichtliche Systematik der *Allgemeinen Geschichte der Musik* als auch die Bach-Biographie, die solche Logik im geschichtlichen Subjekt selbst, sofern es durch die Persönlichkeit die »wahre Kunst« vertritt, verwirklicht sieht.

Darin, den musikalischen Satz zu lehren und zu perfektionieren, besteht in Forkels *Geschichte* die historische Funktion der Lehrer-Rollen, ihn – dem unterstellten »Wesen der Kunst« entsprechend – weiterzuentwickeln, die der Tonkünstler. Unter dieser systematischen Prämisse, die die Logik der Kunst allmählich entbirgt, erscheint die Lebensdaten-Biographie in elender Weise kontingent, es sei denn, sie repräsentiert die Idee künstlerischer Perfektion. Dieses idealistische Programm, das Forkel über Franz Christoph von Scheybs Künstlerbüchern aus dem malereitheoretischen Diskurs kennengelernt, erborgt und

---

[36] Forkel, Bach, S. 25. Die »Verwebung« der Melodien erinnert an das Satzideal, das Mattheson im *Vollkommenen Capellmeister*, Hamburg 1739, formuliert (S. 245): Die »vollstimmige Setz-Kunst« sei die »*Kunstmässige Zusammenfügung verschiedener mit einander zugleich erklingender Melodien, woraus ein vielfacher Wollaut auf einmahl entstehet.*« Zur Metapher der Verwebung vgl. Zaccharia Tevo, *Il Musico Testore*, Venedig 1706.

[37] Zur essentiellen Wichtigkeit der Kompositionslehre (bzw. des Harmoniesystems) von Kirnberger für Forkels Annahme eines metahistorischen Maßstabs vgl. Wiener, Apolls musikalische Reisen, S. 149–163 und 271ff. Zum Preis, den der Historiker für das absolute Wahrheitskriterium zu zahlen hat, vgl. u. a. Wulf Arlt, »Natur und Geschichte in der Anschauung des 18. Jahrhunderts. J.-J. Rousseau und J. N. Forkel«, in: *Melos* 2 (1976), S. 351–356; Guido Heldt, »Mehrere Arten von Vollkommenheit: Johann Nikolaus Forkel am Abgrund des Relativismus«, in: *Vom Preis des Fortschritts: Gewinn und Verlust in der Musikgeschichte*, hrsg. von Andreas Haug und Andreas Dorschel, Wien u. a. 2008, S. 282–312.

versuchsweise musikalisch übertragen hat, und das Erwin Panofsky 1920 unter der Begriffsgeschichte von »Idea« offengelegt hatte,[38] Idee – nach Giovan Pietro Bellori – als Ergebnis einer dem Künstler überantworteten mustergültigen Synthetisierungskraft, wird in Forkels Bach-Biographie voll entfaltet. Bach wird in einem Maße als »perfectissimus Musicus«[39] stilisiert, dass die biographische Idee, das Individuelle gegenüber dem Allgemeinen zu zeigen, vernachlässigt wird.

Forkels Schrift bezieht Bachs Leben radikal auf die dem System abgeleitete Wertung, das ›Wahre‹ bezogen. Die Idee von Matthesons *Ehrenpforte*, »was rechtes und systematisches« von den biographischen »Vorfällen zu melden« (S. XXIV), wo ›systematisch‹ wohl nur in allerlei Sinn zusammenhängend meint oder möglicherweise auch mit ironischem Touch verwendet wird, ist bei Forkel derart umgedeutet, dass das System, d. h. das entwicklungsgeschichtliche Regulativ vom kleinsten Beginn bis zur Perfektion in einer Übereinstimmung von historischer Onto- und Phylogenese sichtbar wird. So beginnt die Biographie mit einer Charakteristik der Bachfamilie und endet in Forkels Definition des Genie-Begriffs. Nicht umsonst steht am Beginn die Beschreibung der allerersten Wurzeln von Musikalität beim Stammvater, dem Bäcker Veit Bach, der sich »sehr gerne mit der Cither« vergnügte, »die er sogar mit in die Mühle nahm, und während dem Mahlen unter Getöse und Geklapper der Mühle darauf spielte«[40] – die Szene ruft die geräuschvollen Zustände einer ersten Periode der Musik wach, die Forkel im Entwicklungsschema des ersten Bandes seiner *Allgemeinen Geschichte der Musik* formuliert hatte.[41] Die eigentliche Lebensbeschreibung, das aufgrund der spärlichen Nachrichten, auf die Forkel zurückgreifen konnte, jedoch nicht nur aus diesem Grund spärliche Kapitel II der insgesamt XI Kapitel von

---

[38] Erwin Panofsky, *Idea. Ein Beitrag zur Begriffsgeschichte der älteren Kunsttheorie* (1924), 7. unveränderte Auflage, Berlin 1993, S. 57–63 und 116–121 (Anm.); vgl. auch Gérard Raulet, Art. »Ideal«, in: *Ästhetische Grundbegriffe*, hrsg. von Karlheinz Barck, Bd. 3, Stuttgart und Weimar 2000, S. 86–118; insbesondere S. 90. Vgl. die neue Edition von Belloris Idea-Abhandlung: Giovan Pietro Bellori, *Die Idee des Malers, des Bildhauers und des Architekten / Idea del pittore, dello scultore e dell'architetto*, hrsg. von Elisabeth Oy-Marra, Göttingen 2018.

[39] Vgl. Wiener, Apolls musikalische Reisen, S. 88. – Die Idee vom »perfectissimus Musicus« wurde von Lorenz Mizler als Idealfigur nach dem topischen vollkommenen Redner Ciceros formuliert (*Dissertatio quod Musica Scientia sit et Pars Eruditionis Philosophicae*, Leipzig 1736, Absatz XXXXIV; vgl. die Edition: *Eruditio sive Scientia Musica. Johann Matthesons und Lorenz Mizlers Konzeptionen musikalischer Wissenschaft (1732–1736)*, hrsg. von Karsten Mackensen und Oliver Wiener, Mainz 2010, S. 111) und polemisch von Mattheson in der Vorrede zum *Vollkommenen Capellmeister* (S. 9) zur Titelerläuterung aufgegriffen. (Das dort zu findende Plädoyer, dass »Vollkommenheit« in einer Wissenschaft nur durch Intersubjektivität zu erreichen sei, wird durch eine Figur wie Forkels Kunst-Genie gewissermaßen wieder getilgt.)

[40] Forkel, Bach, S. 1.

[41] Johann Nikolaus Forkel, *Allgemeine Geschichte der Musik*, Bd. 1, Leipzig 1788, Einleitung, § 3, S. 2f.

Forkels Bach-Buch, schält sich mit ihrem kontingent erscheinenden Inhalt geradezu von der paradigmatischen Ordnung der restlichen Kapitel ab. Insbesondere die graduell ausgearbeiteten Fähigkeiten als Klavier- und Orgelspieler, dann als Komponist mit der Folge der Harmonie-, dann der Rhythmus- und Periodenbehandlung, die Tätigkeit als Lehrer, die nicht beiläufig auf die Tonkünstlerrolle folgt, sondern sie steigert, die abrundende Schilderung des moralischen Charakters als »Hausvater, Freund und Staatsbürger«[42] folgen im Allgemeinen der Schematik von Forkels entwicklungsgeschichtlichen Disziplinentwürfen von den primitiven Elementen, über die Struktur des Satzes hin zu Kritik und einer zivilisatorischen Charakteristik. Das Profil des idealen historischen Subjekts soll die geschichtliche Kontingenzerfahrung zugunsten systematischer Regulative für auf Wahrheit – nämlich »wahre Kunst« – bezogene Narration überwinden. Zum Bereich auszuschließender Kontingenz gehört offenbar auch das weibliche Geschlecht. Angesichts von Forkels Ansatz, die Kunstfertigkeit Bachs aus der Genealogie der Bach-Familie mitzubegründen und seine Hausvater-Qualitäten als moralisches Pfand hervorzuheben, muss auf die völlige Absenz von Frauen (einzige Ausnahme ist die Gesangsdiva Faustina Hasse, S. 47) in der Biographie hingewiesen werden. In der Darstellung einer rein männlichen Musikgesellschaft teilt sie nicht nur die Prämisse Jenischs, dass ein biographisches Subjekt von historischer Relevanz primär ein maskulines ist, die Frauenrolle wird überdies durch die Akzentuierung seiner häuslichen Rolle, als Erzieher, völlig absorbiert.

Die wissenschaftliche Leistung von Forkels Bach-Biographie besteht u. a. im Ansatz eines systematischen Werkverzeichnisses mit Incipits und in der Formulierung einer textkritischen Methode.[43] Ihre narrative Leistung kann leicht ermessen werden, liest man nur die wichtigste biographische Primärquelle, den von Emanuel Bach und Agricola für Lorenz Mizlers *Musikalische Bibliothek* »zusamgestoppelten« Nekrolog für die *Bibliothek* Mizlers parallel.[44] Es ist hier nicht daran gelegen, die an Forkels Buch geübte Kritik aufzurollen, noch seine ästhetischen Implikationen und seine Rolle in der frühen Bach-Rezeption darzustellen. Es fragt sich vielmehr, welches Modell der Biographie Forkel wählte. Von Wahl kann die Rede sein, weil Forkel über die musikbiographische Literatur einen exzellenten Überblick hatte, schon allein, weil er ihr einen Platz in der die Fachsystematik abbildenden Bibliographie zugewiesen hatte.

---

[42] Forkel, Allgemeine Geschichte der Musik, Bd. 1, S. 45.
[43] Dies betont v. a. Fischer, Das Wissenschaftliche der Kunst, S. 471–473.
[44] *Musikalische Bibliothek* 4, Teil 1 (1754), VI. Denkmal dreyer verstorbenen Mitglieder der Societät der musikalischen Wissenschaften [Georg Heinrich Bümler, S. 129–142; Gottfried Heinrich Stölzel, S. 143–157; Johann Sebastian Bach, S. 158–176]; der Nekrolog auf Bach stammt von Carl Philipp Emanuel Bach und Johann Friedrich Agricola; Bach hat später in der Korrespondenz mit Forkel die Schwäche dieses Textes bekannt. Zu den Bearbeitungsstrategien und -tendenzen Forkels detailliert Hinrichsen, »Forkel und die Anfänge«, S. 209–215.

Keine eigene Rubrik hatte die Biographie noch in der ersten anspruchsvollen Musikbibliographie, Jacob Adlungs *Anleitung zur musikalischen Gelahrtheit*,[45] wird dort aber auf mehreren Ebenen problematisiert. Gemäß dem Titel des Buchs bedeutet Musikbiographie vor allem Gelehrtengeschichte, die Adlung in seinem einführenden Kapitel schreibt, indem er zunächst nach Autorennamen referiert. Die biographischen Steckbriefe, die Adlung der bibliographischen Information beigibt, legitimiert er mit dem Argument des Andenkens.[46] Ferner wird die fachliche Biographik im ersten Kapitel referiert (Johann Gottfried Walthers *Musikalisches Lexicon* von 1732, das biographische Artikel enthält, und Johann Matthesons kollektivbiographisches Grundlagenwerk *Versuch einer Ehrenpforte* von 1740). Eine dritte Ebene findet sich als Schwundstufe biographischer Information im Kontext der polemischen Auseinandersetzung mit »Musikfeinden«, die zwar die Musik nicht gänzlich verwerfen, »jedoch nicht glauben, daß *vor jeden Stand sich schicke solche zu erlernen und auszuüben*«.[47] Angefochten wird dies von Adlung durch die Nennung »einiger Potentaten«, die die Musik gefördert haben, sowie »einiger Tonkünstler [...], so mit Geschenken und Ehrenbezeigungen von den Göttern dieser Erde begnadiget worden«.[48] Es geht dabei um die Kategorie des Verdienstes, das hier, gemäß der Wortgeschichte von ›Verdienst‹, noch eng auch an die pekuniäre Seite gebunden ist. Die biographische Information schrumpft zum exemplarischen Beleg, etwa so: »*Marenzo* [sic], (Luca) ein vortrefflicher ital. Componist, bekam am königl. poln. Hofe jährlich 1000 Scudi, und wurde allda zum Ritter geschlagen«.[49] In einer sich Adlungs *Gelahrtheit* anschließenden Phase der Selektivbibliographien für Musikliebhaber von den 1760er- bis in die 1780er-Jahre[50] ändert sich die Verortung der Biographie nicht, sie bleibt allgemein Teil der Musikgeschichte ohne eigene systematische Rubrik.[51] Bezeichnenderweise bringt 1785 Johann Sigmund Gruber *Beyträge zur Litteratur der Musik* heraus, die nach Autorennamen rein alphabetisch geordnet und in ihrer Registerlosigkeit schwer benutzbar sind. Gruber betont im Vorwort,

---

[45] Jacob Adlung, *Anleitung zu der musikalischen Gelahrtheit*, Erfurt 1758; auch Johann Adam Hillers (insgesamt halbherzige) Überarbeitung von Adlungs *Gelahrtheit* (Leipzig und Dresden 1783) widmet der Biographik keine neue Rubrik.

[46] Adlung, Gelahrtheit, S. 23 (»daß in allen Wissenschaften mit der Kenntniß der Bücher das Andenken der verstorbenen und noch lebenden Gelehrten verbunden werde. Wollen wir denn unsere Tonkünstler so gering achten, daß ihr Gedächtnis mit ihrem letzten Odem verschwinden solle? Zudem *mußten* sie ja bey Gelegenheit der Bücher *genennet* werden. Ist das so weit entfernt von der musikalischen Gelahrtheit?«)

[47] Ebd., S. 88.

[48] Ebd.

[49] Ebd., S. 97.

[50] Zu den Selektivbibliographien für den Liebhabergebrauch vgl. Wiener, Apolls musikalische Reisen, S. 180–182.

[51] Für einen Überblick vgl. ebd., S. 179–182.

dass sein Werk »mehr ein bloßes Bruchstück« sei.[52] Zu ihrem fragmentarischen Charakter passt, dass die *Beyträge* als zweiten Teil ohne erkennbaren Zusammenhang Biographien von Musikern enthalten, die für die Musikgeschichte Nürnbergs bedeutsam sind, ein Unternehmen, das Gruber ein Jahr später mit einer weiteren kleinen Sammelbiographie fortgesetzt hat.[53] Hier ist noch spät ein zögerliches Heraustreten der Musikerbiographie aus dem Schatten der bibliographischen Gelehrtengeschichte zu erkennen.

Erst Forkel, der solche Aggregation, wie sie Gruber betrieb, als Regression kritisiert hatte,[54] vermochte es, in seiner 1792 publizierten *Allgemeinen Litteratur der Musik* eine Systematik zu entwickeln, die so fein aufgelöst war, dass sie thematische Rubrik und bibliographische Einheit zu trennen und so der Biographik einen Ort zuzuweisen in der Lage war. Es handelt sich im ersten Teil zur »Geschichte der alten und neuen Musik« – der zweite ist der »Theorie und Praxis« gewidmet – um eine Miszellaneen-Rubrik: »Siebentes Kapitel. | Historische Nachrichten vermischten Inhalts, zur Litteratur der neuern Musik gehörig. | Erster Abschnitt. | Lebensbeschreibungen von Musikgelehrten und Tonkünstlern. | I. In Sammlungen. | II. Einzeln.«[55] Es ist jedoch nicht zu übersehen, dass die Rolle der Biographie nun insofern gegenüber der Bibliographie aufgewertet wird, als sie vor den Rubriken »Verzeichnisse« (von Schriften, Tonkünstlern, Gesellschaften, musikalischen Würden und Rechten) und »Musikalische Lexika« steht, die beide wiederum partiell Biographisches enthalten. Vielleicht liegt in der systematischen Verortungsverlegenheit, die sich hier doch bemerkbar macht, eine der Wurzeln für die Vorbehalte der Musikwissenschaft um 1900 (und später) gegenüber der Biographik. Unter dem universalgeschichtlichen

---

[52] Veröffentlicht in der Hoffnung, »nach und nach aus diesen Bruchstücken ein taugliches Gebäude aufführen zu können« (*Vorrede*, sine pag. [A3 verso]).

[53] Johann Sigmund Gruber, *Biographien einiger Tonkünstler. Ein Beitrag zur musikalischen Gelehrtengeschichte*, Frankfurt und Leipzig 1786.

[54] Johann Nicolaus Forkel, *Musikalischer Almanach für Deutschland auf das Jahr 1789*, Leipzig 1788, [Rezension von] Johann Sigmund Gruber, *Litteratur der Musik, oder Anleitung zur Kenntnis der Vorzüglichen Bücher*, Nürnberg 1783, und ders., [*Beyträge*], S. 20–22. Grubers Bibliographien hatten auch in der *Allgemeinen deutschen Bibliothek* schlechte Rezensionen erhalten, Bd. 80, 1788, S. 451f. (*Anleitung*), und S. 452f. (*Beyträge*).

[55] Johann Nicolaus Forkel, *Allgemeine Litteratur der Musik oder Anleitung zur Kenntniß musikalischer Bücher [...]. Systematisch geordnet, und nach Veranlassung mit Anmerkungen und Urtheilen begleitet*, Leipzig 1792, S. XIX. Zur nicht zu unterschätzenden Rolle von Forkels *Allgemeiner Litteratur* für die Fachsystematik generell vgl. Wiener, *Apolls musikalische Reisen*, S. 187–192; ferner Oliver Wiener, »1800/1900 – Notizen zur disziplinären Kartographie der Musikwissenschaft«, in: *Konzert und Konkurrenz. Die Künste und Wissenschaften im 19. Jahrhundert*, hrsg. von Christian Scholl u. a., Göttingen 2010, S. 19–41.

Blick des Göttinger Musikgelehrten nimmt sie eine ähnliche Position ein, in der wir ihr ein knappes Jahrhundert später bei Guido Adler begegnen.[56]

Mit Forkels Lebensbeschreibungs-Rubrik war es nicht nur möglich, sich einen Überblick über die vorhandenen Biographien zu verschaffen und darüber hinaus den musikbiographischen Sektor in seiner fachliterarischen Entwicklung auszuwerten. Ablesbar ist an den 33 Sammelbiographien und 62 Einzelbiographien[57] ein Übergang von den Sammelwerken der älteren Gelehrtengeschichte über Gymnasialprogramme, Leichenpredigten zu Lebensbeschreibungen neueren Zuschnitts, der ersten speziell musikalischen Kollektivbiographie Matthesons, Gerbers Musikerlexikon in unmittelbarer zeitlicher Publikationsnähe zu Forkels Bibliographie, den Zeitschriften-Nachrichten, einer Grauzone, in der Kollektiv- und Einzelbiographie nicht sauber trennbar ist, bis zu ein paar wenigen Autobiographien, aus denen André-Ernest-Modeste Grétrys Lebensbeschreibung herausragt. Die Nähe der Biographie zum Roman ist dadurch indiziert, dass sich auch ein paar fiktionale Titel finden, Johann Caspar Printzens drei Satiren (*Musicus vexatus*, *Musicus magnanimus* und *Musicus curiosus*) und Johann Friedrich Reichardts moralischer Musikerroman *Leben der berühmten Tonkünstlers Heinrich Wilhelm Gulden* von 1779. Dagegen wurde ein rein charakterisierendes Buch, das kaum historische Information enthält und rein auf die ästhetische Künstlerphysiognomie abgestellt ist, Carl Ludwig Junkers *Zwanzig Componisten – eine Skizze* (Bern 1776), von Forkel nicht zu den Biographien gezählt, sondern zu den »historisch-kritischen Schriften vermischten Inhalts« unter der Literatur

---

[56] Zur den Vorbehalten der deutschen Musikwissenschaft von Adler bis Dahlhaus vgl. Unseld, Biographie und Musikgeschichte, S. 25f. und 31f. Zur Apologetik, zu der Guido Adlers Idee einer Musikwissenschaft sich gegenüber der Biographik aufwirft, vgl. Adler, »Umfang, Methode und Ziel der Musikwissenschaft«, in: *Vierteljahrsschrift für Musikwissenschaft* 1 (1885), S. 5–20, hier S. 10: »Die Biographistik hat sich in letzter Zeit unverhältnissmäßig in den Vordergrund gedrängt sich sogar als Musikwissenschaft κατ'ἐξοχήν geberdet, während sie doch nur ein wenn auch immerhin wichtiges Hilfsgebiet derselben ist.« Vgl. dazu die Schelte, die Hans Lenneberg 1994 in seinem Biographik-Artikel über Guido Adler ausgoss, weil er in seinem Fachumriss der Biographik nur die subalterne Position einer Hilfswissenschaft der historischen Musikwissenschaft zuerkannt hatte: Art. »Biographik«, in: *MGG2*, Sachteil 1, Kassel 1994, Sp. 1545–1551. In der Architektur von Hugo Riemanns Fachentwurf spielt die Biographik ebenfalls keine akzentuierte Rolle, der erläuternde Text dagegen differenziert. Vgl. *Grundriß der Musikwissenschaft*, dritte, vermehrte und verbesserte Aufl., Leipzig 1919, S. 19: »Daß *Monographien über einzelne Tonkünstler* in die Literatur der Epochen gehören, in welche die betreffenden Meister lebten und wirkten, versteht sich natürlich von selbst.« Siehe ferner die Rubrik »Zur Literatur der Musik seit 1750 | a) Biographien«, S. 152–154.

[57] Forkel, Allgemeine Litteratur, S. 183–195.

zur »musikalischen Kritik«.[58] Standen Forkel aus der Kenntnis des musikbiographischen Sektors Modelle zur Verfügung, von denen er profitieren konnte oder von denen er sich distanzieren wollte?

Als unmittelbares Vorbild in puncto typographischer Ausstattung und Format, hat, wie Forkels Briefwechsel mit Hoffmeister und Kühnel belegt,[59] Carl Friedrich Zelters ein Jahr zuvor erschienene Biographie von *Karl Friedrich Christian Fasch* gedient.[60] Neben der verlegerischen Ausstattung gibt es aber auch hinsichtlich Gegenstand, Zielsetzung und Adressatenbezug Überschneidungen. Beide Biographien überhöhen ihr Subjekt als Symbol für eine Struktur oder Institution, sodass ihr Leben die mit ihnen in Verbindung stehenden Unternehmungen propagiert: Die Fasch-Biographie propagiert die moralischen Werte der Singakademie und wirbt so beim Kennerpublikum für sie, Forkels Bach-Biographie möchte Käufer für die Ausgabe der Bachschen Werke finden und spielt dabei auf der patriotischen Werbetrommel, der gegenüber Forkel sonst eher indifferent war. Die klare Kenneradressierung von Forkels *Bach* ist durch die Widmung an Gottfried van Swieten unmissverständlich.[61] In beiden Fällen wird eine Begründung der Musterhaftigkeit ihrer biographischen und geschichtlichen Subjekte über die hohe Kunstkenntnis und das Spekulationsvermögen geführt, die an der historischen Verwurzelung und Könnerschaft im kontrapunktischen Satz fixiert wird. Beide laufen auf eine moralische Charakteristik hinaus, welche die Identifikationsmomente bedient, die Michael Maurers Arbeit zur *Biographie des Bürgers* als »kodifizierte Erfahrung guten Lebens«[62] benannt hat: Bescheidenheit bei Bewusstsein der eigenen Fähigkeiten, Diskretion im Urteil, Selbstorganisation und Ökonomie. Die Fasch-Biographie ist in ihrem Charakteristikteil erheblich lebensnäher als Forkels *Bach*, sie akzentuiert – wohl unter der Rezeption des

---

[58] Forkel, Allgemeine Litteratur, S. 475. Vgl. den Verriss, den Forkel zu Junkers *Zwanzig Componisten, eine Skitze*, Bern 1776, und *Tonkunst*, Bern 1777, verfasst hat, Musikalisch-Kritische Bibliothek, Bd. 3 (1779), S. 235–249.
[59] Zum Briefwechsel von Forkel mit Hoffmeister und Kühnel vgl. George B. Stauffer, »Forkel's Letters to Hoffmeister & Kühnel: A Bach Biographical Source Recovered«, in: *The Journal of Musicology* 5 (1987), S. 549–561; *The Forkel-Hoffmeister & Kühnel Correspondence: A Document of the Early 19th-Century Bach Revival*, hrsg. von dems., New York 1990. Pragmatische Auswertung in Fischer, Das Wissenschaftliche der Kunst, S. 464–467.
[60] Karl Friedrich Zelter, *Karl Friedrich Christian Fasch*, Berlin 1801. Hierzu Fischer, Das Wissenschaftliche der Kunst, S. 465f. Zu der kritischen Reaktion Zelters, der möglicherweise selbst eine Bach-Schrift geplant hatte, auf Forkels Bach-Biographie vgl. ebd., S. 473–479.
[61] Der bei Forkels Schriften anfänglich in den 1770er-Jahren noch vorhandene (erzieherische) Adressatenbezug an den Liebhaber schwindet später zunehmend. Vgl. dazu Hinrichsen, »Forkel und die Anfänge«, S. 197.
[62] Maurer, Die Biographie des Bürgers. Das Zitat aus: Michael Maurer, »Kultur und bürgerliche Vergesellschaftung«, in: *Bürgerlichkeit im 18. Jahrhundert*, hrsg. von Hans Edwin Friedrich, Tübingen 2006, S. 31–44, hier S. 37.

Berliner anthropologischen biographischen Diskurses – psycho-physiologische Momente, das Ernährungs-, das Drogenverhalten und allerlei mitmenschliche Eigenschaften ihres Subjekts, zum Teil aus Augenzeugenschaft, und bringt so zugleich ein beglaubigendes Schreibersubjekt ein, was Forkel aus der zeitlichen Distanz nicht vermochte und offenbar auch nicht wollte.[63]

Auffällig ist an den beiden Individualbiographien (und das ist vielleicht als ein Zugeständnis an ihr avisiertes Zielpublikum zu verstehen), dass sie ihre Quellenadressen tilgen. Zelter wählt einen weitgehend persönlich erinnernden, oft in Innenräume gerichteten Blick, Forkel erzählt nach Außen, auf den Totaleffekt der Kanonisierung zum Klassiker hin. Anekdotisches ist aufs Minimum reduziert, es sei denn es stützt die »wahren« Kunstansichten.[64] Die im Hintergrund wirksame Polemik wird – als störende Verstrickung – gleichfalls getilgt, gar nicht scheint die berühmte Scheibe-Birnbaum-Kontroverse[65] durch, noch die Polemik Georg Joseph Voglers, der die Bachsche Choralharmonisierung mehrfach mit Verbesserungen kritisiert hatte,[66] auch wird der wertende Vergleich mit Händel nicht als erkenntnisfördernd erachtet.[67] Zur kritischen Reduktion gehört die Konzentration auf die Bachsche Reifezeit, die seiner Biographie viel Kritik eingebracht hat. Die in der Kritik des 18. Jahrhunderts so beliebten Künstler-Ver-

---

[63] Forkel nennt zwar seinen Umgang und seine Korrespondenz mit den Bach-Söhnen, seine Involviertheit als Schüler Wilhelm Friedemann Bachs legt er nicht offen (vgl. Fischer, Das Wissenschaftliche der Kunst, S. 131f., nach dem Bericht von Friedrich Conrad Griepenkerl, Forkel habe während des Besuchs Wilhelm Friedemanns für ein Göttinger Orgelkonzert offenbar »in den wenigen Wochen mehr von Friedemann [ge]lernt, als jemals ein anderer in so kurzer Zeit«).

[64] Bezeichnend sind etwa präzise eingesetzte anekdotische Schwundstufen mit beigegebenem Räsonnement wie diese – Forkel, Bach, S. 48 –, in der die ästhetische Dichotomie von schön und erhaben eröffnet wird. Bach besuchte gern Dresdner Opernvorstellungen. »Sein ältester Sohn mußte ihn gewöhnlich begleiten. Er pflegte dann einige Tage vor der Abreise im Scherz zu sagen: Friedemann, wollen wir nicht die schönen Dresdner Liederchen einmahl wieder hören? So unschuldig dieser Scherz an sich ist, so bin ich doch überzeugt, daß ihn Bach gegen keinen andern als gegen diesen Sohn geäußert haben würde, der um jene Zeit ebenfalls schon wußte, was in der Kunst groß, und was bloß schön und angenehm ist«.

[65] Die ästhetische Kontroverse Johann Adolph Scheibes und Johann Andreas Birnbaums war Forkel freilich wohlbekannt, vgl. Forkel, Allgemeine Litteratur, S. 477f.

[66] Zu Georg Joseph Voglers Vorhaltungen gegen Bachsche Choralharmonisierung vgl. Hinrichsen, »Forkel und die Anfänge«, S. 205.

[67] Forkel, Bach, S. IXf. *Allgemeine Deutsche Bibliothek* 81 (1788), S. 295–303: Polemik, die sich gegen Charles Burney richtet, welcher Händel gegenüber Bach größere Vorzüge als Kontrapunktiker und Clavierspieler eingeräumt hatte (*Nachricht von Georg Friedrich Händel's Lebensumständen* […], Berlin 1785). Anonyme Zuschrift (möglicherweise von C. P. E. Bach), die das Argument mit dem Vorwurf der Unkenntnis entkräften will. Dazu Forkel, Bach, hrsg. von Axel Fischer, Kommentar S. 76. Vgl. auch Forkels negative Rezension von Burneys Schrift in *Musikalischer Almanach für Deutschland auf das Jahr 1789*, Leipzig 1788, S. 15–19.

gleiche – nach dem Muster von Roger de Piles Wertungsschema[68] – entfallen in der Bach-Biographie generell.

Beide Biographien halten den Leser mit keinen gattungsreflexiven Partien auf. Bei Forkels Buch ist dies umso auffälliger, als er sowohl die Reflexion auf die Narration als auch die Quellenkritik in der *Allgemeinen Geschichte der Musik* als Instrumentarium auf hohem stilistischen Niveau entwickelt hatte. Und umso auffälliger ist dies im Vergleich mit Charles Burneys (von Eschenburg übersetztem und in der Vorrede zur Bach-Biographie indirekt kritisiertem) *Abriß von Händel's Leben*.[69] Vergleicht man diesen wiederum mit Mainwarings lebendig einsteigender Händel-Biographie,[70] wird einem die geradezu aufdringliche Methodenreflexion, Narrationslegitimation und Quellenkritik bewusst, mit der Burney am methodischen Status biographischen Schreibens arbeitet. Vor diesem Hintergrund sich absetzend hat Forkel sich offensichtlich in einer gründlichen Reduktion geübt: Der räsonierende Anteil, der in Burneys Biographie auf eine Legitimierung des biographischen Verfahrens zielt, erfährt bei Forkels Biographie eine Verschiebung auf die Explikation der Werte künstlerischer Wahrheit anhand der historischen Person.

Zelters Fasch-Biographie vermochte die Ansprüche, die man aus historischer Sicht um 1800 an die Biographie idealerweise stellte, die Darstellung einer wirklichen Individualität, offenbar nicht zu erfüllen, wie eine ansonsten gütige Besprechung des mit Zelter befreundeten Historikers Karl Ludwig von Woltmann belegt, deren Reflexion Jenischs Forderungen an die pragmatische Biographie aufrufen. Ihr zufolge sei Zelters *Fasch* kaum mehr als gute Materialwahl im Sinne Plutarchs (also der vermeintlich »schlicht-historischen« Biographie). Dass dem Musikbiographen ein Mangel an ›Komposition‹ zum Vorwurf gemacht wird, entbehrt nicht einer gewissen Süffisanz.

---

[68] Roger de Piles, *Cours de peinture par principes*, Paris 1708, enthält im Anhang Wertungstabellen in den Rubriken »Composition, Dessein, Coloris, Expression«. Als literarische Anwendung vgl. Christian Friedrich Daniel Schubarts »Kritische Skala der vorzüglichsten deutschen Dichter«, in: *Schubarts Werke in einem Band*, hrsg. von Ursula Wertheim und Hans Böhm, vierte Auflage, Berlin und Weimar 1988, S. 268–273 (zuerst erschienen im *Archiv für ältere und neuere, vorzüglich teutsche Geschichte, Staatsklugheit und Erdkunde* 1792). Die vergleichenden Wertungsschemata waren zeitweise auch für Forkel interessant, vgl. Wiener, Apolls musikalische Reisen, S. 150. Vgl. auch Inga Mai Groote, »Aufführung und Repertoire, Interpretation und Werturteil«, in: *Intermedialität von Bild und Musik*, hrsg. von Elisabeth Oy-Marra u. a., Paderborn 2018, S. 187–197 (S. 196: Wertungsschema aus dem *Gentleman's Magazine* von 1776).
[69] Vgl. Anm. 67.
[70] [John Mainwaring], *Memoirs of the Life of the Late George Frederic Handel*, London 1760; bekannt durch die Übersetzung und Bearbeitung von Johann Mattheson, *Georg Friderick Händels Lebensbeschreibung* […], Hamburg 1761.

»*Plutarch* zeichnet sich durch das Glük aus, mit welchem er eben die Materialien fand, aus welchen eine Biographie gebildet werden muß. Dies ist ungemein viel; aber zu etwas weiterm ist er nicht gelangt. Die Komposizion, welche uns die volle, Anschauung eines Individuums giebt, nicht mehr, nicht weniger, ist nirgends vollbracht. | Die gegenwärtige Schrift hat ganz jenes Verdienst, wodurch Plutarch sich auszeichnet, und an Bearbeitung des Details, woraus hervorgeht, wie inne der Verfasser seinen Gegenstand hatte, ist sie allem vorzuziehn, was jener berühmte Mann geschrieben. Aber es bedürfte noch einer sehr gefahrvollen Zusammenschmelzung der beiden Theile, worin sie zerfällt, wenn sie den Namen einer *Biographie* verdienen sollte.«[71]

Umso mehr muss dieses Urteil für Forkels *Bach* gelten, dessen Teile zudem in methodisch diversifizierte Einzelansichten zerfallen, und dessen synthetische Ansätze kaum ein Individuum, sondern eher einen Typus einerseits, und die Stilisierung zum Ideal andererseits hervorbringen. Das Moment der zu erkennenden »Wahrheit« in Forkels Bach-Biographie liegt in der Idee einer Kanonisierung beschlossen, die ausschließen muss. Auf einer zu geringen Exklusivität lag dementsprechend der Hauptkritikpunkt der Forkelschen Rezension von Gerbers *Tonkünstler-Lexikon* (vgl. den folgenden Abschnitt). Forkels Auffassung nach hatte Gerber im Bestreben, das Profil einer ganzen Musikkultur auch noch mit Hilfe der Physiognomien mittelmäßiger Musiker und Musikerinnen nachzuzeichnen, des Guten zu viel getan. Hier hatte die Parallele von musikgeschichtlicher Phylo- und Ontogenese ihr Ende erreicht: Die Individual- und die Kollektivbiographie hatten notwendigerweise unterschiedliche, diametral entgegengesetzte Formen der Auflösung des musikhistorischen Bildes.

3. Bildlegenden

Den Nutzen und Nachteil der Lebensbeschreibung hat Christian Fürchtegott Gellert 1746 in seinen *Fabeln und Erzählungen* in ein Gedicht gefasst:

Der Greis

Von einem Greise will ich singen,
Der neunzig Jahr die Welt gesehn.
Und wird mir itzt kein Lied gelingen:
So wird es ewig nicht geschehn.

---

[71] Karl Ludwig von Woltmann, »Friedrich der Große und Fasch«, in: *Geschichte und Politik*, Jg. 1803, Bd. 2, S. 371–376, hier S. 376.

Von einem Greise will ich dichten,
Und melden, was durch ihn geschah,
Und singen, was ich in Geschichten,
Von ihm, von diesem Greise, sah.

Singt, Dichter, mit entbranntem Triebe,
Singt euch berühmt an Lieb' und Wein!
Ich lass' euch allen Wein und Liebe;
Der Greis nur soll mein Loblied sein.

Singt von Beschützern ganzer Staaten,
Verewigt euch und ihre Müh'!
Ich singe nicht von Heldentaten;
Der Greis sei meine Poesie.

O Ruhm, dring in der Nachwelt Ohren,
Du Ruhm, den sich mein Greis erwarb!
Hört, Zeiten, hörts! Er ward geboren,
Er lebte, nahm ein Weib, und starb.[72]

Der humoristische Kontrast zwischen Pomp der Einleitung und Dürre des Ergebnisses führt mitten hinein in das Thema der Biographik. Denn die Dissonanz zwischen der Fülle eines gelebten Lebens und der Trockenheit biographischer Daten, aus der Gellert seine Pointe bezog, zählte zu den Grundempfindungen aufklärerischer Bemühung um eine Biographik neuen Stils. Gellert hatte die Grundidee seines Gedichts vermutlich dem *Spectator* Addisons entnommen.[73] In der Übersetzung der Gottschedin lautet die Stelle, in der Addison eine »angenehme Schwermuth, oder vielmehr Tiefsinnigkeit« durch den Besuch von Westminster Abbey pflegt, folgendermaßen: »Ich vertrieb mir die Zeit mit den steinernen Grabmälern und denen Aufschriften […]. Die meisten derselben enthielten nichts anders von der verstorbenen Person, als daß sie den Tag gebohren und den Tag gestorben wäre. Die ganze Geschichte ihres Lebens war in diesen zween Zufällen begriffen, die allen Menschen gemein sind. Ich konnte diese Lebensregister […] nicht anders, als für Satiren auf die verstorbenen Personen ansehen […].«[74]

---

[72] Christian Fürchtegott Gellert, *Fabeln und Erzählungen*, 2 Bd., 1748 (2. Aufl.?), Bd. 1, S. 12.
[73] Vgl. Christian Fürchtegott Gellert, *Gesammelte Schriften*, kritische, kommentierte Ausgabe hrsg. von Bernd Witte, Berlin und New York 1988, S. 263. Gellert besaß die im Folgenden zitierte deutsche Ausgabe des *Spectator*.
[74] *Der Zuschauer, aus dem Englischen übersetzt*. Erster Theil, Band 1, Leipzig 1739, Das XXVI Stück. Freytags, den 30. Merz, S. 121. Der Hinweis auf diesen Zusammenhang bei Georg Ellinger, *Gellerts Fabeln und Erzählungen*, Berlin 1895 (= Berlin, Sechste Städtische Realschule, Schulprogramm, 1894/95), S. 14.

Gellerts Gedicht wiederum ging in das kulturelle Gedächtnis der Deutschen so weit ein, dass es Carl Friedrich Cramer 1777 in seiner Klopstock-Biographie ohne Quellennachweis zitieren konnte, um die Dürre der traditionellen (Gelehrten-)Biographik gegen das neue Ideal der Anschaulichkeit auszuspielen:

> »Ich schlug Biographien auf, und was fand ich als Trockenheit und Dürre? Das Skelet ihres Lebens, statt ihres Lebens selbst. [...] Ich hätte ihn [*Klopstock*] tausenderley fragen mögen, denn das Anschaun solcher Männer ist wohl so wichtig als das Anschaun ihrer Werke. Ich interessire mich für sie ganz. Wie dachten sie? Wie empfanden sie? Wie waren sie in jedem Verhältniße ihres Lebens? Wie waren ihre Leidenschaften? Wie ihr Ernst? Wie ihr Scherz? [...] Nichts als daß sie gebohren wurden, ein Weib genommen und gestorben? – O geh! so viel weiß ich selbst!«[75]

Diese Spannung zwischen Anschaulichkeit und biographischer Zudringlichkeit auch ins Intimste und den dürren Daten der Biographik bezeichnet einen Zwiespalt auch der musikalischen Biographik bis in die Gegenwart, auch wenn Cramer selbst als Musikschriftsteller der Biographik ferner stand. Ausgetragen, in einem Lebens-Werk, hat sie vielmehr ein anderer Musiker und Musikschriftsteller, und den Anfang nimmt er gerade in einem Schreiben in Cramers *Magazin der Musik*, das, auf den 30. August 1783 datiert, im selben Jahr erschien.

Der Autor des Schreibens berichtet über »einen seltnern Zweig der musicalischen Geschichte«, nämlich »eine Sammlung von Bildnissen großer Virtuosen.« Diese sieht der Autor nicht als bloße Galerie, er nimmt sie, ein gelehriger Schüler des physiognomischen Zeitalters, als Zugang zum inneren Menschen, zum Charakter der Dargestellten:

> »Stellen Sie sich nur als warmer Verehrer und Kenner von Music ein Zimmer vor, in dem wir uns beym Eintritte in dasselbe auf einmal in eine Gesellschaft versetzt sehen, gegen die wir eben so viel Hochachtung als Dankbarkeit fühlen, denen wir die himmlisch süßesten Stunden unsers Lebens zu verdanken haben [...]! Sollten Sie sich nicht in einer solchen Gesellschaft glücklich fühlen, wenn sich Ihrem Gedächtnisse bey dem Anblicke eines jeden insbesondere immer ein Meisterzug nach dem andern, eine Schönheit nach der andern, aufdrängt! wenn Sie diesen großen Gedanken in den Blicken und Mienen des Bildes aufsuchen können? Den sanften Character in dem Bilde eines Graun; den Ernst in Bachs Bilde, und das Feuer im Blicke eines Haydn und Glucks? Ich wenigstens habe meiner kleinen Sammlung tausend stille Freuden zu verdanken.«[76]

---

[75] Carl Friedrich Cramer, *Klopstock (In Fragmenten aus Briefen von Tellow an Elisa)*, 1. Stück, Hamburg 1777, S. 3, hier zitiert nach Joachim Kremer, *»Von dem Geschlecht deren Bachen«. Kommentierte Quellen zur Musikerbiographik des frühen 18. Jahrhunderts*, Neumünster 2014, S. 49.

[76] *Aus einem Briefe des Hrn. Ernst Ludewig Gerber, Fürstlich Schwarzenburgischem Hoforganisten und Cammermusicus zu Sondershausen, den 30 August 1783*, in: *Magazin der Musik* 1/2 (1783), S. 962–969, hier S. 963f. Ein Verzeichnis seiner Sammlung lässt Gerber folgen: Sie enthält außer den

Diese Idee, sich in eine Gesellschaft von Porträts zu begeben und ihren Zügen Gedanken und Charakter abzulauschen, könnte als unmittelbare Lavater-Rezeption erscheinen. Tatsächlich aber war der physiognomische Impuls im Zeitalter der Aufklärung bereits weit vor den Schriften des Zürcher Pfarrers verbreitet; Lavaters Schriften sind eher Symptom als Ursache. Wie bei Gerber flossen damit empathische Vorstellungen der durch geistig-seelische Verwandtschaft vermittelten Nähe zusammen; man konnte Autoren, die man nie persönlich kennenlernte, als intime Freunde empfinden.

Ein schönes Beispiel für diese Verbindung von Fern-Sympathie und (proto-) physiognomischen Vorstellungen entstammt dem Berliner Dichter-Kreis um Gleim und Ramler: Einer Freundin Ramlers, Fanny Denstädt, schickte Gleim auf ihren Wunsch sein Porträt des beidseits verehrten Shaftesbury, worauf diese enthusiastisch reagierte:

» ›O der unvergleichliche Schaftesbury! sehen sie wie er in Lebensgröße dasteht und sich über alle Welt hinweg setzt. Ja das ist die Mine von der sie mir gesagt haben. So muß er aussehn. Ja, das ist er gewiß! [...] [...] es jammert mich fast, daß ich ihm seinen Schaftesburg weggenommen habe! [...] O du lieber Schaftesburg dein Gleim wird dich auch wohl geküßt haben, ehe er dich weggab, komm her, ich will‹ – und hiemit küßte sie ihn etliche mal, ›ich will dich auf dieselbe Stelle küssen und Gleim soll den Kuß gut haben, wenn er wieder herkommt.‹ «[77]

Aus der allein durch Texte entwickelten inneren Nähe, die Fanny Denstädt zu Shaftesbury empfand, entsprang eine Vorstellung von diesem Äußeren: »So muß er aussehn«.[78] Dieser Bericht stammt von 1752, also fast ein Vierteljahrhundert vor dem ersten Band von Lavaters *Physiognomischen Fragmenten*.

üblichen Verdächtigen auch die komponierenden Herrscher Friedrich II. und Maria Antonia Walpurgis sowie die heilige Cäcilia. Ferner wünscht er sich Porträts von Dittersdorf, Schwanenberg und Ernst Wilhelm Wolf. Zum Folgenden vgl. auch Annette Richards, »C. P. E. Bach, Portraits and the Physiognomy of Music History«, in: *Journal of the American Musicological Society* 66 (2013), S. 337–396. Richards' Artikel erschien erst, nachdem Wolfgang Fuhrmann die Zusammenhänge zwischen Physiognomie und Biographik bei Gerber in seiner Habilitationsschrift *Haydn und sein Publikum*, Bern 2010, behandelt hatte.

[77] So der Bericht Ramlers an Gleim, 23. März 1752, *Briefwechsel zwischen Gleim und Ramler*, hrsg. von Carl Schüddekopf, 2 Bde. (= *Bibliothek des Litterarischen Vereins in Stuttgart*, 242 & 244), Tübingen 1906–1907, Bd. 1, S. 332f., hier zitiert nach Mark-Georg Dehrmann, *Das »Orakel der Deisten«: Shaftesbury und die deutsche Aufklärung*, Göttingen 2008, Anm. 38, S. 225.

[78] Vgl. dazu das Forschungsprojekt von Tobias Heinrich, *Soziale Medien im 18. Jahrhundert: Johann Wilhelm Ludwig Gleim*, <http://www.izea.uni-halle.de/ueber-uns/alumni/2018/tobias-heinrich.html> (Zugriff: 15.10.18). Für diesen Hinweis danke ich Melanie Unseld. Vgl. Tobias Heinrich, »Communicative Identity in the Eighteenth Century: Johann Wilhelm Ludwig Gleim's Epistolary Network and the Cult of Friendship The European Journal of Life Writing«, in: *European Journal of Life Writing* 3 (2014), VC100–VC122 (doi: 10.5463/ejlw.3.140, Zugriff: 15.10.18).

Die hier denkbar drastisch zum Ausdruck gebrachte Idee einer Fernkommunikation qua porträtierter Physiognomie schlägt sich auch in jenem Brief von 1783 nieder, der in der Porträtsammlung »einen seltnern Zweig der musicalischen Geschichte« entdeckt. Dass dies nicht nur Behauptung blieb, wird deutlich, wenn man den Absender dieses Briefs berücksichtigt: Es handelte sich um den 36jährigen Hofsekretär und Hoforganisten in Sondershausen Ernst Ludwig Gerber.

Von Gerbers Porträtsammlung führt ein direkter Weg zu seinem schon erwähnten Lebens-Werk, dem *Historisch-Biographischen Lexicon der Tonkünstler*. Denn Gerber, nicht zufrieden damit, nur in den Charakterzügen zu lesen, versuchte um diese Zeit, ein Verzeichnis seiner Bildnissammlung auch durch weiterführende Bildlegenden zu ergänzen: »eine kurze Biographie, nebst den vornehmsten Werken der Meister in dieser Sammlung«.[79] Dabei stieß er rasch an die Grenzen, denn das einzige zur Verfügung stehende Hilfsmittel, Johann Gottfried Walthers *Musicalisches Lexicon oder Musicalische Bibliothec* von 1732 war über ein halbes Jahrhundert alt.[80] »Und welch eine merkwürdige Periode sind diese sechzig Jahre für die Tonkunst!«, rief Gerber aus: »Sind sie nicht das wahre goldne Zeitalter

---

[79] Ernst Ludwig Gerber, *Historisch-Biographisches Lexicon der Tonkünstler* […], 2 Bde., Leipzig 1790–1792 (Reprint mit Ergänzungen und Nachträgen hrsg. von Othmar Wessely, Graz 1977), *Vorerinnerung*, I, S. VI. Weitere Nachweise im Text.

[80] Interessanterweise bemerkte Gerber einerseits, dass es »noch in jedermanns Händen, und noch überdies in den Buchläden zu haben ist« (S. VII), während es wenige Seiten später heißt, es sei »aus den Buchläden ganz vergriffen« (S. XIV). In einem zu Lebezeiten unveröffentlichten Aufsatz (entstanden 1804 oder 1805) stellte Gerber fest, dass diese letzte Bemerkung, die mit dem Versprechen einer revidierten Neuauflage des Walther einherging, ein eigenmächtiger Zusatz des Verlegers (Breitkopf) war. Vgl. Ernst Ludwig Gerber, »Ueber die Mittel das Andenken verdienter Tonkünstler auch bey der Nachwelt zu sichern«, hrsg. und kommentiert von Wolfgang Fuhrmann und Melanie Wald-Fuhrmann, in: *Der Kanon der Musik. Theorie und Geschichte. Ein Handbuch*, hrsg. von Klaus Pietschmann und Melanie Wald-Fuhrmann, München 2013, S. 25–44, hier S. 40. Im weiteren erfährt man, dass Gerber diese Aufgabe tatsächlich in Angriff nahm und die zweite Auflage des Tonkünstlerlexikons bereits 1802 vollendet hatte – worauf Breitkopf den Verlag ablehnte mit der Begründung: »Auf ein drey Bände starkes Werk dieser Art könne er sich nicht einlaßen, da die Musici keine historischen Werke kauften; wie er durch den geringen Abgang des Lexikons wäre überzeugt worden« (S. 41). Gerbers *Neues historisch-biographisches Lexicon der Tonkünstler* wurde schließlich 1812–1814 von Ambrosius Kühnel verlegt. Daraus entstand nun wieder ein Streit mit Breitkopf, der offenbar die Exemplare der ersten Auflage noch nicht abgesetzt hatte und erklärte, er werde die Ergänzungsartikel der zweiten Auflage nun »als Nachtrag zu ihrer alten Ausgabe für sich abdrucken und verkaufen«. So wenigstens Johann Nikolaus Forkel, Rezension von Gerbers *Neuem historisch-biographischen Lexicon*, in: *Göttingische gelehrte Anzeigen* 111. Stück, den 15. Julius 1815, S. 1097–1101, hier S. 1098f. Gerber habe darauf in allen alten Artikeln auf die erste Auflage verwiesen, sodass die Benutzung stark erschwert würde, klagt Forkel.

derselben?« (S. iv).⁸¹ Und er staunte, dass »[d]urch dies ganze merkwürdige Zeitalter, welches die wahren und eigentlichen *klassischen Meister* der Kunst enthält und ewig enthalten wird« (S. iv), nichts mehr auf dem lexikalischen Gebiet geschehen sei.

Aus dem bescheidenen Vorhaben wurde, um die empfundene Lücke zu füllen, ein immer mehr sich ausweitendes Projekt: das der »Fortsetzung und Ergänzung des *Walthers*« (auch unter Zuhilfenahme von Walthers eigenem, durch handschriftliche Nachträge aktualisiertem Handexemplar des *Lexicon*),⁸² das neben Komponisten auch Sänger und besonders Sängerinnen,⁸³ Musikschriftsteller, Instrumentenmacher und bedeutende Dilettanten integrierte, »welche der Kunst durch ihre Kenntnisse Ehre gemacht haben« (S. viii). Es war genau diese von den »großen Komponisten« zu den Protagonisten der allgemeinen musikalischen Aufführungs- und Interpretations-, Sozial-, Frauengeschichte führende Erweiterung des Erkenntnisinteresses, die später Forkels entschiedene Kritik hervorrief. In seiner Rezension der zweiten Auflage (1815) moniert er, dass »[d]urch eine strengere Auswahl der Artikel [...] auch viel Raum [hätte] gespart werden können«. Er beklagt die Auflistung der Dilettanten und der »bloße[n] Instrumentisten, Sänger und Sängerinnen, deren Kunst, sie mag in gewissen Verhältnissen so sehr geachtet werden als sie will, doch selten über ihr Leben hinaus geht«.⁸⁴ Forkel wirft Gerbers Werk also genau jene Inklusivität vor, die es heute noch für die Forschung oft zur primären, wenn nicht einzigen Anlaufstelle (neben François-Joseph Fétis' späteren biographischen Studien) macht. In besonderer Weise schien Forkel dabei die Erwähnung von Sängerinnen zu missfallen, obwohl er ausdrücklich Elisabeth Mara als das Beispiel einer Ausnahme nennt, die eine lexikalische Erwähnung verdient habe.

Forkels Ressentiment ist allerdings nur indirekt gegen das weibliche Geschlecht gerichtet; dem er gleichwohl im Gefolge Jenischs die Fähigkeit, biographisches Subjekt zu werden, mit wenigen Ausnahmen aberkannt hatte. Sein Kritikpunkt ist hier nämlich, dass viele Sängerinnen nicht aufgrund ihrer »Virtuosität und Kunstfertigkeit« wie die Mara, sondern aufgrund ganz anderer Kriterien be-

---

⁸¹ Im Folgenden nennt Gerber zur Ergänzung dieses deutschen Kanons noch Galuppi, Jo[m]melli, Piccini, Sacchini »u. s. f.«.
⁸² Gerber verdankte dies »der Güte des Herrn Hoffourier *Martini* in Weimar, der diesen würdigen Mann [*Walther*] als seinen Großvater verehrte« (S. IX). Das Exemplar befindet sich heute zusammen mit Gerbers Musikbüchern im Archiv der Gesellschaft der Musikfreunde in Wien. Vgl. Hartmut Krones, »Die Fortsetzung des musikalischen *Lexici* ist zum Druck fertig«: »des sel. Walthers eigenes durchschossenes Exemplar«, in: *Telemanniana et alia musicologica. Festschrift Günther Fleischhauer*, Michaelstein und Oschersleben 1995, S. 172–188.
⁸³ Vgl. die Bemerkungen S. VII.
⁸⁴ Forkel, Rezension Gerber, S. 1100.

rühmt werden: »Aber was sollen so viele Theater=Sängerinnen, die gewöhnlich nichts als Naturalistinnen und blinde Nachahmerinnen irgend einer begünstigten Schauspielerinn sind, die nur nebenher ein wenig singt, und etwa ihrer guten Action oder auch wohl wegen eines vorzüglich zierlichen Füßchens wegen vom großen Publicum für eine große Sängerinn gehalten wird? Kann diese Begünstigte nicht anders als in Nasentönen singen, so glaubt sogleich die ganze theatralische Singwelt, sie müsse ebenfalls in Nasentönen singen, um öffentlichen Beyfall zu gewinnen. An das niedliche Füßchen, daß [sic!] dem ersten Nasengesang so viel Beyfall brachte, denkt niemand mehr.«[85] Und sogleich führt er als zweites Beispiel einer solchen verfehlten Auswahl (männliche) »Instrumentisten« an, die etwa der ägyptischen Mode am Hof Napoleons huldigten. Wie bereits bemerkt, wird hier, in strenger Analogie zu Forkels Bach-Biographie, auch in seiner Rezension von Gerbers *Neuem Lexicon* das Lebensweltliche und Sozialgeschichtliche verworfen zugunsten einer streng kanonisierten Auswahl der großen Kunst und der ihr dienenden Komponisten.

Damit ist zeitlich freilich schon weit vorgegriffen, in die Zeit, in der Gerbers private lexikalische Unternehmungen öffentliche Tatsache geworden waren. Wann der Entschluss gefasst worden war, »wo möglich, auch das Publikum an meiner Privatunterhaltung [...] Theil nehmen zu lassen« (S. vi), ist nicht genau bekannt. Jedenfalls blieb der Bezug auf die Bildnissammlung gewahrt, denn Gerber beschloss, von den bereits durch Walther behandelten Tonkünstlern nur jene aufzunehmen, deren Bildnisse in Kupfer gestochen waren.

So ist es Ernst Ludwig Gerbers Liebe zur Physiognomik zu verdanken, dass sein epochales Projekt überhaupt ins Leben trat.[86] Die eigentliche Porträtsammlung, Movens des Ganzen, erhielt schließlich den Status des Supplements; obwohl Gerber 1783 versucht hatte, einen Katalog von Musikerdarstellungen anzulegen, und dabei um die Mitwirkung von C. P. E. Bach bat, der ebenfalls eine umfangreiche Sammlung von Musikerporträts besaß,[87] wurde daraus schließlich

---

[85] Forkel, Rezension Gerber, S. 1101.
[86] Vgl. auch Karlheinz Schlager, »Von der Biographie zur Bibliographie, die Serie A/I des Internationalen Quellenlexikons der Musik und ihre Tradition«, in: *Acta Musicologica* 51 (1979), S. 173–181, hier S. 173ff.
[87] Vgl. Barbara Wiermann, *Carl Philipp Emanuel Bach: Dokumente zu Leben und Wirken aus der zeitgenössischen Hamburgischen Presse (1767–1790)* (= *Leipziger Beiträge zur Bach-Forschung*, 4), Hildesheim u. a. 2000, Dok. I/36; und *Bach-Dokumente, Bd. III: Dokumente zum Nachwirken Johann Sebastian Bachs 1750–1800*, vorgelegt und erläutert von Hans-Joachim Schulze, Kassel und Leipzig 1972, Nr. 884. Siehe auch E. Eugene Helm, *Thematic Catalogue of the Works of Carl Philipp Emanuel Bach*, New Haven (Conn.) u. a. 1989, Anm. 6, S. XIX, und zu C. P. E. Bachs Sammlung überhaupt vgl. Robin A. Leaver, »Überlegungen zur ›Bildniß-Sammlung‹ im Nachlaß von C. P. E. Bach«, in: *Bach-Jahrbuch* 93 (2007), S. 105–138, hier S. 106–110. Einige der Bilder aus Bachs Sammlung, die über den Sammler Georg Poelchau in die Berliner Königli-

der Anhang des zweiten Bands des »alten« Tonkünstler-Lexikons. Aber sie blieb der heimliche Schwerpunkt des Projekts: Um die »Gesellschaft« von Komponistenporträts hatte sich eine ganze Bibliothek angelagert, die »Meisterzüge« und »Schönheiten« hatten sich in Texte und Werkverzeichnisse verwandelt. Und dennoch verlor Gerber sein eigentliches Ziel nicht aus den Augen, die Anteilnahme und Erbauung durch die Begegnung mit den künstlerischen Individuen, wie sie sich in den porträtierten Physiognomien auszusprechen schienen: Es sei ihm »unmöglich«, berichtete er,

> »dasjenige was ich fand, nach *Walthers* Beyspiele, so kalt und ohne Theilnehmung hin zu schreiben, ohne, bey gewissen Gelegenheiten, meine Empfindungen laut werden zu lassen. Eben dieser warme Antheil an den Schicksalen und Werken der Künstler war das Einzige, was mich bey dieser höchst mühseligen und langwierigen Arbeit aufmuntern konnte« (S. x).

Es galt nicht allein, Daten zu sammeln, sondern Leben, Bild, Werk als Weg zur empfindsamen Anteilnahme an den großen Musikern und Komponisten zu verstehen. So bezeugt die Geburt des Lexikons aus den »tausend stillen Freuden« der Bildnis-Sammlung die feste Verbindung, die im späten 18. Jahrhundert zwischen dem Bild und der Idee des Komponisten herrschte. Die »großen Gedanken in den Blicken und Mienen des Bildes« verlangten nach einer Serie von Daten, biographischen, moralischen, ästhetischen, historischen und bibliographischen, die ihnen zur Seite stehen. Leben, Werke, Würdigung, diese Säulen der Kanonisierung wachsen bei Gerber gleichsam aus den Porträts heraus – und das »Feuer im Blicke eines Haydn« entflammte ihn zu bibliographischer Titanenarbeit.[88]

---

che Bibliothek gelangten, befinden sich heute in der Staatsbibliothek zu Berlin; vgl. Richards, »C. P. E. Bach, Portraits and the Physiognomy of Music History«.

[88] Das beeindruckende Verzeichnis von Haydn-Drucken, das indirekt noch Anthony van Hoboken bei der Erstellung seines Verzeichnisses diente, hat Gerber schon 1792, also zeitgleich zum Abschluss der ersten Auflage grundgelegt; vgl. *Musikalische Korrespondenz der teutschen Filarmonischen Gesellschaft für das Jahr 1792*. Faksimile-Druck der Original-Ausgabe. Mit Registern von Marion Neugebauer und Georg Zauner, Tutzing 2000, die numero 17 und teilweise 18. Vgl. *Joseph Haydn: thematisch-bibliographisches Werkverzeichnis*, zusammengestellt von Anthony van Hoboken, 3 Bde., Mainz 1957–1978, Bd. 1, Vorwort, S. x.

Gesa Finke und Anna Langenbruch

Biographik zwischen Humanismus und Geschichtstheorie

Paul Bekker und Alfred Einstein im Dialog

»Lieber Herr Bekker, Ihre Briefe an die Fr. Z. [*Frankfurter Zeitung*] erlauben mir armseligen [sic] ungedienten Landstürmler, Ihnen im Feld ein bisschen zu folgen...«.[1] Mit diesem Brief nahm Alfred Einstein am 18. November 1914 Kontakt mit Paul Bekker auf, der als Soldat des Deutschen Heeres in den Vogesen stationiert war. Er bildete den Auftakt einer über etwa zehn Jahre nachweisbaren Korrespondenz.[2] Die beiden Biographen, deren Schriften im Folgenden in einen wissenschaftlichen Dialog gebracht werden, pflegten also auch das private Gespräch. Und sie nahmen sich öffentlich wahr: So rezensierte Einstein 1925 etwa Bekkers Wagner-Biographie sehr positiv[3] und Bekker erwähnte Einstein ausdrücklich als einen der wenigen Vertreter »produktiver Wissenschaft« der jüngeren musikwissenschaftlichen Generation.[4] In ihren Lebensläufen gibt es zudem zahlreiche Schnittpunkte: Sie entstammten derselben Generation (Einstein wurde 1880, Bekker 1882 geboren), waren Juden bzw. jüdischer Herkunft,[5] antisemitischer Diskriminierung ausgesetzt und teilten im Laufe ihres Lebens die Exil-Erfahrung. Sie waren intensiv musikjournalistisch und als Biographen tätig.

Die Auswahl an Personen, über die sie Biographien verfassten, ist dabei durchaus unterschiedlich.[6] Bekker schrieb über Oskar Fried, Jacques Offenbach,

---

[1] Brief von Alfred Einstein an Paul Bekker, München, 18. November 1914, in: Yale University Library, *Paul Bekker Papers*, I.A Correspondence – Individual A–E, Box 4, Folder 37, Einstein, Alfred (57 letters and postcards, 1914–1925).
[2] Überliefert sind vorwiegend die Briefe Einsteins an Bekker (vgl. Paul Bekker Papers, ebd.). Die Gegenbriefe Bekkers sind größtenteils nicht erhalten, im Nachlass Einsteins an der University of California (US-BEm) befinden sich lediglich eine Postkarte Bekkers vom 22. November 1916 und ein undatierter Brief. Alfred Einstein Papers, Folder 143.
[3] Alfred Einstein, »Paul Bekkers ›Wagner‹«, in: *Frankfurter Zeitung* (4.1.1925), abgedruckt in: *Alfred Einstein. Die Wagner Kritiken*, hrsg. von Robert Schmitt Scheubel, Berlin 2015, S. 161–165.
[4] Paul Bekker, »Wissenschaft und Neue Musik«, in: *Musikblätter des Anbruch* 7 (1925), S. 266–270, hier S. 269.
[5] Alfred Einstein war Jude, während Paul Bekker, dessen Vater Jude war, nach jüdischem Recht nicht als Jude galt. Die Diskriminierungsmechanismen sind in beiden Fällen vergleichbar.
[6] Aufgeführt sind hier lediglich die selbständigen Publikationen; diese werden im Folgenden im Mittelpunkt stehen. Biographisches Schreiben in Zeitungs- und Zeitschriftenartikeln, Lexika, Programmheften oder Vorträgen – also die diversen biographischen Kleinformen der Musikkultur, die Bekker und Einstein intensiv pflegten – wären eine eigene Studie wert.

Ludwig van Beethoven, Franz Liszt, Hans von Bülow und Richard Wagner. Jenseits seines außerordentlich erfolgreichen Beethoven-Buchs fokussierte er also sowohl Dirigenten als auch Komponisten der jüngeren Vergangenheit bis in die damalige Gegenwart. Einstein publizierte Biographien über Christoph Willibald Gluck, Wolfgang Amadeus Mozart und Franz Schubert, d. h. sein musikhistorischer Schwerpunkt lag auf dem 18. und beginnenden 19. Jahrhundert. Die Mozart-Biographie ist außerdem eng mit seiner Tätigkeit als Herausgeber des Köchelverzeichnisses verknüpft.

Auffällig ist auch, dass Einstein und Bekker jeweils in sehr unterschiedlichen Lebensphasen Biographien schrieben. Bekkers biographische Schriften entstanden zwischen 1907, als er mit *Oscar Fried. Sein Werden und Schaffen* sein erstes Buch überhaupt publizierte, und 1924 (*Richard Wagner. Das Leben im Werke*). Danach konzentrierte er sich in seinen Büchern auf allgemeinere musikhistorische, musikkritische und phänomenologische Themen. Einstein widmete sich dem biographischen Schreiben vor allem im Exil ab 1933. Bekker und Einstein haben gemeinsam, dass sie eine relative Außenseiterposition zur institutionalisierten deutschen Musikwissenschaft einnahmen. Für Einstein war diese Position Zeit seines Lebens eine große Enttäuschung: Er hatte eine akademische Karriere angestrebt, aber die Möglichkeit zur Habilitation wurde ihm aufgrund seines Judentums verweigert.[7] Trotzdem behielt er die Nähe zur akademischen Musikwissenschaft: Er trat als Herausgeber des Riemann-Musiklexikons hervor[8] sowie als Herausgeber der überarbeiteten Fassung des Köchelverzeichnisses.[9] Institutionelle akademische Anerkennung erfuhr er erst nach der Ankunft in seinem Exilland USA 1939, wo er eine Professur am Smith-College erhielt. Die ablehnende Haltung, die Einstein gegenüber der deutschen Musikwissenschaft pflegte, ist auch in seinen biographischen Schriften erkennbar. Bekker – der Geiger, Musikpublizist, Kritiker und Intendant – nutzte und pflegte seine Außenseiterposition immer wieder als kritisches Korrektiv zur akademischen Musikwissenschaft: Er bezeichnete sich etwa als Autodidakt und Nicht-Akademiker, der sich »in aller Unbescheidenheit seine eigene Musikgeschichte« mache, weil die Musikwissenschaft dieser ihrer Aufgabe nicht

---

[7] Vgl. Melina Gehring, »Alfred Einstein«, in: *Lexikon verfolgter Musiker und Musikerinnen der NS-Zeit*, Universität Hamburg, <www.lexm.uni-hamburg.de>, 23.2.2017; dies., *Alfred Einstein. Ein Musikwissenschaftler im Exil*, Hamburg 2007; Pamela M. Potter, »Die Lage der jüdischen Musikwissenschaftler an den Universitäten der Weimarer Zeit«, in: *Musik in der Emigration 1933–1945. Verfolgung – Vertreibung – Rückwirkung, Symposium in Essen 1992*, hrsg. von Horst Weber, Stuttgart und Weimar 1994, S. 56–68, hier S. 62.

[8] Hugo Riemann, *Musik-Lexikon*, nach dessen Tode fertig gestellt von Alfred Einstein, Berlin ^{9}1919; *Hugo Riemanns Musik-Lexikon*, hrsg. von Alfred Einstein, Berlin ^{10}1922; Berlin ^{11}1929.

[9] Ludwig Ritter von Köchel, *Chronologisch-thematisches Verzeichnis sämtlicher Tonwerke W.A. Mozarts*, bearb. von Alfred Einstein, Leipzig ^{3}1937.

nachkomme.[10] Obwohl Bekker und Einstein selbst also biographisch einiges verbindet, sind ihre biographischen Schriften konzeptionell durchaus unterschiedlich angelegt. Im Vorwort zu seiner Beethoven-Biographie von 1911 schreibt Paul Bekker:

»Es gibt Künstler, deren Wesen und Bedeutung durch eine einzige erschöpfende Biographie für alle Zeiten erkannt und festgelegt zu sein scheint. Das Bild, das Otto Jahn uns von Mozarts Leben und Schaffen gegeben hat, wird unbeschadet einzelner, durch neuere Forschungsergebnisse bedingter Korrekturen stets seine Gültigkeit behalten. Nicht nur, weil hier ein Schriftsteller am Werk war, der alle Vorzüge des wissenschaftlich strengen Historikers und feinfühligen Ästheten in sich vereinigte, sondern auch weil die lichtvoll klare, eindeutige Persönlichkeit Mozarts eine solche für absehbare Zeit erschöpfende biographisch kritische Würdigung zuließ. Beethoven ist mehrdeutig. Er reizt jede heranwachsende Generation zu neuer Stellungnahme, neuen Fragen.«[11]

Bekker spricht hier eine ganze Reihe zentraler Fragen an, die seine – und zum Teil auch Einsteins – Auseinandersetzung mit Musiker-Biographik kennzeichnen: den Zusammenhang zwischen Künstlerpersönlichkeit bzw. Künstler-Bild und biographischer Konzeption; den Gegenwartsbezug und damit auch die Adressaten und Funktionen von Biographien; die Frage, was einen guten Biographen auszeichnet, und schließlich die Biographie als – potentiell vergängliches – Bild, das der Biograph herstellt. Damit stellt Bekker gleichzeitig einen Zusammenhang zwischen Biographie und Geschichtstheorie her.

Dieses Zitat soll im Folgenden als roter Faden dienen, der Bekkers und Einsteins biographische Ideen verknüpft. Beide Autoren befassen sich jeweils sehr unterschiedlich explizit mit dem Thema Biographik. Während bei Bekker die biographie- und geschichtstheoretische Selbstreflexion breiten Raum einnimmt, vor allem in den Paratexten, wie Vorworten oder Begleitartikeln, oder in konzeptionell verwandten Büchern, ist das bei Einstein viel weniger der Fall. Aber natürlich lässt sich auch dort implizit aus der Vorgehensweise auf Vorstellungen von Biographik schließen. Grundgedanke unserer Überlegungen ist weniger der des Vergleichs, als der eines doppelten Dialogs, der biographisches Denken und biographische Praxis beider Autoren ins Gespräch bringt und mit unseren jeweiligen biographietheoretischen Analysen verknüpft.

---

[10] Paul Bekker, »Vorwort«, in: ders., *Musikgeschichte als Geschichte der musikalischen Formwandlungen* [1926], Hildesheim 1976, S. 1–3, hier S. 1f.
[11] Paul Bekker, »Vorwort zur ersten Auflage«, in: ders., *Beethoven* [1911], Berlin 1921, S. VII–IX, hier S. VII. Dass sich auch Bekkers eigene Beethoven-Deutung und die damit verbundenen Fragen im Laufe der Jahre veränderten, belegt seine kürzlich von Anna Langenbruch wiederentdeckte Studie *Beethovens Vermächtnis* aus den Jahren um 1934, vgl. *Beethovens Vermächtnis: Mit Beethoven im Exil. Bericht über das internationale Symposium, Bonn, 1. bis 3. März 2018, mit einer Edition der gleichnamigen Studie von Paul Bekker*, hrsg. von Anna Langenbruch, Beate Angelika Kraus und Christine Siegert, Bonn, erscheint voraussichtlich 2019.

»Die lichtvoll klare, eindeutige Persönlichkeit Mozarts«: Künstler-Bilder und biographische Konzeption

Nicht nur bei Bekker, auch bei Einstein spielt das Licht in der Beschreibung der Persönlichkeit Mozarts wie auch seiner Musik eine zentrale Rolle: »Mozarts Musik, in der so manches den Zeitgenossen ›tönern‹ erschien, hat sich längst in Gold verwandelt, leuchtend im Licht, wenn auch von immer wechselndem Glanz für jede neue Generation.«[12] Einstein greift damit offensichtlich auf ein etabliertes Narrativ zurück, dennoch hätte er Bekker wohl widersprochen, was die oben genannte »klare, eindeutige Persönlichkeit« Mozarts angeht. Er attestiert Mozarts Persönlichkeit durchaus Widersprüche und Entgleisungen. Diese kann er allerdings zulassen, weil er deutlich zwischen Mensch und Künstler trennt:

> »Es ist gesagt worden, daß sich die musikalische, die geistige Entwicklung Mozarts ganz unabhängig vollzogen habe von seinem persönlichen Schicksal, in einer Sphäre, unzugänglich und in sich geschlossen über allem menschlichen und bürgerlichen Erlebnis schwebend. Das ist ganz wahr, wenn auch die allgemeine Regel bei den großen Meistern. Kunst, und besonders Musik, ist nicht etwa ein idealisiertes Spiegelbild biographischer Erlebnisse, sondern ein Reich, das seinem eigenen Gesetz folgt, wenn auch der Beauftragte, der Vollstrecker dieses Gesetzes auf seine Weise formuliert.«[13]

Ähnlich klar trennt Paul Bekker in seiner Beethoven-Monographie zwischen »Beethoven – der Mensch« und »Beethoven – der Tondichter«. Dies sind für ihn durchaus widersprüchliche Persönlichkeiten, das Gewicht liegt mit 74 zu 489 Seiten klar auf Seiten des »Tondichters«.[14] Dabei handelt es sich nicht im eigentlichen Sinne um eine Trennung zwischen »Leben« und »Werk«, sondern eher um die zwischen verschiedenen Ansichten der Person Beethovens, die unterschiedlichen Darstellungslogiken folgen: Während der »Mensch« vorwiegend chronologisch erzählt wird, geht Bekker den »Tondichter« gattungssystematisch an. Man könnte diesen zweiten Teil des Buchs auch biographietheoretisch im Sinne einer »Biographik als Gattungsgeschichte« lesen.[15] Einen ähnlich starken

---

[12] Alfred Einstein, *Mozart. Sein Charakter, sein Werk*, Frankfurt a. M. 2005 (unveränderter Nachdruck der Fassung von 1968), S. 485.

[13] Ebd., S. 122.

[14] Vgl. dazu grundlegend: Andreas Eichhorn, *Paul Bekker. Facetten eines kritischen Geistes*, Hildesheim 2002, zu den Biographie-Konzeptionen insb. S. 531–565. Vgl. zum Beethovenbuch zudem kürzlich: Hans-Joachim Hinrichsen, »Ein Buch für das 20. Jahrhundert. Paul Bekkers *Beethoven* von 1911«, in: *Musik & Ästhetik* 20/77 (2016), S. 7–24.

[15] Hinrichsen liest die »Werkbesprechungen« dieses zweiten Teils dementgegen als »Poetik der Genres«, spricht jedoch gleichzeitig auch von einer »Soziologie der Gattungen«, vgl. ebd., S. 13. Vera Baur ihrerseits behandelt das Buch nicht als Biographie, sondern allein unter dem Stichwort »Werkanalyse«, vgl. Vera Baur, *Paul Bekker. Eine Untersuchung seiner Schriften zur Musik*,

Akzent wie bei Bekker erhalten die Werke in der Biographie Einsteins über Mozart. Die Lebensbeschreibung dient stets der Erhellung der Werke, was sich im Umfang deutlich niederschlägt: 114 Seiten Lebensbeschreibung stehen 371 Seiten Werkbetrachtung gegenüber.[16] Aufgrund der starken Werkzentrierung erhält man den Eindruck, dass Einsteins Biographien fast kommentierte Werkverzeichnisse sind. Damit ist bei Einstein die Frage berechtigt, weshalb er sich überhaupt mit dem Leben Mozarts beschäftigt. Was macht Einstein eigentlich zum Biographen und seine Biographien zu mehr als einer kommentierten Werkschau? Diesen Fragen kann man anhand der Bedeutung der Licht-Metaphorik bzw. derjenigen von hell und dunkel, Licht und Schatten auf die Spur kommen, die vor dem Hintergrund des Exils auf besondere Weise zu lesen ist. Einstein sieht Mozart im Zentrum einer humanistischen Weltauffassung: »Unter dem Deckmantel der Symbolik war die ›Zauberflöte‹ ein Werk der Auflehnung, des Trostes, der Hoffnung. Sarastro und seine Priester sind die Repräsentanten dieser Hoffnung auf den Sieg des Lichts, der Humanität, der Menschheitsverbrüderung.«[17] Entstehungskontext und biographische Konzeption sind bei Einstein untrennbar: Seine Biographien sind auch als politische Literatur eines Exilanten zu lesen, die ein entsprechendes Künstlerbild – Mozart als Lichtgestalt[18] – entwirft. Bei Bekker wiederum hängen die biographische Konzeption und das Bild, das er sich von dem jeweiligen Musiker macht, sehr eng zusammen. Dies führt zu ganz unterschiedlichen biographischen »Konstruktionsideen«,[19] wie sich etwa an den gegenläufigen Konzepten der Beethoven- und der Wagner-Biographie (deren Untertitel »Das Leben im Werke« programmatisch zu verstehen ist),[20] aber auch am Beispiel der unmittelbar nach dem Beethoven-Buch entstandenen

---

Aachen 1998, S. 7. In ihrer Analyse der Schriften Paul Bekkers fehlt die Biographik als für Bekkers Schreiben wichtige Kategorie.

[16] Bekker wie Einstein orientieren sich also an einem biographischen Modell, das sich bis ins frühe 19. Jahrhundert zurückverfolgen lässt, etwa zu Ignaz Ferdinand Arnolds Mozart-Biographie. Vgl. dazu Melanie Unseld, *Biographie und Musikgeschichte. Wandlungen biographischer Konzepte in Musikkultur und Musikhistoriographie* (= *Biographik. Geschichte – Kritik – Praxis*, 3), Köln u. a. 2014, S. 209–212.

[17] Einstein, Mozart, S. 479.

[18] Vgl. dazu Gesa Finke, »Mozart als Lichtgestalt. Alfred Einstein, Nationalsozialismus und Biographik«, in: *Mozart im Blick. Inszenierungen, Bilder und Diskurse*, hrsg. von Annette Kreutziger-Herr (= *Musik – Kultur – Gender*, 4), Köln 2007, S. 78–92.

[19] Das Konzept der wandelbaren und immer nur begrenzt gültigen »Konstruktionsidee« ist grundlegend für Bekkers Schriften, vgl. Eichhorn, Paul Bekker, S. 19–22. Vgl. im Folgenden auch den Abschnitt »Biographie und Geschichtstheorie«.

[20] Bekker betrachtet unter dem Begriff der »Ausdruckskunst« die künstlerische Notwendigkeit als Motiv für Wagners Lebensgestaltung. Vgl. Paul Bekker, *Wagner. Das Leben im Werke*, Stuttgart u. a. 1924. Vgl. dazu auch Eichhorn, Paul Bekker, S. 554–565.

Liszt-Biographie zeigen lässt.[21] Bekker versteht Liszt – in expliziter Abgrenzung zu Beethoven – als biographisch-künstlerisch einheitliche Persönlichkeit:

> »Wem der Künstler Liszt zusagte, den mußte auch der Mensch fesseln, und wer diesen nicht liebte, dem fehlte auch das Mittel zum Verständnis des Künstlers. Beide waren eine unteilbare Einheit. Erst wenn man das Schaffen Liszts auffaßt als in Klang umgesetztes Leben und das Leben als sichtbar sich gestaltendes künstlerisches Schaffen, findet man den Ausgangspunkt für die rechte Würdigung des ganzen Liszt. […] Er lebte wie er komponierte, er komponierte wie er spielte, er spielte wie er lehrte, dirigierte, schrieb, dachte, handelte. Welches aber ist die erklärende Formel für dieses so aufschlußreiche, alle Rätsel der Erscheinung lösende Wie?«[22]

Bei Liszt trennt Bekker also nicht zwischen »Mensch« und »Tondichter«, sondern nimmt die ganze Breite künstlerischer Handlungsmöglichkeiten gemeinsam mit Liszts biographischer Entwicklung in den Blick. Die abschließende Frage nach einer Art »Persönlichkeits-Formel« scheint dabei charakteristisch für Bekkers Herangehensweise an Biographien insgesamt.

»Er reizt jede heranwachsende Generation zu neuer Stellungnahme, neuen Fragen«: Funktionen und LeserInnen von Biographien

Sowohl Bekker als auch Einstein beziehen sich auf das Konzept der Generation, wenn sie über die sich wandelnden Bilder von Musik und Musikern nachdenken. Sie scheinen sich ihre Leserschaft vor allem in chronologischer – man könnte auch sagen genealogischer – Abfolge vorzustellen und schreiben für ihre jeweilige Gegenwart. Doch ist diese historische Differenzierung nur einer von vielen möglichen Zugängen zu den unterschiedlichen LeserInnen ihrer Biographien. Auch sozial, politisch oder geographisch lassen sich die gedachten AdressatInnen und Funktionen der jeweiligen Bücher ausdifferenzieren.

Plastisch wird dies etwa am Beispiel von Paul Bekkers schon zitierter Liszt-Biographie. Diese umfasst nur gut 30 Seiten, ist dafür aber aufwendig »mit 32 Abbildungen und einem farbigen Umschlagbild« (so der Untertitel des Buches) illustriert. Damit unterscheidet sie sich in Umfang und Ausstattung stark von Bekkers Büchern über Beethoven und Wagner, die als reine Sprachkunstwerke ohne Bilder und Notenbeispiele auskommen, dafür mit Vorwort, Personen- und Werkregister sowie mit Lebens- und Werkchronologie und Literaturverzeichnis (Beethoven) bzw. mit kurzen Literatur- und Quellenangaben im Vorwort (Wagner) versehen sind. Bekkers *Liszt* erschien in der Reihe *Velhagen & Klasings*

---

[21] Paul Bekker, *Franz Liszt*, Bielefeld und Leipzig 1912.
[22] Ebd., S. 3f.

Volksbücher, die den Anspruch verfolgte, zu erschwinglichen Preisen »in klarer, allgemeinverständlicher Sprache und knapper Form die verschiedensten Kreise des menschlichen Wissens zu behandeln«.[23] Die Reihe verschrieb sich also der Popularisierung von Wissen für breite Bevölkerungsschichten, nicht so sehr für gebildete und wohlsituierte Laien oder ein musikalisches Fachpublikum.[24] Der Verlag verwies dabei insbesondere auf die visuelle Gestaltung der Bücher:

> »Eine Eigenart dieser Volksbücher ist die Illustrierung. Zum ersten Male wurde hier authentisches Bildermaterial in so reicher, erschöpfender Weise in den Dienst der Volksliteratur gestellt. Für die bildliche Ausschmückung der einzelnen Bücher finden alle Fortschritte der Illustrationstechnik, zumal auch der Farbendruck, ausgiebige Verwendung.«[25]

In der Tat ist der Liszt-Band nicht nur aufwendig und in guter Druckqualität, sondern auch ausgesprochen abwechslungsreich bebildert. Am Beispiel von Bekkers *Liszt* lässt sich also der Begriff des Künstler-Bildes noch einmal anders wenden und nach visuellen Narrativen in der Musikerbiographik fragen.[26] Auffällig ist einerseits der Alterungsprozess, den die Bilder zu sehen geben: Während der Umschlag ein Brustbild des alten Liszt – gewissermaßen also des vollendeten Künstlers – zeigt, tritt den LeserInnen im Verlauf des Buches Liszt als Elfjähriger (S. 1), als Neunzehnjähriger (S. 3), als Vierzigjähriger (S. 6), als alter Mann (S. 29) und schließlich als Totenmaske (S. 32) entgegen. Passend zu Bekkers Bild von Liszt als biographisch-künstlerischer »Einheit in der Vielfalt« erscheint Liszt in den unterschiedlichsten Rollen: als Sohn und Vater durch die Portraits seiner Mutter (S. 4) und seiner Tochter Cosima (S. 13), mehrfach als Pianist (z. B. im Kreise von Kollegen, S. 15), als über Musik Schreibender durch das Faksimile eines Briefes (S. 16f.) und den Nachdruck eines Aufsatzfragmentes (S. 32f.),[27] als Dirigent (S. 18), als Lehrer im Kreise seiner Schüler (S. 23), als Komponist, etwa über ein Autograph von »Les Béatitudes« (S. 27), und als Liebender durch ein Porträt von Carolyne zu Sayn-Wittgenstein (S. 28).

---

[23] Vgl. Bekker, Franz Liszt, Umschlaginnenseite. Die Reihe enthielt z. B. Bände aus den Bereichen Kunst, Geschichte, Erdkunde, Literatur, Musik, Kunstgewerbe, Technik und Naturwissenschaften. Die Bücher waren zum Einheitspreis von 60 Pfennig pro Band erhältlich.

[24] Vgl. dazu für die Kunstgeschichte: Stefan Schweizer, »›Gesunkenes Kulturgut‹ zur Typologie populärwissenschaftlicher Kunstgeschichte im frühen 20. Jahrhundert«, in: *Kritische Berichte* 37/1 (2009), S. 19–35.

[25] Bekker, Franz Liszt, Umschlaginnenseite.

[26] Vgl. grundsätzlich zu Biographie und Bild: Caitríona Ní Dhúill, »Intermediale Biographik (Biographie und Bild)«, in: *Handbuch Biographie. Methoden, Traditionen, Theorien*, hrsg. von Christian Klein, Stuttgart 2009, S. 190–193.

[27] Streng genommen handelt es sich hierbei nicht um eine Abbildung, sondern um einen Nachdruck im Fließtext nach Ende von Bekkers Ausführungen. Dadurch erhält Liszt, vermittelt durch Lina Ramann, innerhalb der Biographie gewissermaßen das letzte Wort.

Dass Liszt zudem selbst vielfach zum künstlerischen Sujet wurde, lässt sich an der Vielfalt der verwendeten Techniken ablesen: Zeichnung, Gemälde, Stich, Karikatur, Scherenschnitt, Relief, Fotografie und Plastik wechseln einander ab. Damit einher gehen von Beginn des Buches an Verweise auf die Musealisierung und Monumentalisierung Franz Liszts: Etwa über die Abbildung des Wohnhauses und späteren Liszt-Museums in Weimar (S. 5 sowie Innenansichten mit Instrumenten S. 7 und 8) und des Weimarer Lisztdenkmals (S. 31). Diese visuellen Narrative werfen Fragen auf nach der »Bildersozialisation«[28] der LeserInnen von Biographien und allgemeiner nach der Rolle von Bildern und der Interaktion von Bild und Text bei der Popularisierung musikhistorischen Wissens.

Nun schreibt Paul Bekker zwar zum Teil ausdrücklich als Autodidakt für musikalische Laien und verbindet dies mit einer defensiven, manchmal auch aggressiven Haltung gegenüber der Musikwissenschaft.[29] Paradoxerweise zeigen aber gerade Einlassungen wie »die Musikwissenschaftler bitte ich, mir zu verzeihen und mich erforderlichenfalls zu verachten«,[30] dass Bekker – zu Recht – damit rechnete, von MusikwissenschaftlerInnen gelesen zu werden. Aus soziologischem, kritischem oder geschichtstheoretischem Blickwinkel schreibt Bekker also nicht nur gegen, sondern auch für die akademische Musikwissenschaft.

Auch Alfred Einstein schreibt seine Biographien unter anderem für die Musikwissenschaft, allerdings mit einem stärker internationalen Fokus als Bekker. Denn in den Biographien positioniert sich Einstein sowohl zur deutschen Musikwissenschaft als auch zur Politisierung derselben. Dies sei im Folgenden kurz an der Gluck-Biographie von 1936 und der Mozart-Biographie von 1945 verdeutlicht.

Die Gluck-Biographie folgt einem chronologischen Aufbau. Im Inhaltsverzeichnis ist bereits die starke Orientierung am Werk sichtbar, Kapitel-Überschriften sind oft Werktitel. Einstein lässt seine hervorragende Quellenkenntnis erkennen; wie im Falle Mozarts verrät die Biographie seine intensive philologische Beschäftigung mit den Kompositionen. Die Biographie besitzt, wie erwähnt, kein Vorwort, dafür aber ein erstes Kapitel mit dem Titel »Stellung«: Darin geht es Einstein zufolge um Glucks Position in der Musikgeschichte, es erfolgt dann allerdings auch eine explizite politische Stellungnahme Einsteins. Dazu zwei Beispiele:

---

[28] Schweizer, »»Gesunkenes Kulturgut««, S. 26. Analog zur Idee der »Lesesozialisation« beschreibt Schweizer mit dem Begriff »Bildersozialisation« das gesellschaftlich bedingte Erlernen des Umgangs mit Bildern.
[29] Paul Bekker, »Vorwort«, in: ders., Musikgeschichte als Geschichte der musikalischen Formwandlungen, S. 1–3.
[30] Ebd., S. 3.

»Ist es nicht höchst unzeitgemäß – oder ist es höchst zeitgemäß? – in einer Zeit, in der der Nationalismus paroxistische Formen angenommen hat, einen großen Musiker in den Mittelpunkt der Betrachtung zu stellen, der gleichermaßen der italienischen, französischen und der deutschen Musikgeschichte angehört und den in frühen Tagen des Paroxismus auch der tschechische Nationalstolz hat als Eigentum ansprechen wollen?«[31]

»Statt ihn einer Nation zuzusprechen, statt seine Geltung in der Operngeschichte zu bestimmen, soll hier nur dargestellt werden, wie er Gluck geworden und wer dieser Gluck gewesen ist.«[32]

Einstein wehrt sich damit gegen eine nationale Vereinnahmung Glucks, insbesondere von deutscher Seite. Auch am Ende der Biographie erfolgt ein politisches Statement: Einstein kritisiert, dass die Wagnerianer Wagner mit Gluck in seiner Bedeutung für die Oper gleichstellten bzw. Wagner als Vollender der Gluckschen Opernreform bezeichneten.[33] Einstein sieht stattdessen in Berlioz den legitimen Nachfolger Glucks: Diese Nachfolge begründet er durch Werkzusammenhänge, aber auch damit, dass Berlioz maßgeblich zur Gluck-Wiederentdeckung im 19. Jahrhundert beigetragen habe. Er wendet sich damit gegen eine Vereinnahmung Glucks als deutschem Komponisten.

Ähnlich positioniert er sich zu Mozart: Mozart sei ein »ganz moderner, demokratischer Mensch« gewesen, »erhaben über jeden billigen ›teutschen‹ Patriotismus.«[34] Er sei »universal; er ist weder ein nationaler noch ein internationaler Musiker. Er ist übernational.«[35] Universalismus und zeitlose Gültigkeit sind die Stichworte, die Einsteins Mozart-Bild charakterisieren. Einsteins Dilemma war damit, dass er sich zwar durch die Biographie, d. h. vor allem durch die Deutung seiner biographischen Sujets, von der deutschen Wissenschaftskultur entfernen wollte, aber im Gegensatz zu Bekker konzeptionell keine Distanz zu ebendieser aufbauen konnte. Folgende Aussage in seinem Aufsatz »Ausblick auf die Musikforschung in Europa und Amerika« kann wie ein Leitsatz über den biographischen Konzeptionen Einsteins stehen:

---

[31] Alfred Einstein, *Gluck*, Orig. London 1936, dt. Erstausgabe Zürich 1954, revidierte Neuausgabe Kassel 1987, S. 11.
[32] Ebd., S. 13.
[33] Vgl. ebd., S. 217.
[34] Einstein, Mozart, S. 100f.
[35] Ebd., S. 121.

»Und existiert in der Musikwissenschaft der Gegensatz zwischen Europa und Amerika, der im Thema zu liegen scheint? Besteht dieser Gegensatz nicht, wie in der Politik, zwischen Humanität und Bestialität, zwischen Freiheit und Gebundenheit der Forschung?«[36]

Einstein stellt damit selbst fest, dass der Unterschied zwischen der musikwissenschaftlichen Forschung in Europa und Amerika kein methodischer und thematischer sei, sondern in den Interpretationsspielräumen liege bzw. offensichtlich auch darin, dass in Amerika eine Freiheit in der Interpretation möglich sei, die er gerade *nicht* als politische Haltung versteht.

»Ein Schriftsteller [...], der alle Vorzüge des wissenschaftlich strengen Historikers und feinfühligen Ästheten in sich vereinigte«: zur Rolle des Biographen

Was verstehen wir eigentlich unter einem idealen Biographen? Paul Bekker scheint da, wie eingangs zitiert, relativ klare Vorstellungen gehabt zu haben: Ein Biograph müsse dreierlei Fähigkeiten haben: Schriftsteller sein, »wissenschaftlich strenger Historiker« und »feinfühliger Ästhet«. Es deutet sich an, dass sich Einstein und Bekker ihrem Selbstverständnis nach in diesem Dreieck unterschiedlich positionieren. Einstein beschreibt sich im Vorwort seiner Mozart-Biographie ganz wesentlich als »wissenschaftlich strenger Historiker«, der in seiner profunden Quellenkenntnis und international anerkannten wissenschaftlichen Arbeit den Ausgangspunkt für biographisches Arbeiten sieht:

»Lange Jahre habe ich mich eingehend mit Mozart beschäftigt, am eingehendsten in einer Arbeit an der dritten Auflage von Köchels Chronologisch-Thematischem Katalog, nach dem Mozarts Werke zu zitieren üblich geworden ist. Im Lauf dieser langjährigen Arbeit (1929–1937) hatte ich mich nicht nur zu befassen mit allen Äußerlichkeiten jeder Mozartschen Handschrift und Ausgabe, sondern auch mit dem inneren Sinn und dem Stil jedes einzelnen Werkes. Es war unvermeidlich, daß ich dabei in vielen Fällen zu neuen Ergebnissen gelangte, und es ist vielleicht verständlich, daß ich am Ende das Bedürfnis fühlte, diese Ergebnisse nicht nur in der trockenen Form eines Katalogs darzubieten, sondern auch in einem persönlicheren und lebhafteren Zusammenhang.«[37]

Auch Einstein erkennt die Möglichkeiten der Biographik an, wissenschaftliche Ergebnisse persönlich deutend und »lebhaft« darzustellen und damit auch für größere Leserkreise zugänglich zu machen. Diese schriftstellerischen und

---

[36] Alfred Einstein, »Ausblick auf die Musikforschung in Europa und Amerika«, in: *Nationale und universale Musik*, Zürich 1958, S. 211–215, hier S. 211.
[37] Einstein, Mozart, Vorwort.

ästhetischen Aspekte beschreibt er jedoch ausdrücklich als Folge wissenschaftlichen Arbeitens.

Bekker findet für sich selbst als Beethoven-Biograph einen anderen Standpunkt innerhalb des genannten Dreiecks:

> »Ich versuchte mich auf den Standpunkt des ausübenden Musikers zu stellen, der aus seinem persönlichen Empfinden heraus Beethovens Werke interpretiert. Nur war das Ausdrucksmittel, dessen ich mich zu bedienen hatte, nicht das Klavier, das Orchester, die menschliche Stimme, sondern das geschriebene Wort. Einzig auf die rein künstlerische Reproduktion mittels des Wortes war mein Streben gerichtet. Der Ehrgeiz, neue Tatsachen zu ermitteln oder unbekannte geschichtliche Zusammenhänge aufzudecken, lag mir fern.«[38]

Bekker positioniert sich also eher auf der Seite des Ästheten, und zwar als eine Art »Wort-Musiker«, als (musikalischer) Interpret von Werken und historischen Tatsachen. Offen bleibt, wer in dieser Analogie dann eigentlich der »Komponist« wäre, der das Material zu einer Biographie liefert: Der Künstler selbst, also das biographierte Subjekt? Der Historiker, der »unbekannte geschichtliche Zusammenhänge aufdeckt«? Oder versteht Bekker Geschichtsschreibung – und damit auch Biographien – generell als Interpretation?

»Beethoven ist mehrdeutig«: Biographie und Geschichtstheorie

Geschichtstheoretische Fragen und Konzepte fließen implizit, bei Bekker auch häufig ganz explizit, immer wieder in die betrachteten Biographien ein. Die Mozart-Biographie Einsteins z. B. ist deutlich dem heroischen bzw. genialen Künstlerbild verpflichtet. Es ist bezeichnend, dass Einstein sich jedoch nicht auf den Begriff des Genies einlässt, ihn sogar zu vermeiden versucht. Stattdessen stellt er zu Beginn der Biographie Mozart als »großen Menschen« vor und fächert im Laufe der Biographie Kennzeichen dieser Größe auf: »Ein großer Mensch wie Mozart, wie alle großen Menschen, ein erhöhtes Beispiel und Exemplar jener sonderbaren Gattung von Lebewesen, die man im allgemeinen als Mischung von Körper und Geist, von Tier und Gott bezeichnen kann.«[39] Er bezieht sich damit – wenn auch in der Mozart-Biographie nur implizit – auf das Konzept der »Größe« des Kunsthistorikers und Kulturwissenschaftlers Jacob Burckhardt.[40]

---

[38] Paul Bekker, »Vorwort zur ersten Auflage«, in: ders., *Beethoven* [1911], Berlin 1921, S. VII–IX, hier S. VIII.
[39] Einstein, Mozart, S. 11.
[40] Das Konzept der historischen »Größe« entfaltete Burckhardt vor allem in einer Vorlesungsreihe 1868 und 1870/1871 an der Universität Basel, posthum herausgegeben unter dem Titel *Weltgeschichtliche Betrachtungen*, Berlin 1905. Vgl. Jacob Burckhardt, *Über das Studium der Geschichte*.

Einstein verfasste 1941 ein Buch mit dem Titel *Greatness in Music* (1951 erschienen als *Größe in der Musik*), das Burckhardt gewidmet ist.[41] Die Kennzeichen von Mozarts Größe, wie Einstein sie in der Mozart-Biographie beschreibt, decken sich weitgehend mit denen des Genies: Originalität, Universalität, Einfachheit, göttliches, schöpferisches Wirken aus sich selbst heraus. In diesem Kontext verwendet Einstein auch die Analogie zur Pflanze:

> »Sein [Mozarts] Wachstum als Schöpfer vollzieht sich wie das einer Pflanze – eines edlen Gewächses, dessen innerstes Geheimnis geheim bleibt; aber das durch Sonne und Regen gefördert und durch ungünstige Witterung gehemmt und geschädigt wird. Und wir kennen viele der Sonnen- und Regentage, die das Wachstum der Mozartschen Musik beeinflusst haben. Dies Wachstum zeigt sich in Mozarts Gesamtwerk, das nicht sprunghaft ist, sondern kontinuierlich und logisch; so kristallklar und einheitlich, wenn man alle seinen Bedingungen kennt, dass es ein Leben für sich zu führen scheint, unabhängig von seinem Schöpfer.«[42]

Damit ruft Einstein das organische Modell auf, welches die Genieästhetik seit dem Sturm und Drang prägte. Demnach wird das organische, pflanzenhafte Wachstum als Metapher für die schöpferische Kraft des Genies verwendet. Die Pflanze stand für die schöpferisch-dynamische Qualität der Natur und bot das Gegenbild zur leblosen, mechanischen, rationalistischen Nachahmung.[43]

Einstein teilte Burckhardts Kulturpessimismus und suchte Zuflucht in dessen Vorstellung einer Kontinuität des Geistes. Er konstatiert in *Größe in der Musik*, dass wahre Größe in seiner Zeit nicht mehr möglich und damit nur noch ein historisches Phänomen sei (Bekker hätte hier sicher widersprochen).[44] Möglicherweise versucht Einstein seine Genie-Konzeption mit dem Etikett der Größe zu kaschieren, da er den Genie-Begriff als nationalsozialistisch belastet wahrnahm.

Der Text der ›Weltgeschichtlichen Betrachtungen‹ auf Grund der Vorarbeiten von Ernst Ziegler nach Handschriften hrsg. von Peter Ganz, München 1982.

[41] Alfred Einstein, *Größe in der Musik*, Zürich 1951 (Original: *Greatness in Music*, New York 1941).

[42] Einstein, Mozart, S. 106.

[43] Vgl. dazu Jochen Schmidt, *Die Geschichte des Genie-Gedankens in der deutschen Literatur, Philosophie und Politik 1750–1945*, 2 Bde., Bd. 1: *Von der Aufklärung bis zum Idealismus*, Heidelberg ³2004, bes. S. 129–140. Vgl. auch Nina Noeske, »Body and soul, content and form: on Hanslick's use of the organism metaphor«, in: *Rethinking Hanslick*, hrsg. von Nicole Grimes u. a. (= *Eastman Studies in Music*, 97), Rochester/NY 2013, S. 236–258; und die Beiträge in *Autorschaft – Genie – Geschlecht. Musikalische Schaffensprozesse von der Frühen Neuzeit bis zur Gegenwart*, hrsg. von Kordula Knaus und Susanne Kogler (= *Musik – Kultur – Gender*, 11), Köln 2013.

[44] In »Wissenschaft und Neue Musik« geht Bekker, Denkfiguren aus Nietzsches »Vom Nutzen und Nachtheil der Historie für das Leben« aufgreifend, mit der zeitgenössischen Musikwissenschaft hart ins Gericht, die seiner Ansicht nach zu wenig Anteil am aktuellen Musikleben nehme. Vgl. Paul Bekker, »Wissenschaft und Neue Musik«, in: *Musikblätter des Anbruch* 7 (1925), S. 266–270; vgl. auch Friedrich Nietzsche, *Vom Nutzen und Nachtheil der Historie für das Leben*, Stuttgart 2009.

Antisemitische Elemente enthielt der Genie-Gedanke bereits gegen Ende des 19. Jahrhunderts.[45] In der NS-Ideologie schließlich wurde Hitler zum Genie stilisiert,[46] der Begriff bekam außerdem eine rassistische Dimension, wenn etwa in Hitlers *Mein Kampf* die Überlegenheit der genialen arischen Rasse proklamiert wurde.[47] Deutlich wird mit Blick auf die Geschichte des Genie-Begriffs, dass Einstein mit dem Konzept der Größe an den Kennzeichen von Genialität, wie sie im Sturm und Drang formuliert wurden, festhalten konnte, ohne jedoch den Begriff des Genies zu verwenden. Zudem teilte er Burckhardts humanistische Weltsicht, womit ein Bezug zu dessen Konzept von Größe nahe lag.

Dass sie das heroische Künstlerbild mit Unbehagen betrachteten, gilt neben Einstein für viele Musikwissenschaftler in der Konsolidierungsphase des Fachs. Dies führte etwa bei Guido Adler und Hugo Riemann zu einer biographietheoretischen »Reflexionsflucht« und damit zu einer Marginalisierung der Biographik innerhalb des Faches Musikwissenschaft.[48] Einsteins Gedanken zum Verhältnis von Musikwissenschaft und Biographik oder zu seiner Rolle als Biograph bleiben eher implizit. Es ist auffällig, dass die Vorworte, die grundsätzlich der Ort zu ebendieser (Selbst-)Reflexion sind, denkbar knapp gehalten oder auch wie im Falle der oben behandelten Gluck-Biographie gar nicht vorhanden sind. Dennoch lässt sich die Schrift *Größe in der Musik* durchaus als biographietheoretische Schrift lesen, die eine »Ehrenrettung« des genialen Künstler-Bildes zum Ziel hat.

Bekker hingegen denkt in der Regel ausführlich und explizit über die theoretischen Grundvoraussetzungen seiner Bücher nach, ebenso wie über seine Position als Biograph. Dabei fließen die Bereiche Biographie- und Geschichtstheorie zum Teil ineinander, verknüpft durch eine visuell geprägte Metaphorik: Der Begriff der »Anschauung«[49] spielt für ihn eine große Rolle, er spricht vom

---

[45] Zu nennen sind z. B. die in hohen Auflagen erschienenen Schriften von Houston Stewart Chamberlain, v. a. *Die Grundlagen des neunzehnten Jahrhunderts*, München 1899, sowie Otto Weininger, *Geschlecht und Charakter: Eine prinzipielle Untersuchung*, Wien 1903. Zur Rezeption Weiningers vgl. auch Melanie Unseld, *»Man töte dieses Weib!« Weiblichkeit und Tod in der Musik der Jahrhundertwende*, Stuttgart und Weimar 2001, S. 207–215.

[46] Die Wandlung des Genie-Begriffs im 19. Jahrhundert bis hin zur NS-Ideologie hat auch Jochen Schmidt umfassend beschrieben, vgl. *Die Geschichte des Genie-Gedankens in der deutschen Literatur, Philosophie und Politik 1750–1945*, 2 Bde., Bd. 2: *Von der Romantik bis zum Ende des Dritten Reichs*, Heidelberg ³2004, bes. S. 194–212. Vgl. auch dazu die Verwendung des Begriffs in den Propaganda-Reden von Joseph Goebbels, in: ebd., S. 207–212.

[47] Vgl. ebd., S. 227f. Darin lässt sich wiederum eine Anknüpfung an Nietzsches nihilistischen Genie-Begriff erkennen.

[48] Unseld, Biographie und Musikgeschichte, S. 383f.

[49] Paul Bekker, »Vorwort zur ersten Auflage«, in: ders., *Beethoven*, Berlin 1921 [Orig. 1911], S. VII–IX, hier S. VIII.

»Blickpunkt«[50] des Autors, von der Biographie als Bild (wie eingangs zitiert), und zwar als »Bild, das wiederum zum Sehen anregt, auch wenn seine Betrachter anderes erblicken als ich«.[51] Darin liegt für ihn nicht nur das Wesen, sondern auch der Zweck von Biographien. Skeptisch steht Bekker dem gegenüber, was er als »Tatsachenforschung«[52] bezeichnet:

> »Denn diese sogenannten Tatsachen sind bestenfalls sehr schwankende Begriffe. Sie sind zufällig herausgelöste Bruchstücke eines Komplexes, der nur als *Ganzes* wirkliche Tatsachenbedeutung haben könnte, in dieser Totalität aber niemals wieder erkennbar wird. Wir sehen nur Einzelheiten der einstigen Realität. Darum kann, was heut als Tatsache gilt und als solche zur Grundlage einer weitschichtig aufgebauten Geschichtstheorie genommen wird, morgen durch eine neue Tatsachenentdeckung völlig umgeworfen und als irrig erkannt werden. Tatsachen sind Hilfsmittel der geschichtlichen Betrachtung, mit äußerster Vorsicht zu gebrauchen, in Wahrheit kommen wir über die *Hypothese* niemals hinaus. Darum kann diese Hypothese nicht auf äußere Fakten aufgebaut sein, sondern nur auf die Erkenntnis der sinneshaften Wesensbedingtheit der Kunst.«[53]

Auf diesem Weg in eine vor allem phänomenologisch-anthropologisch, nicht philologisch-historisch motivierte Auseinandersetzung mit Musikgeschichte – Bekker nennt das übrigens »Musikgeschichte zu sehen als Lebensgeschichte des Klanges«[54] – muss man Paul Bekker nicht unbedingt folgen. Der Grundgedanke der Unverfügbarkeit der Vergangenheit für den Historiker jedoch ist inzwischen geschichtstheoretischer Konsens. Mit seiner Kritik am Begriff der Tatsache ordnet sich Bekker in einen interdisziplinären wissenschaftstheoretischen Diskurs ein, für den aus medizinisch-naturwissenschaftlicher Sicht heute z. B. Ludwik Fleck mit seinen 1935 veröffentlichten und dann lange vergessenen Überlegungen zur Entstehung wissenschaftlicher Tatsachen innerhalb von Denkkollektiven steht.[55] Auch Paul Bekker kehrt erst in den letzten Jahrzehnten vermehrt ins musikwissenschaftliche Bewusstsein zurück[56] und zwar wohl unter anderem wegen seiner expliziten und transparenten konzeptionellen Arbeit. So leitet er etwa aus seinen biographischen und anderen musikwissenschaftlichen Überlegungen ein geschichtstheoretisches Modell ab, das sich heute ausgesprochen modern liest –

---

[50] Paul Bekker, »Vorwort«, in: ders., Wagner. Das Leben im Werke, S. XII.
[51] Ebd.
[52] Bekker, Musikgeschichte als Geschichte der musikalischen Formwandlungen, S. 14.
[53] Ebd.
[54] Ebd., S. 15.
[55] Ludwik Fleck, *Entstehung und Entwicklung einer wissenschaftlichen Tatsache. Einführung in die Lehre vom Denkstil und Denkkollektiv*, Basel 1935, gleichnamige Neuausgabe hrsg. von Lothar Schäfer und Thomas Schnelle, Frankfurt a. M. 2012 [1980].
[56] Vgl. zunächst Baur, Paul Bekker, 1998; Eichhorn, Paul Bekker, 2002; sowie kürzlich das Paul Bekker gewidmete Heft der Zeitschrift *Musik & Ästhetik* 20/77 (2016).

und dessen Grundprinzip, anders als Bekker es wohl befürchtete, auch in den Musikwissenschaften inzwischen breit diskutiert und erprobt wird:[57]

> »[…] ich meine, daß Geschichtsdarstellung weniger eine Angelegenheit des Wissens als des *Schauens* ist. Gerade deswegen lag in der erwähnten Aufforderung für mich ein besonderer Anreiz, die Ideen, die ich in meinem Wagnerbuch und dann in meiner Schrift ›Von den Naturreichen des Klanges‹ in rein erkenntnismäßiger Form entwickelt hatte, nun auf ihre Tragfähigkeit gegenüber dem Gesamtkomplex der Geschichte zu erproben. Man wird mir vermutlich wieder vorwerfen, ich hätte ›konstruiert‹. Das bestreite ich nicht, setze aber hinzu, daß mir keine Geschichtsdarstellung bekannt ist, die nicht ›konstruiert‹ wäre. Jede wissenschaftliche Theorie ist eine Konstruktion, gebe man sich keiner selbstgefälligen Täuschung hin über die Bedeutung angeblicher ›Tatsachen‹. Das Wesentliche liegt niemals in der Frage nach dem Vorhandensein einer Konstruktion, sondern in der Frage nach der qualitativen Beschaffenheit der konstruktiven Idee. Führt sie zu schöpferischem Schauen, so muß wohl etwas Lebendiges in ihr sein, dieses Lebendige achte man, auch wenn es nicht die akademischen Weihen empfangen hat.«[58]

Mit Paul Bekker – der sich ausdrücklich außerhalb der akademischen Disziplin positionierte – partizipiert die Musikwissenschaft insofern bereits 1926 an einer wissenschaftstheoretischen Diskussion, die nach wie vor andauert.[59] Rückbindend an das Thema »Biographik und Musikwissenschaft« stellt sich damit die Frage nach der Wirkung musikwissenschaftlichen Denkens, das nicht institutionell innerhalb der akademischen Disziplin verortet ist.[60] Und auch danach, wo sich publizistisch Räume für geschichtstheoretisch kreatives Denken öffnen. Für Bekker waren es u. a. Biographie und Musikgeschichte, mit denen er das musikwissenschaftliche Schreiben verändern wollte. Auch wenn Einstein dies nicht in gleicher Form tat – beide tarierten durch Biographien ihr spannungsreiches Verhältnis zur akademischen Musikwissenschaft aus.

---

[57] Vgl. z. B. die Beiträge in: *Konstruktivität von Musikgeschichtsschreibung: Zur Formation musikbezogenen Wissens*, hrsg. von Sandra Danielczyk u. a., Hildesheim 2012.

[58] Paul Bekker, »Vorwort«, in: ders., Musikgeschichte als Geschichte der musikalischen Formwandlungen, S. 2.

[59] Vgl. z. B. *Konstruktion von Wirklichkeit. Beiträge aus geschichtstheoretischer, philosophischer und theologischer Perspektive*, hrsg. von Jens Schröter und Antje Eddelbüttel, Berlin und New York 2004. Kritisch gegen konstruktivistische Geschichtstheorie z. B. Doris Gerber, *Analytische Metaphysik der Geschichte. Handlungen, Geschichten und ihre Erklärung*, Berlin 2012.

[60] Vgl. dazu auch Anna Langenbruch, »Wissensmigration: Musikwissenschaft im Pariser Exil – und was sie uns über Wissenschaftsgeschichte verrät«, in: *Wissenskulturen der Musikwissenschaft: Generationen, Netzwerke, Denkstrukturen*, hrsg. von Sebastian Bolz u. a., Bielefeld 2016, S. 223–246.

Tobias Robert Klein

Carl Dahlhaus und die musikalische Biographik als Zerfallsgeschichte
Positionen und Perspektiven

In einer seiner letzten als öffentlicher Vortrag konzipierten Arbeiten, die er im Sommer 1988 schon nicht mehr selbst verlesen konnte, beginnt Carl Dahlhaus den der Beziehung Bach – Chopin gewidmeten Schlussabschnitt mit Erwägungen, die man angesichts ihrer Entstehungszeit als vor der Macht des Faktischen melancholisch zurückweichende Resignation zu deuten geneigt ist:

> »In der Musikgeschichtsschreibung ist es trotz der Beharrlichkeit, mit der die Gemeinplätze über enge Zusammenhänge zwischen Leben und Werk immer noch wiederholt werden, nicht selten schwierig, zwischen den Tatsachen, die aus der Biographie eines Komponisten bekannt sind, und den Sachverhalten, die sich von den Notentexten ablesen lassen, ohne Gewaltsamkeit zu vermitteln.«[1]

Die hier gegen Ende seines Wirkens noch einmal konzis benannte Herausforderung, Biographie und Schaffen von Komponisten in eine Relation zu stellen, in der letzteres nicht aus ersterer bruchlos hervorgeht, hat Dahlhaus tatsächlich über mehr als vier Jahrzehnte beschäftigt. Besonders in mehreren sich um seine *Grundlagen der Musikgeschichte* gruppierenden Aufsätzen reflektiert er um die Mitte der 1970er-Jahre zugleich über den Zerfall der ästhetischen und sozialen Voraussetzungen der Komponistenbiographie. Der bekannteste dieser Texte ist wohl die 1975 publizierte Glosse »Wozu noch Biographien?«.[2] Um jedoch den fachgeschichtlichen Hintergrund seiner Polemik gegen die Auffassung von Musik als »tönende Autobiographie« zu Beginn eines Beitrags zu verdeutlichen, der mit jener für Dahlhaus typischen Dialektik selbst nicht frei von biographischen Erwägungen ist, soll hier sein an ein breiteres Publikum gerichteter »Versuch, einen faulen Frieden zu stören« zitiert werden. Am 20. November 1976, zwei Tage bevor Dahlhaus die finalen Korrekturfahnen der *Grundlagen* an die Druckerei expediert, gewährt er den Lesern des Feuilletons der *Frankfurter Allgemeinen Zeitung* einen umfassenden Blick in seine Werkstatt:

> »Der Versuch, einige Veränderungen und Entwicklungstendenzen der Musikwissenschaft (als Universitätsdisziplin) in groben Umrissen zu skizzieren, kann von der simplen Frage ausgehen, welche Art von Buch sich Musikhistoriker

---

[1] Carl Dahlhaus, »Bach und der romantische Kontrapunkt«, in: *Musica* 43 (1989), S. 10–22, hier S. 18 (*GS*, Bd. VI, S. 556–573, hier S. 568). Hier wie im Folgenden wird auf den Wiederabdruck von Dahlhaus' Texten in der Ausgabe der *Gesammelten Schriften*, hrsg. von Hermann Danuser, Hans-Joachim Hinrichsen und Tobias Plebuch, Laaber 1999–2007 mit dem Sigel *GS* verwiesen.
[2] Carl Dahlhaus, »Wozu noch Biographien?«, in: *Melos/NZ* 1 (1975), S. 82 (*GS*, Bd. X, S. 267f.).

vorstellen, wenn sie in Gedanken ein Hauptwerk entwerfen [...] Im neunzehnten und im frühen zwanzigsten Jahrhundert war es die Komponistenbiographie, die als Hauptgattung galt und das ausharrende, enthusiastische Interesse von Gelehrten wie Friedrich Chrysander, Philipp Spitta und Hermann Abert auf sich zog. [...] Von der Generation, die nach dem Zweiten Weltkrieg studierte, sind die ästhetischen Überzeugungen, die der Biographik und der Geistesgeschichte zugrunde lagen, preisgegeben worden, ohne daß eine polemische Konfrontation stattgefunden hätte. Wer immer noch glaubt, daß die Lebensgeschichte eines Komponisten einen unmittelbaren Zugang zu den Werken eröffne, oder daß aus musikalischen Gebilden ein Zeitgeist rede, setzt sich dem Verdacht aus, zurückgeblieben und borniert zu sein.«[3]

Mit dem Abstand von mehreren Jahrzehnten lässt sich unschwer feststellen, dass Dahlhaus' Diagnose bestenfalls partiell eingetroffen ist. Zwar ist eine anhaltende Vorliebe für biographische Darstellungen in der populärwissenschaftlichen Musikbuchproduktion schwerlich zu bestreiten, doch kennzeichnet dieses Interesse an der Lebensgeschichte von Komponisten, wie Albrecht Riethmüller unlängst in einer Diskussion zu Dahlhaus' Historik bemerkte, nach wie vor auch die von Außen an das Fach Musikwissenschaft gerichteten Erwartungen:

»Fraglos ist wie in vielen Nachbardisziplinen auch hier die Biographik das, was am meisten nachgefragt wird. Man muss ja nicht gleich mit Mommsen vergleichen, aber eine Kunst der wissenschaftlichen Biographik, wie sie etwa der Historiker Ian Kershaw in seinen beiden Bänden über Hitler an den Tag legt, hat, wie es scheint, bei den Musikhistorikern noch nicht Schule gemacht. Das Publikum, übrigens gerade auch das musikliebende, zeigt ein notorisches Interesse an Biographischem; über die Musik will es jenseits des Konsums oft wenig wissen, alles jedoch über die Vita der großen Musiker.«[4]

Jenseits der Leseinteressen eines zusehends fragmentierten Bildungsbürgertums ist die Biographik aber auch in den enger umgrenzten wissenschaftlich-methodischen Debatten seit den 1990er-Jahren stets präsent geblieben. Sie wird auf einer Tagung am Frankfurter Hindemith-Institut[5] ebenso verhandelt wie auf dem von den Auseinandersetzungen um die »new musicology« geprägten Londoner Kongress der International Musicological Society,[6] fungiert als Generalthema

---

[3] Carl Dahlhaus, »Der Versuch, einen faulen Frieden zu stören«, in: *Frankfurter Allgemeine Zeitung*, 20.11.1976, Nr. 262 (*GS*, Bd. I, S. 209–215).
[4] Albrecht Riethmüller u. a., »Grundlagen der Musikgeschichte heute. Podiumsdiskussion«, in: *Carl Dahlhaus' ›Grundlagen der Musikgeschichte‹. Eine Re-Lektüre*, hrsg. von Friedrich Geiger und Tobias Janz, Paderborn 2016, S. 271–288, hier S. 285.
[5] *Biographische Konstellation und künstlerisches Handeln*, hrsg. von Giselher Schubert (= *Frankfurter Studien, Veröffentlichungen des Paul Hindemith-Instituts*, 6), Mainz 1997.
[6] Vgl. Phillip Olleson, »Musicology and biography«, in: *Musicology and Sister Sisciplines: Past, Present, Future London 1997*, hrsg. von David Greer, Ina Rumbold und Jonathan King, Oxford 2000, S. 483–485.

einer Festschrift[7] sowie von Konferenzen in Magdeburg[8] und Belgrad[9] und bildete jüngst den Gegenstand einer umfassenden monograpischen Darstellung Melanie Unselds. Die dort geäußerte Ansicht, dass Dahlhaus' Favorisierung des Werks gegenüber den »petit details vrais« des Lebens implizit gerade das Fortleben der Heroenbiographik begünstigt,[10] erscheint zwar in jedem Fall bedenkenswert, bedarf zugleich aber einer methodischen wie historischen Differenzierung. Schon die stets angeführte Glosse »Wozu noch Biographien?« bildet nämlich mitnichten den »Beginn von Dahlhaus' eigener Beschäftigung mit bzw. der Ablehnung von Biographik«[11] – einer Skepsis, die sich unmissverständlich bereits in einer Reihe von Rezensionen des jungen Wissenschaftlers für die *Frankfurter Hefte* artikuliert.

Eine provokativ mit der Überschrift »Arie und Register« versehene Besprechung gilt dort im Jubiläumsjahr 1956 etwa der Mozart-Biographie des Wiener Ordinarius Erich Schenk,[12] die musikalisch-analytische Betrachtungen konsequent aus einer ermüdend enzyklopädischen Darstellung des Lebensganges ausklammert. Schon hier artikuliert der nicht einmal dreißigjährige Dahlhaus wesentliche, und bezüglich Schenks auch vom späten Georg Knepler[13] geteilte Motive einer sich durch viele spätere Veröffentlichungen ziehenden Genrekritik:

> »Poetische Auslegungen, wie sie im 19. Jahrhundert zahllose Musikerbiographien füllten, gelten als veraltet; technisch-formale Analysen werden nur von wenigen verstanden. Schenk versagt sich also eine Betrachtung der Werke – und möchte trotzdem dem Leser ›Mozarts Sein und Wirken‹ näherbringen‹. Sofern man aber unter ›Sein‹ nicht eine tote Masse von Fakten, unter ›Wirken‹ nicht nur die schwachen Reaktionen der Gesellschaft des ancien régime auf Mozarts Werke versteht, setzt Schenk das ›Sein und Wirken‹ voraus und stellt es nicht dar, denn

---

[7] *Musik und Biographie. Festschrift Rainer Cadenbach*, hrsg. von Cordula Heymann-Wentzel und Johannes Laas, Würzburg 2004, darin z. B. die Beiträge von Beatrix Borchardt, »Mit Schere und Klebstoff – Montage als biographisches Verfahren«, S. 30–45, und Arnfried Edler, »Überlegungen zum Verhältnis von musikalischer Biographik und Gattungsgeschichte«, S. 234–244.
[8] *Biographie und Kunst als historiographisches Problem*, hrsg. von Joachim Kremer, Wolf Hobohm und Wolfgang Ruf (= *Telemann-Konferenzberichte*, 14), Hildesheim 2014, darin besonders Joachim Kremer, »›Leben und Werk‹ als biographisches Konzept der Musikwissenschaft. Überlegungen zur ›Berufsbiographie‹, zu den ›Komponisten von Amts wegen‹ und dem Begriff ›Kleinmeister‹«, S. 11–39.
[9] *(Auto)biography as a musicological discourse*, hrsg. von Tatjana Marković und Vesna Mikić (= *Musicological Studies, Proceedings*, 3), Beograd 2010, vgl. darin besonders Christopher Wiley, »Biography and the new musicology«, S. 3–27.
[10] Melanie Unseld, *Biographie und Musikgeschichte. Wandlungen biographischer Konzepte in Musikkultur und Musikhistoriographie*, Köln u. a. 2014, S. 407–418, besonders S. 412–414.
[11] Ebd., S. 407.
[12] Erich Schenk, *Wolfgang Amadeus Mozart*, Zürich 1955.
[13] Georg Knepler, *Wolfgang Amadé Mozart – Annäherungen*, Frankfurt a. M. ²1993, S. 49f.

es ist in den Werken ›aufgehoben‹, und wer sie ausschließt, sammelt zwar Materialien zu einer Biographie, aber er kann sie nicht schreiben.«[14]

Zumal in einer geisteswissenschaftlichen Disziplin ergibt sich die Neigung zu Themen und Methoden sowohl aus persönlichen als auch aus über das forschende Individuum hinausgehenden zeittypischen Prägungen, was Dahlhaus' Formulierung von der »Generation, die nach dem Zweiten Weltkrieg studierte«, nicht verschweigt. Ob auch er als Hannoveraner und Kyritzer Gymnasiast von Lehrkräften nachhaltig geschädigt wurde, die ihren musikpädagogischen Honig aus Publikationen wie Michael Alts verbreiteter Abhandlung »Die Biographie in der musikalischen Werkerklärung«[15] saugten, kann man zwar nur vermuten. Immerhin ließe sich so aber eine unnachgiebige Kritik an biographisch-bibliographischer Sammelwut, für die schon der junge Dahlhaus unter seinen akademischen Lehrern einem Paradeexemplar begegnet, selbst biographisch verstehen. In einigen Jugendbriefen, die der zwanzigjährige Student an den Dramaturgen und Musikkritiker Albert Rodemann richtete, beschreibt er mit stilistischer Verve den damaligen Göttinger Studienbetrieb. Die Charakterisierung seines auch politisch belasteten Lehrers Wolfgang Boetticher verdeutlicht ein früh ausgeprägtes Misstrauen gegen eine durch ihren Hang zu philologischer Monumentalität das Eindringen in musikalische Zusammenhänge erfolgreich umgehende »schlechte Unendlichkeit«:

> »[Ich] müßte eigentlich sehr viel erzählen von hier, besprechen und fragen. Von Dr. B., der Zahlen und Namen wie ein Automat plappert und die langweiligste aller möglichen Vorlesungen über Lasso hält, obwohl er das Gebiet beherrscht, weil er für seine Habilitationsschrift über Lautentabulaturen fast alle Bibliotheken Frankreichs, Spaniens und Italiens bereist hat und ein zuverlässiges bibliographisches Schema für Arbeitsmöglichkeiten gibt; er gehört zu jener Gruppe von wahrscheinlich ›ewigen‹ Privatdozenten, die, vom Vollständigkeitsfimmel besessen, ungeheuer dicke Bücher schreiben, denen aber auf 500 Seiten eigentlich nichts einfällt, – wenn das Wissenschaft ist.«[16]

Mit einem rasch dahingeworfenen »roma locuta, causa finita« könnte man die Diskussion an dieser Stelle vorzeitig beenden, wäre da nicht das auch in Unselds Kritik hervorgehobene Beethoven-Buch aus dem Jahr 1987,[17] dessen erstes Hauptkapitel die biographische Deutung in eine mit gewohnter Luzidität erläuterte Relation von Sozial-, Ideen- und Kompositionsgeschichte rückt. Aber gerade

---

[14] Carl Dahlhaus, »Arie und Register«, in: *Frankfurter Hefte* 11 (1956), S. 439f., hier S. 440 (*GS*, Bd. IX, S. 80f.).
[15] Michael Alt, »Die Biographie in der musikalischen Werkerklärung«, in: *Völkische Musikerziehung* 3 (1937), S. 156–161 und S. 209–218.
[16] Carl Dahlhaus an Albert und Hilde Rodemann, 20.11.1948 (private Briefabschrift).
[17] Carl Dahlhaus, *Ludwig van Beethoven und seine Zeit* (= *Große Komponisten und ihre Zeit*), Laaber 1987 (*GS*, Bd. VI, S. 11–251).

im Zusammenhang mit der verwickelten Entstehungsgeschichte dieses Buches bietet sich im Zuge einer gegenwärtig vorbereiteten Ausgabe »Gesammelter Briefe« noch ein zweiter biographischer Exkurs an. So erstaunlich es aufgrund von Dahlhaus' späterer Reputation[18] erscheint – noch 1973 erklärt er gegenüber Ludwig Finscher: »Zu den Beethoven-Forschern gehöre ich nun wirklich nicht.«[19] Auch als der mit Dahlhaus befreundete Verleger Arno Volk in der zweiten Hälfte der 1970er-Jahre mehrere den Epochen, Gattungen und Komponisten der Musik gewidmete Buchreihen konzipiert, die nach dem Ende seiner Unternehmungen auf den von Henning Müller-Buscher geleiteten Laaber-Verlag übergehen, ist für den Beethoven-Band der Reihe »Große Komponisten und ihre Zeit« zunächst ein Zürcher Musikwissenschaftler vorgesehen. Schon am 19. August 1979 informiert Volk Dahlhaus jedoch, der seit 1977 mit Wolfgang Rehm vom Bärenreiter-Verlag eine Zusammenstellung bisheriger Beethoven-Artikel und Vorlesungen erwägt, dass Kurt von Fischer trotz einer bis Ende 1980 erbetenen, letzten Bedenkzeit von seinem Vertrag wohl zurücktreten werde. Es wird bis zum Frühjahr 1982 dauern, bevor sich der gesundheitlich angeschlagene Dahlhaus entschließt, das von ihm auch später noch mit Ambivalenz betrachtete Buch selbst zu schreiben. Im Mai 1984 erwähnt er gegenüber Hans-Heinrich Eggebrecht, der ihm die Idee des dialogisch zu verfassenden Bands *Was ist Musik* unterbreitet, seine Verpflichtung, das Beethoven-Buch Ende 1985 abzuschließen, und präzisiert diese Pläne im August gegenüber einem weiteren langjährigen Korrespondenzpartner, dem amerikanischen Beethoven-Forscher Lewis Lockwood: »Das Buch über Beethoven, das ich schreiben möchte, soll 1986 erscheinen. Es handelt sich um eine Monographie über ausgewählte Aspekte von Beethovens Werk, und der wissenschaftliche Charakter der Analysen kann in der Reihe, in der das Buch erscheint, nicht allzu tiefgreifend sein.«[20]

---

[18] Vgl. Hans-Joachim Hinrichsen, »Carl Dahlhaus und Ludwig van Beethoven. Neue Wege«, in: *Musik & Ästhetik* 12/47 (2008), S. 19–33.
[19] Carl Dahlhaus an Ludwig Finscher, 27.3.1973 (Universitätsarchiv der Technischen Universität Berlin, Institut für Kommunikations-, Medien- und Musikwissenschaft, Fachrichtung Musikwissenschaft, 214/50). Finscher hatte Dahlhaus am 23. März 1973 zur Beteiligung an dem von ihm bei der Wissenschaftlichen Buchgesellschaft herausgegebenen Beethoven-Sammelband eingeladen. Dahlhaus erwägt zunächst den Wiederabdruck seines 1970 in der *Schweizerischen Musikzeitung* (S. 205–209) publizierten Aufsatzes »Bemerkungen zu Beethovens Achter Symphonie« (*GS*, Bd. VI, S. 287–292), steuert für den letztlich erst ein Jahrzehnt später erscheinenden Band *Ludwig van Beethoven* (= *Wege der Forschung*, 428), hrsg. von Ludwig Finscher, Darmstadt 1983, dann jedoch seinen Aufsatz »La Malinconia« (S. 200–211; *GS*, Bd. VI, S. 352–360) bei.
[20] Carl Dahlhaus an Lewis Lockwood, 3.8.1984 (Universitätsarchiv der Technischen Universität Berlin, Institut für Kommunikations-, Medien- und Musikwissenschaft, Fachrichtung Musikwissenschaft, 214/39).

Aufschlussreich ist an dieser Äußerung nicht zuletzt die Herausstellung einer den Usancen der Reihe entsprechenden Zurücknahme analytischer Interessen, denn ausgerechnet deren vermeintliche Hermetik avanciert in einer späteren Besprechung zu einem Hauptkritikpunkt. Dahlhaus' Arbeitsweise entspricht ex post aber auch hier einem allmählichen Heranschreiben, das er in einem anderen Zusammenhang wie folgt skizzierte: »Bei dem Buch über Musikästhetik und dem über Wagner habe ich es ebenso gehalten: zuerst eine Reihe kleinerer Aufsätze, dann ein Buch.«[21]

In der ersten Hälfte der 1980er-Jahre ist mithin zu verfolgen, wie neue Facetten der Auseinandersetzung mit biographischen Arbeiten nicht wie im Fall der um 1973 zunächst ins Stocken geratenen *Musikgeschichte des 19. Jahrhunderts* aus einem methodischen Grundlagentext, sondern mehreren kleineren Veröffentlichungen hervorgehen. Zu dem im Mai 1981 auf Schloss Groß-Kochberg bei Weimar abgehaltenen Internationalen Kolloquium zum Verhältnis von Kunstwerk und Biographie steuert er seine rasch zu einem geflügelten Wort avancierte Analyse von Wagners »Inspirationsmythen« bei,[22] während er in der Festschrift für den Göttinger Kommilitonen Alfred Dürr mit einer perspektivenreichen Miszelle zur Autobiographie Johann Christoph Graupners vertreten ist. Die in der späteren Diskussion zu (aufschlussreichen) Missverständnissen führende Interdependenz von (auto)biographischer Darstellung und zeitspezifischen literarischen Konventionen diskutiert Dahlhaus sowohl anhand von Graupners als »Barockroman en miniature«[23] angelegten Beitrag für Matthesons *Ehren-Pforte*[24] als auch in einer vorangestellten Charakterisierung des 1977 erschienenen Mozartbuchs von Wolfgang Hildesheimer:

> »Die Methode von Hildesheimers Mozart-Buch [stellt] nichts anderes als eine genaue Analogie zur Romantechnik des 20. Jahrhunderts dar: einer Technik, in der die Position des allwissenden Erzählers, der sämtliche Vorgänge überblickt und deren Motive restlos durchschaut, preisgegeben wurde. Das Buch besteht, um einen Romantitel zu parodieren, aus ›Mutmaßungen über Mozart‹, weil es von

---

[21] Carl Dahlhaus an Ernst Apfel 15.1.1972 (Universitätsarchiv der Technischen Universität Berlin, Institut für Kommunikations-, Medien- und Musikwissenschaft, Fachrichtung Musikwissenschaft, 214/46).

[22] Carl Dahlhaus, »Wagners Inspirationsmythen«, in: *Komponisten, auf Werk und Leben befragt. Ein Kolloquium*, hrsg. von Harry Goldschmidt und Konrad Niemann, Leipzig 1985, S. 108–125 (*GS*, Bd. VII, S. 452–468).

[23] Carl Dahlhaus, »Christoph Graupner und das Formprinzip der Autobiographie«, in: *Bachiana et alia musicologica. Festschrift Alfred Dürr zum 65. Geburtstag am 3. März 1983*, hrsg. von Wolfgang Rehm, Kassel u. a. 1983, S. 58–61, hier S. 60. Dahlhaus sagt im August 1981 seine Teilnahme an der Festschrift zu.

[24] Johann Mattheson, *Grundlage einer Ehren-Pforte*, Hamburg 1740 (Nachdruck Kassel 1969), S. 410–413.

der Überzeugung getragen ist, daß der Glaube, aus Dokumenten – die Hildesheimer ausführlich analysiert – sei rekonstruierbar, ›wie es eigentlich gewesen‹, schiere Anmaßung wäre.«[25]

Gelegenheit zu weiterer Reflexion bieten schließlich die 1985 publizierten Vor- und Nachworte zu zwei neu aufgelegten Komponistenportraits aus den Anfangs- und Aufbaujahren der Musikwissenschaft. An Romain Rollands Händel-Biographie, für die ihn der Piper-Verlag recht unerwartet im März 1984 um ein erklärendes Vorwort bittet, rühmt Dahlhaus, ohne die Neigung zur mythisierenden Stilisierung zu verkennen, die narrative Stringenz als zum Metier des Historikers gehörend, wobei sie niemals – trotz der auch hier betonten Interrelation mit zeitgenössischen Erzähltechniken – in das von Rolland zugleich bediente Genre des Musikerromans umschlägt. Die Darstellung als »überragende Unpersönlichkeit«, die den Komponisten öffentlich als Citoyen avant la lettre erscheinen lässt, vermeidet eine noch in den neueren Auseinandersetzungen um Händel[26] hervorgetretene Form der Hintertreppenpsychologie, die Dahlhaus einem gern zitierten Bonmot Gottfried Benns zufolge als bloße »Unverschämtheit« empfindet:

> »[Rolland] läßt sich also weder das soziale Urteil durch das musikalische beirren noch umgekehrt das musikalische Urteil durch das soziale, sondern stellt das eine und das andere hart gegeneinander [...]. Es gehört zur Eigentümlichkeit klassischer Biographik, daß sie, ohne die aus Dokumenten erschließbare geschichtliche Wirklichkeit im geringsten zu verkürzen oder zu verzerren, ein fest umrissenes Porträt – vor dem Hintergrund des Panoramas einer Epoche – entwirft und ausmalt: ein Porträt, das sich als ›Bild‹ einprägt, statt ein bloßes Mosaik aus Fakten zu bleiben.«[27]

Von wenigstens eben so großer Bedeutung erscheint das Nachwort zu Egon Wellesz' im gleichen Jahr neu aufgelegter Schönberg-Monographie des Jahres 1921, einem Buch, das besondere historische Bedeutung als erste Darstellung des Komponisten durch ein Mitglied seines (erweiterten) Schülerkreises beansprucht. Von vornherein gehört seine Einführung in Probleme des Werks nicht zu dem »grassierenden Buchtypus der psychologisierenden Komponistenbiographie, der dem Vorurteil des 19. Jahrhunderts von der zutiefst biographischen Substanz großer Kunst seine Entstehung verdankte.« Man geht daher wohl kaum fehl, Dahlhaus' Nachwort – und dies zumal, wenn man sein Fertigstellungsdatum kennt, das im August 1984 nur wenige Tage nach dem oben

---

[25] Dahlhaus, Christoph Graupner und das Formprinzip der Autobiographie, S. 58.
[26] Vgl. Suzanne Aspden, »Desiring Handel: Biography and the strategies of possession«, in: *Music & Letters* 85 (2002), S. 62–82.
[27] Carl Dahlhaus, »Vorwort« zu Romain Rolland, *Georg Friedrich Händel*, München und Zürich 1985, S. 7–14, hier S. 12f. (*GS*, Bd. X, S. 579–584, hier S. 583f.).

zitierten Brief an Lewis Lockwood liegt – als versteckte Charakterisierung seiner eigenen Ambitionen für Beethoven zu lesen:

> »Statt Analysen zu skizzieren, die rudimentär bleiben müßten, gab Wellesz Kommentare, in denen jede Zeile den Komponisten verrät, der als Wissenschaftler Distanz zu sich selbst gewann, und den Wissenschaftler, der als Komponist innere Nähe zur Sache erreichte: Notizen über hervorstechende oder latent wesentliche Merkmale eines Werkes, die insofern, als sie locker gereiht werden, zwischen verschiedenen Gesichtspunkten – der Satztechnik, der Instrumentation, dem Formgrundriß und dem Ausdruckscharakter – zwanglos wechseln können.«[28]

Dementsprechend unterstreicht bereits das Vorwort zu dem zwei Jahre später erschienenen Beethoven-Buch, dass dieses sich nicht als die niemals geschriebene autoritative Biographie des Komponisten versteht. (Thayer wird dieser Status ebenso wie Jahrzehnte zuvor Schenks Mozart-Kompendium aufgrund der Ausklammerung des Werks verweigert und ein neuerer Kandidat, Lockwoods preisgekrönte, die Relation von Leben und Werk im Titel ostentativ umkehrende Beethoven-Darstellung[29] erschien lange Jahre nach Dahlhaus' Tod.) Seine eigene Publikation, in der von der »Unsterblichen Geliebten« nur peripher und dem unglücklichen Neffen Karl überhaupt nicht die Rede ist, versteht Dahlhaus als »Skizzierung von Interpretationsmöglichkeiten« sowie als Versuch, »das Verständnis von Beethovens ›musikalischem Denken‹ zu erschließen.«[30] Einer dem Buch nolens volens als Reihenmerkmal beigegebenen Chronik – »ein Datengerüst [, das man] braucht, um Werke und Ereignisse aufeinander beziehen zu können«[31] – schließt sich schon im ersten Hauptkapitel die zugespitzte theoretische Reflexion ihrer von einer Lösung weit entfernten historisch-ästhetischen Beziehung an. Dessen berückende Gedankenvielfalt lässt sich am besten wohl in Dahlhaus' Denken entsprechenden Antinomien erläutern:

1. Das Postulat der Reflexion von Lebensgeschichte im Werk ist nicht immer erfüllbar – und wenn, dann vor allem in anlassgebunden Kompositionen –, es kann als legitime ästhetische Erwartung aber auch nicht einfach verdrängt werden, wie gerade die permanent zur mythisierenden Biographisierung einladenden Chefs d'Œuvre zeigen.[32]

---

[28] Carl Dahlhaus, »Nachwort« zu Egon Wellesz, *Arnold Schönberg* (= *Taschenbücher zur Musikwissenschaft*, 101), Wilhelmshaven 1985, S. 153–158, hier S. 156f. (*GS*, Bd. X, S. 584–587, hier S. 586f.).
[29] Lewis Lockwood, *Beethoven. The Music and the Life*, New York und London 2003.
[30] Dahlhaus, Beethoven, S. 8 (*GS*, Bd. X, S. 11).
[31] Ebd. (*GS*, Bd. X, S. 12).
[32] Ebd., S. 31f. (*GS*, Bd. X, S. 29).

2. Das Werk wird sowohl als (unbewusster) Spiegel[33] – unbeschadet der ästhetisch-technischen Eigenleistung des Komponisten – wie auch als (bewusst) inszenierte Gegenwelt äußerer Ereignisse und Konstellationen interpretiert, wobei jedoch die gleichzeitige Verfügbarkeit beider Optionen einer wissenschaftlichen Falsifizierung ausweicht.[34]

3. Strukturelle Abweichungen und Irregularitäten, die sich dem seit Forkel und Koch propagierten Konzept einer musikalischen Logik auf den ersten Blick zu entziehen scheinen, provozieren biographische Erklärungsversuche, entwickeln sich zugleich aber zu einer integralen Voraussetzung jenes avancierten Komponierens, für das Beethovens Musik als epochemachendes Vorbild dient.[35] Dies gilt noch für den umgekehrten Fall einer (vermeintlichen) Glättung: Eine Erklärung, die der Entfernung des *Andante Favori* aus der *Waldsteinsonate* ob der Zueignung an Josephine von Brunsvik allein biographische Motive unterstellt, steht in der Gefahr, den Blick auf eine dem inneren Gewicht und Zusammenhang der Sätze verpflichtete musikalische Rationalität zu verstellen.[36]

4. Detaillierte Analyse ist – auch wo Musik zur Erhellung biographischer Probleme herangezogen wird – unabdingbar, führt aber angesichts der fortschreitenden Komplexität der kompositorischen Zusammenhänge zu einem unabwendbaren Verlust an Evidenz. Der aus verschiedenen Dokumenten leicht nachweisbaren widersprüchlichen Stellung Beethovens zu Bonaparte, steht z. B. im vierten Satz der *Eroica* ein klar kalkulierter Kontrast von polyphoner und harmonischer Variationstechnik gegenüber.[37]

Im letzten Abschnitt des Eingangskapitels[38] beschreibt Dahlhaus die bereits in vorangehenden Aufsätzen und Rezensionen konstatierte Spannung zwischen dem biographischen Subjekt Beethoven und seinem (dem »lyrischen Ich« und »Erzähler«) verwandten ästhetischen Äquivalent. Dabei zitiert er eingangs das nach August Wilhelm Ambros aus musikalischem Erleben hervorgehende »Interesse für den Tondichter«,[39] erinnert gleichzeitig aber auch unmissverständlich daran,

---

[33] Vgl. zu einer alten Überlegung einen neuen Aufsatz von Andreas Domann, »Die Signaturen der Musik. Zum Analogiedenken der materialistischen Ästhetik«, in: *Wissenskulturen der Musikwissenschaft. Generationen – Netzwerke – Denkstrukturen,* hrsg. von Sebastian Bolz u. a., Bielefeld 2016, S. 145–158.

[34] Dahlhaus, Beethoven, S. 33 (*GS*, Bd. X, S. 30 f.).

[35] Vgl. Adolf Nowak, *Musikalische Logik. Prinzipien und Modelle musikalischen Denkens in ihren geschichtlichen Kontexten* (= *Studien zur Geschichte der Musiktheorie,* 10), Hildesheim 2015, besonders S. 139–145 und 255–260.

[36] Dahlhaus, Beethoven, S. 39–41 (*GS*, Bd. X, S. 35–37).

[37] Ebd., S. 41 bzw. 48–59 (*GS*, Bd. X, S. 37 bzw. 43–53).

[38] Ebd., S. 60–73 (*GS*, Bd. X, S. 53–64).

[39] August Wilhelm Ambros, *Culturhistorische Bilder aus dem Musikleben der Gegenwart,* Leipzig ²1865, S. 9.

dass selbst die sogenannte »Erlebnislyrik« nicht notwendig reale Erschütterungen, sondern lediglich deren adäquate Suggestion voraussetzt.[40] Im Fall der biographisch konnotierten *Les-Adieux*-Sonate resultiert deren öffentliche Rezeption in einer allmählichen Trennung eines ästhetisch imaginierten von einem empirisch-biographischen Subjekt, wodurch der Kompositionsprozess sich als ein zur realen Identifikation mit ersterem einladende Entfernung vom ursprünglich gegebenen Realitätsbezug des Satzes erweist: »Der Sinn, den die *Les-Adieux*-Sonate ausprägt, liegt weder in der außermusikalischen Realität, die sich in der Thematik des Werkes spiegelt, noch ausschließlich im innermusikalischen Strukturzusammenhang, sondern in der Transformation des einen in das andere.«[41]

Völlig unbemerkt ist demgegenüber geblieben, wie Dahlhaus im Zuge dieser Argumentation mit den Epochenschwellen »um 1800« und »um 1900« wie weiland Friedrich Kittler in seiner ebenso bewunderten wie umstrittenen Freiburger Habilitationsschrift jongliert.[42] So bei der keineswegs selbstverständlichen Präsenz des ästhetischen Subjekts, die vom Gedicht um 1800 zum Drama wechselt, wobei in der Lyrik um 1900 gleichzeitig ein allmähliches Zurücktreten semantischer Wortbedeutung zu verzeichnen ist. Dieses setzt Dahlhaus allerdings – *chacun à son goût* – nicht mit einem von Wahnsinn, Experimentalpsychologie und Maschinisierung befeuerten Bruch zwischen bildlichem Signifikat und lautlichem Signifikanten, sondern mit der wortlosen musikalischen Immanenz der »entwickelnden Variation« in Verbindung.[43]

Es entbehrt nicht einer gewissen Ironie, dass Scott Burnhams Kritik der englischen Übersetzung des Buches – im deutlichen Kontrast zu einem im zweiten Jahrgang des *Beethoven Forum* organisierten »Review Symposiums«[44] – seinerseits auf Motive einer mit ethischen Insinuationen vermengten Zerfallsgeschichte rekurriert, die es gleichsam im Glanz der untergehenden Abendsonne als letztes seiner Art erscheinen lässt:

---

[40] Dahlhaus, Beethoven, S. 61f. (*GS*, Bd. X, S. 55f.).
[41] Ebd., S. 70 (*GS*, Bd. X, S. 62).
[42] Friedrich Kittler, *Aufschreibesysteme 1800 – 1900*, München ³1995.
[43] Dahlhaus, Beethoven, S. 62 (*GS*, Bd. X, S. 55). Auch die von Kittler (Aufschreibesysteme, S. 263f.) suggerierte Analogie zwischen einer u. a. aus den psychologischen Experimenten von Hermann Ebbinghaus hervorgehenden Silbenpermutation und der Reihenkombinatorik der mehrere Jahrzehnte später entstehenden Zwölftontechnik hängt (musik)historisch in der Luft – was freilich einer separaten und an dieser Stelle nicht zu führenden Diskussion bedarf.
[44] Hermann Danuser, »Carl Dahlhaus's ›Ludwig van Beethoven und seine Zeit‹. A Retrospective«, in: *Beethoven Forum* 2 (1993), S. 179–188; John Daverio, »Dahlhaus's Beethoven and the esoteric aesthetics of the early nineteenth century«, in: ebd., S. 189–204; James Webster, »Dahlhaus's ›Beethoven‹ and the Ends of Analysis«, in: ebd., S. 205–227.

»Dahlhaus's book stands as an increasingly lonely outpost, perhaps the last to come under the spell of aesthetic immanence with open eyes. Among the unnumbered series of other such tributes to Beethoven and to art-as-idea, Dahlhaus's own monument will throw a lengthy shadow, not least because it was raised in the light of a setting sun.«[45]

Burnham scheut nicht einmal vor der Geschmacklosigkeit zurück, Dahlhaus als kranken Amfortas zu charakterisieren, der ein letztes Mal den Gral enthüllt, um ein zum Sterben verurteiltes Paradigma zu reanimieren. Angesichts der zugleich angedeuteten »nefarious agenda« müsste der Vergleich mit dem sein idealistisches Zauberschloss heraufbeschwörenden Klingsor jedoch auch einem reinen (neu)musikologischen Toren prinzipiell angemessener erscheinen. Auf eine dialektische Diskussion der biographischen Bezüge musikalischer Werke lässt sich Burnhams Kritik nicht ernstlich ein, sondern konzentriert sich auf das zur Darstellung subthematischer Beziehungen in Anlehnung an Wolfgang Iser entwickelte Modell des »impliziten Hörers«. Übersehen wird dabei, dass dieser zunächst einmal als idealtypischer Sparringspartner und alter ego eines eben nicht mehr empirischen, sondern mittels musikalischer Erfahrung imaginierten ästhetischen Subjekts fungiert. Noch die Beziehung biographischer und musikalischer Extremsituationen[46] bleibt, wie sich schlagend auch am Schaffen Schuberts verdeutlichen lässt, in einem labyrinthisch anmutenden Wechselverhältnis gefangen. So sehr etwa die *Unvollendete* alsbald jene innersystemische Komplexität entfaltet, die eine seit Arnold Schering geltend gemachte autobiographische Inspiration[47] sukzessive überlagert, so drängt ihrerseits die unvermittelte Materialität der harmonischen Wechsel, Akkordkaskaden und in eine absurd hohe Lage versetzten Trillerfiguren im zweiten Satz der A-Dur-Sonate D 959 dem Hörer eine außermusikalische Erklärung von Schuberts »volcanic temper«[48] fast gewaltsam auf.

Unter Einbeziehung derartiger Erwägungen und Kritikpunkte ist abschließend mit, aber auch jenseits von Dahlhaus nach der Zukunft einer differenzierten Biographik in der seit seinem Tode bereits grundlegend veränderten Musik- und Wissenschaftslandschaft zu fragen.

---

[45] Scott Burnham, »Carl Dahlhaus. Ludwig van Beethoven. Approaches to His Music (Review)«, in: *Notes* 49 (1993), S. 948–952, hier S. 952.

[46] Robert S. Hatten, »Interpreting personal motivations. Responses to life crises in later works of Beethoven, Schubert, and Chopin«, in: *Beethoven. Studien und Interpretationen*, Bd. 2, hrsg. von Mieczyslaw Tomaszewski und Magdalena Chrenkoff, Kraków 2006, S. 203–220. Vgl. auch Bernd Sponheuer, »Musikalisches Kunstwerk und Biographie. Vorwiegend methodische Überlegungen mit einem Ausblick auf Mahler«, in: *Musik und Bildung* 21 (1989), S. 4–10.

[47] Arnold Schering, *Franz Schuberts Symphonie in h-moll ›Unvollendete‹ und ihr Geheimnis*, Würzburg-Aumühle 1938.

[48] Hugh MacDonald, »Schubert's Volcanic Temper«, in: *Musical Times* 119 (1978), S. 949–952.

1. Das in populären Biographien und Heroenbildern resultierende ästhetische Bedürfnis, Musik als biographisches Zeugnis zu erleben, unterliegt zwar einerseits der wissenschaftlichen Kritik, kann jedoch andererseits auch als unbestechlicher Indikator für die gesellschaftliche Akzeptanz (s)eines Gegenstandes dienen. Beethovens in solchen Darstellungen zwar kaum je adäquat erfasste, aber niemals bezweifelte Größe bildet das soziale Fundament für dialektische Reflexionen Dahlhausschen Rangs. Der sich seither abzeichnende Prestigeverlust der klassischen Musikkultur und das schleichende Verschwinden des schulischen wie privaten Musikunterrichts aus dem bildungsbürgerlichen Selbstverständnis schwächt zwar auch die Fortschreibung (heroen)biographischer Mythen, doch entfällt damit zugleich die Möglichkeit, das zu ihrer intellektuellen Durchdringung und Überwindung erforderliche Rüstzeug zu vermitteln. Dahlhaus' impliziter Beethoven-Hörer mutiert ex post zu jener analytischen Fiktion, als den ihn Burnhams aus amerikanischen Verhältnissen erwachsene Kritik von vornherein betrachtet.[49]

2. Burnhams Abneigung gegen einen der ästhetischen Autonomie und dem strukturellen Hören verpflichteten Ansatz unterschätzt freilich nicht nur das zwischen den Zeilen aufscheinende und zum kritischen Weiterdenken einladende selbstreflexive Potential der Dahlhausschen Prosa. Wenn dieser 1976 anlässlich eines Rezeptionsurteile zur Fünften Symphonie geschickt montierenden Hörspiels konstatiert, dass sich ein musikalisches Werk »nicht allein im Notentext, im ›toten Buchstaben‹ [...] sondern auch und vor allem im Bewußtsein, im ›lebendigen Geist‹ derer, die es hören und in verschiedener Weise verstehen [bewahrt]«,[50] so bezeichnet diese Feststellung eine methodische Herausforderung. Das in Burnhams Buch *Beethoven Hero* beschworene »magische« Wiederhören – »an experience closer to the uncanny presence felt by Hoffmann than it is to the tracking of a compositional process« – erscheint demgegenüber als ästhetische wie theoretische Abdankung der Musikologie vor einer intersubjektiv nicht zu verifizierenden Triebbefriedigung.[51] Der Vorwurf, ausschließlich über Beethovens Musik statt über seine Person zu sprechen, bleibt methodisch unausgefüllt, und selbst die Versuche Harry Goldschmidts, aus einer materialistischen

---

[49] Ulrich Konrad, »Ars – Musica – Scientia. Gedanken zu Geschichte und Gegenwart einer Kunst und ihrer Wissenschaft«, in: *Musikwissenschaft. Eine Positionsbestimmung*, hrsg. von Laurenz Lütteken, Kassel u. a. 2007, S. 20–39, hier S. 30–32. Vgl. auch »Was ist musikalische Bildung? Gespräch zwischen Werner Klüppelholz und Carl Dahlhaus«, in: *Was ist musikalische Bildung?* (= *Musikalische Zeitfragen*, 14), Kassel u. a. 1984, S. 24–29.

[50] Carl Dahlhaus, »Lobrede auf Walter Kempowski«, in: Walter Kempowski, *Beethoven Fünfte und Moin Vaddr läbt. Handschriften und Materialien der Hörspiele*, hrsg. von Albrecht Knaus, Hamburg 1982, S. 69–71, hier S. 69. Seine Laudatio zur Verleihung des Karl Sczuka Hörspiel-Preises hielt Dahlhaus am 23. Oktober 1976.

[51] Scott Burnham, *Beethoven Hero*, Princeton 1995, S. 164f.

Perspektive Ansätze der Werkanalyse mit der Lösung biographischer Rätsel zu verbinden,[52] waren einem Vertreter des amerikanischen neumusikologischen Mainstreams entweder ideologisch suspekt oder sprachlich unzugänglich.

3. Auf eine weitere Alternative, die Rettung der musikalischen Biographie durch ihre Poetisierung hat Hermann Danuser in seiner Entgegnung auf Dahlhaus' Glosse hingewiesen[53] und diesen Ansatz in einem späteren Beitrag zur Festschrift für Rudolf Stephan konkretisiert.[54] Die Transformation des Genres durch seine Literarisierung – bei der die Veränderung der Erzählformen zugleich den Zerfall überkommener biographischer »master narratives« plausibilisiert – ist freilich schon Dahlhaus nicht fremd geblieben. Man braucht dabei nicht einmal auf das von Zeitzeugen belegte Staunen des Wagner-Forschers Egon Voss zu verweisen, dass Dahlhaus auf Martin Gregor-Dellins monumentale Biographie des Komponisten[55] keineswegs so negativ reagierte, wie es sich der Philologe wohl erhoffte. Auch Hildesheimers bereits angeführtem Mozart-Buch[56] widmet Dahlhaus – gemeinsam mit der 1975 abgeschlossenen Ausgabe der Briefe – eine substantielle Besprechung, die mit ihrem Verweis auf die Relation von auktorialer Erzählform und klassischer Biographik einen Gedanken aus den *Grundlagen der Musikgeschichte*[57] fortführt:

> »Indem [Hildesheimer] – mit den Mitteln des modernen Romanciers, der das kontinuierliche Erzählen aus dem Zentrum einer bekannten Realität mit stückweisen Annäherungen an eine befremdliche Wirklichkeit vertauscht hat – das Leben Mozarts fernrückt, statt es näherzubringen, schafft er Platz für eine durch nichts Biographisches belastete Interpretation des Werkes und des Kompositionsprozesses. [...] Hildesheimer ergänzt nicht, er malt nicht aus, sondern er zweifelt, verdächtigt und liest argwöhnisch zwischen den Zeilen: Die Skepsis eines Philologen, der sich fragt, ob nicht Menschen, wenn sie schon Briefe schreiben, im allgemeinen einen Grund haben, ein Stück Unwahrheit zu sagen, geht bruchlos in die von Proust bis zu Nathalie Sarraute sich steigernde Zweifelsucht eines

---

[52] Harry Goldschmidt, *Um die unsterbliche Geliebte. Ein Beethoven-Buch*, München 1977. Trotz seiner methodischen Exzentrik erscheint Goldschmidts auch auf Musik gestützte Neigung zu Josephine Brunsvik plausibler, als das in der amerikanischen Forschung noch immer favorisierte Plädoyer des Nicht-Musikologen Solomon für Antonie von Brentano, dem diese Dimension fehlt.
[53] Hermann Danuser, »Kann Poetik die Biographik retten?«, in: *Melos/NZ* 1 (1975), S. 286f.
[54] Hermann Danuser, »Biographik und musikalische Hermeneutik: Zum Verhältnis zweier Disziplinen der Musikwissenschaft«, in: *Neue Musik und Tradition. Festschrift Rudolf Stephan zum 65. Geburtstag*, hrsg. von Josef Kuckertz u. a., Laaber 1990, S. 571–601.
[55] Martin Gregor-Dellin, *Richard Wagner. Sein Leben, sein Werk, sein Jahrhundert*, München 1980.
[56] Wolfgang Hildesheimer, *Mozart*, Frankfurt a. M. 1977.
[57] Carl Dahlhaus, *Grundlagen der Musikgeschichte*, Köln 1977, S. 81 (*GS*, Bd. I, S. 11–155, hier S. 52).

modernen Romanautors über, für den der Realismus stilistisch wie philosophisch eine verlorengegangene Naivität darstellt.«[58]

Selbst wenn, anders als bei Dahlhaus, literarische Begabung unter Musikwissenschaftlern eine sicher nicht durchweg verbreitete Eigenschaft ist, wäre zu überlegen, in wie weit die Darstellung der neueren Musikgeschichte genau dieses Talent aus Widerstandsgeist erfordert. Was einst mit Glasenapp in Bayreuth begann,[59] setzte sich mit der Tendenz bedeutender Komponisten des 20. Jahrhunderts fort, Leben und Werk in die Hände eines sachlicher Distanz entbehrenden Hofhistoriographen zu legen. Die Schriften Christoph von Blumröders über Karlheinz Stockhausen[60] oder jene von Werner Klüppelholz zu Mauricio Kagel[61] können von einer zukünftigen Biographik zwar nicht ignoriert, wohl aber stilistisch-ironisch aufgehoben werden. Überdies bleibt wohl auch eine spezifische kompositorische Ästhetik auf ihre spätere biographische Erfassung nicht völlig ohne Einfluss. Sofern im Jahre 2117 noch das dringende Bedürfnis existieren sollte, über vorliegende Blogs und Selbstgespräche[62] hinausgehende »Nachrichten von den Schicksalen des Kapellsamplers Johannes Kreidler« zu verbreiten, so wären diese wohl am ehesten in einer durch die Hoffmann-Paraphrase bereits angedeuteten literarischen Brechung zu ertragen.

4. Die Spaltung in ein ästhetisches und biographisches Subjekt, die Dahlhaus zu einem zentralen Ausgangspunkt seiner Beethoven-Darstellung entwickelt, scheint methodisch auch nach drei Jahrzehnten noch keineswegs in allen Aspekten ausgereizt. Davon unabhängig erhebt sich aber die Frage, ob die im Kontext der Werkkategorie entwickelte Idee eines ästhetischen Subjektes auch für zusehends ins Bewusstsein einer sich globalisierenden und pluralisierenden Musikforschung rückende Konstellationen nutzbar gemacht werden kann, die man seit und mit dem unaufhaltsamen Aufschwung der Performance-Theorie als musikalisches Ereignis fasst:

Erstens also auf Bereiche der Popularmusik, die sowohl avancierte (Klang)inszenierungen hervorgebracht hat, denen man als bloße Widerspiegelung einer Lebenssituation gleiche Gewalt wie der »Schicksalssymphonie« antäte oder die – »the show must go on« – einer auf subjektiv-biographische Belange keine

---

[58] Carl Dahlhaus, »Befremdlicher Mozart. Wolfgang Hildesheimers Antibiographie ›Mozart‹ – die ergiebige Abschweifung eines Romanciers in die Musikgeschichte«, in: *Die Zeit*, 11.11.1977, Nr. 47 (*GS*, Bd. IX, S. 294–297, hier S. 295f.).

[59] Carl Friedrich Glasenapp, *Das Leben Richard Wagners in sechs Büchern dargestellt*, Leipzig ⁴1905.

[60] Christoph von Blumröder, *Die Grundlegung der Musik Karlheinz Stockhausens* (= *Beihefte zum Archiv für Musikwissenschaft*, 32), Stuttgart 1993.

[61] Vgl. z. B. Werner Klüppelholz, *Über Mauricio Kagel*, Saarbrücken 2003.

[62] Johannes Kreidler, »›Ich frage mich‹: Johannes Kreidler im Gespräch mit sich selbst«, in: *Österreichische Musikzeitschrift* 69/1 (2014), S. 65–69.

Rücksicht nehmenden ökonomischen Eigenlogik unterliegen. In wie weit Aspekte der methodisch avancierten Biographie-Diskussion (zu denken wäre etwa an Mozart und Beethoven, ebenso wie an Wagner und Liszt) auch der mit einer Flut derartiger Veröffentlichungen konfrontierten Popularmusikforschung nutzen können, ist angesichts einer zum Schaden der Disziplin fortschreitenden Parzellierung bislang jedoch nicht ernstlich geprüft worden.

Zweitens wäre an ihre Applikation auf das von Dahlhaus in seinen Rezensionen bereits erfasste, aber noch nicht theoretisierte Genre der Interpretenbiographie zu denken, in der – abgesehen von der längst verbreiteten Auffassung der Interpretation als schöpferische Kunstleistung sui generis[63] – trivialisierende Ineinssetzungen von biographischen Erlebnissen und Interpretationsansätzen ebenso vertreten sind wie in der Komponistendarstellung.

Drittens kann – bei einer ausreichenden Berücksichtigung kultureller Kontexte, die die Extreme einer unreflektierten Übertragung und der apodiktisch-dichotomischen Gegenüberstellung westlicher und außereuropäischer Subjektivität meidet – ihre Anwendung auf Musikerpersönlichkeiten nicht-europäischer Musikkulturen erwogen werden. Durch ihren sozialen Statusgewinn partizipieren sie implizit an der (kolonialen) Globalisierung der Autonomieästhetik, die sie im Sinne einer postkolonialen Adaptation wie Subversion eines europäischen »master narratives« in ihrem musikalischen Handeln zugleich nutzen und unterlaufen. Ich verweise – sehr summarisch – auf die »Entstehung des Komponisten« in Südindien,[64] Überlegungen von Gerhard Kubik zur afrikanischen Musikerpersönlichkeit[65] sowie auf Tejumola Olaniyans brilliante Fela Anikulapo Kuti-Monographie,[66] deren Konfrontation biographischer Momente mit der im Mittelpunkt der Darstellung stehenden politisch-kulturellen Praxis in ganz eigener Form ein aus der Musik sprechendes »ästhetisches Subjekt« der nigerianischen Afro-Pop-Legende generiert.

Auch eine zukünftige Biographik und Biographieforschung wird von Dahlhaus' differenzierter Skepsis gegenüber dem Genre – einer Kritik, deren unnachgiebiger Hinweis auf die brüchigen methodischen Fundamente eines Gedankengebäudes dessen Rettung nicht a priori ausschließt – in summa nur profitieren können.

---

[63] Vgl. bereits Hermann Gottschewski, *Die Interpretation als Kunstwerk*, Laaber 1996; sowie Mine Doğantan-Dack, »Recording the Performer's Voice«, in: *Recorded Music. Philosophical and Critical Reflections*, hrsg. von Mine Doğantan-Dack, London 2008.
[64] Vgl. Amanda Weidmann, *Singing the Classical, Voicing the Modern. The Postcolonial Politics of Music in South India*, Durham und London 2006, S. 192–244.
[65] Vgl. Gerhard Kubik und Artur Simon, »Afrika südlich der Sahara«, in: *MGG2*, Bd. 1, Kassel u. a. 1994, Sp. 49–194, hier Sp. 139–146.
[66] Tejumola Olaniyan, *Arrest the Music! Fela and His Rebel Art and Politics*, Bloomington 2004.

Annegret Fauser

Nationale Narrative in der Biographik
Ein transnationaler Zugang

Vor sieben Jahren erschien die erste europäische Biographie Aaron Coplands, Luciano Felicianis *Aaron Copland: Pioniere della musica americana*.[1] Bereits der Titel betont nicht nur die amerikanische Nationalität des Komponisten, sondern etabliert diese gleichzeitig auch als pionierhaft für die gesamte amerikanische Musik. Der Topos des Pioniers, der Hindernisse und Genzen sowohl auf der Erde als auch im Weltall überwindet, gehört zum wohlfeilen Instrumentarium des amerikanischen Sonderwegs.[2] Das Geleitwort des Pianisten Emanuele Arciuli verspricht denn auch nicht nur, dass das Buch seinen Lesern »einen ›großen‹ amerikanischen Komponisten« vorstelle, sondern auch, dass sich die Biographie Coplands wie »un romanzo d'avventure«, also wie ein Abenteuerroman, lese.[3] Der erste Satz des Autors Luciano Feliciani vervollständigt die Konstruktion eines national-amerikanischen Musikhelden:

> »Aaron Copland verkörpert eine Figur ersten Ranges in der Musik des 20. Jahrhunderts; er kann richtigerweise als der Vater der klassischen amerikanischen Musik angesehen werden dank seines originalen Kompositionsstils und seines beständigen wie leidenschaftlichen Engagements für die weltweite Verbreitung der Musik seines Landes.«[4]

Leserin und Leser dieser Biographie wissen also von den ersten Zeilen an, dass das Buch einem großen Mann gewidmet ist, dessen Werk das musikwissenschaftliche Qualitätssiegel von Originalität trägt, dessen Bedeutung zugleich

---

[1] Luciano Feliciani, *Aaron Copland. Pioniere della musica americana*, Vorwort von Emanuele Arciuli, Varese 2011.
[2] Für eine Einführung zur Geschichte des amerikanischen Sonderwegs siehe Godfrey Hodgson, *The Myth of American Exceptionalism*, New Haven 2009.
[3] Emanuele Arciuli, »Presentazione«, in: Feliciani, Aaron Copland, S. 7f., hier S. 8: »Innanzitutto Copland incarna, quasi per antonomasia, la figura del ›grande‹ compositore Americano; lui stesso si pose sempre come un leader, una figura carismatica, testimone e protagonista di vicende artistiche straordinarie. [...] Leggere la biografia di Copland è come sfogliare un romanzo d'avventure«. Wenn nicht anders vermerkt, stammt die Übersetzung von der Autorin.
[4] Feliciani, Aaron Copland, S. 9: »Aaron Copland rappresenta una figura di primissimo piano nella musica del '900; può essere considerato di diritto une dei padri della musica classica americana grazie al suo originale stile compositivo e al continuo e appassionato impegno volto alla diffusione, in tutto il mondo, della musica del suo paese«.

aber national verankert und eingegrenzt ist: Copland als Vater und globaler Vermittler der amerikanischen Moderne.[5]

Es geht mir in meinem einleitenden Beispiel nicht darum, eine spezifische musikalische Biographie anzugreifen; es ist ein gut geschriebenes Buch, in dem Leben und Werk Coplands einer europäischen Leserschaft durchaus kompetent vermittelt wird. In der Tat: Für Felicianis italienisches Lesepublikum ist die Positionierung Coplands als exotische Figur jenseits des Atlantiks eine sinnvolle Verortung in der Geographie der Musik des 20. Jahrhunderts. Vielmehr wähle ich diesen Einstieg, weil in diesem Fall durch die autobiographische Selbstdarstellung und internationale Rezeption des Komponisten sowie auch durch die ihm bereits gewidmeten biographischen Studien in den Vereinigten Staaten bereits ein narratives Feld geschaffen war, das sich nahtlos mit den vertrauten transnationalen Diskursen zur Musikgeschichte des 20. Jahrhunderts verzahnte. Diese Diskurse spielten nationale Musiktraditionen und internationale Avantgarde gegeneinander aus und siedelten die amerikanische Moderne an der Peripherie der Neuen Musik an. Und insofern die Musik Coplands tatsächlich als klangliches Emblem des musikalischen »Americanism« gilt, musste dessen Biographie in einem solchen Interpretationsfeld geradezu zwangsweise einen nationalen Charakter annehmen.[6]

Da Copland zu den zentralen Figuren der amerikanischen Musik des 20. Jahrhunderts zählt, bildete seine Biographie in den vergangenen Jahren einen weit rezipierten musikhistorischen Schlüssel zur amerikanischen Musik. Neben seiner zweibändigen Autobiographie (die in Zusammenarbeit mit Vivian Perlis entstand) formen vor allem zwei Studien den Kern der jüngeren biographischen Auseinandersetzungen mit dem Komponisten: Howard Pollacks *Aaron Copland. The Life and Work of an Uncommon Man* (1999) und Elizabeth B. Crists Monographie *Music for the Common Man. Aaron Copland during the Depression and War* (2005).[7] Crists Studie ist keine ausgewiesene Biographie wie etwa Pollacks Buch, aber es ist ein Werk, das Leben und Schaffen eines Individuums eng miteinander

---

[5] Zum Topos des Komponisten als Heroe und seiner Langzeitwirkung siehe Melanie Unseld, *Biographie und Musikgeschichte. Wandlungen biographischer Konzepte in Musikkultur und Musikhistoriographie*, Köln u. a. 2014, S. 244–287.

[6] Der amerikanische Terminus »Americanism« und dessen Übersetzung »Amerikanismus« sind hermeneutisch nicht deckungsgleich, da der deutsche Begriff sich auf die transnationale Aneignung amerikanischer Populärmusik (vor allem von Ragtime und Jazz) in den Zwischenkriegsjahren bezieht, während das englische Wort eine Form des musikalischen Nationalismus bezeichnet. Siehe *Amerikanismus – Americanism – Weill. Die Suche nach kultureller Identität in der Moderne*, hrsg. von Hermann Danuser und Hermann Gottschewski, Schliengen 2002.

[7] Aaron Copland und Vivian Perlis, *Copland. 1900 Through 1942*, New York 1984; und dies., *Copland Since 1943*, New York 1989; Howard Pollack, *Aaron Copland. The Life and Work of an Uncommon Man*, Urbana und Chicago 1999; Elizabeth B. Crist, *Music for the Common Man. Aaron Copland during the Depression and War*, Oxford und New York 2005.

vernetzt und dessen methodischer Rekurs auf biographische Informationen als hermeneutischer Zugang zur Musik für die Disziplin vor allem in anglophonen Diskursnetzwerken nicht untypisch ist.

Im Folgenden möchte ich zwei Aspekte weiter vertiefen, die aus meinen einleitenden Bemerkungen zur Copland-Biographik hervorgehen, und einen dritten ansprechen, der sich vor allem im Kontext amerikanischer biographischer Arbeiten abzeichnet: die nationalen Verortungen von MusikerInnen als ein transnationales Phänomen; die neue hermeneutische Funktion biographischen Schreibens vor allem im nordamerikanischen Raum, die sich von der sogenannten »new biography« zu LGBTQ-Kontexten spannt; und schließlich die sogenannte transnationale Wende (*transnational turn*) in Imperialismusforschung und ›American Studies‹, die einen deutlichen Einfluss auf nationale Narrative in der Biographik hat.

Nationale Verortungen von MusikerInnen als transnationales Phänomen

Dass die westliche Historiographik MusikerInnen und vor allem Komponistinnen und Komponisten national verortet, ist ein transnationales Phänomen. Zum einen handelt es sich um eine taxonomische Kurzschrift, die seit dem neunzehnten Jahrhundert die Lexika der westlichen Welt zu ordnen half, etwa in diesem Beispiel des *New Grove Dictionary of Music and Musicians*, in dem Lili Boulanger als eine französische Komponistin kategorisiert ist; zum anderen ging und geht es darum, ein Individuum in seinem historischen Kontext zu verankern, zu welchem nationale Identität ebenso gehört wie Geschlecht oder soziale Klasse.[8] Trotz aller Kritik an nationalen historiographischen Konstruktionen bleiben große nationale Biographikprojekte weiterhin aktuell, vom *Dictionnaire de Biographie française*, das 1932 startete und sich bis 2015 mit seinem 125. Band durch die Hälfte des Alphabets gearbeitet hatte, bis zur *Neuen Deutschen Biographie*, die soeben ihren 26. Band herausbrachte, oder dem *Dictionary of Irish Biography*, das sich stolz mit seiner Auszeichnung als hoch empfohlenes »outstanding reference work« schmückt.[9] Das neueste großangelegte nationale Lexikon in der Musik-

---

[8] Annegret Fauser und Robert Orledge, »Boulanger, Lili«, in: *Grove Music Online. Oxford Music Online*. Oxford University Press, <http://www.oxfordmusiconline.com/article/grove/music/03704>.

[9] *Dictionnaire de biographie française*, hrsg. von Jules Balteau u. a., Paris 1932ff.; zur *Neuen Deutschen Biographie* siehe <http://www.ndb.badw-muenchen.de>; zum *Dictionary of Irish Biography* siehe <http://dib.cambridge.org>.

wissenschaft, das achtbändige *Grove Dictionary of American Music*, kam 2013 auf den Markt.[10]

Lexika gehorchen einer eigenen Logik, die aber mit nationalen Narrativen in der Biographik eng verbunden ist. Es geht hier jedoch weniger um die Geschichte der Biographik und ihre Intersektion mit nationalistischen Ideologien. Dies ist in der Sekundärliteratur sehr gut aufgearbeitet.[11] Vielmehr sei der Fokus auf den dynamischen Prozess gelegt, der sich sowohl auf lokaler als auch auf transnationaler Ebene in der nationalen Verortung der Musik während der letzten zwei Jahrzehnte abspielte. Gerade in den letzten Jahren, in denen Fragen nationaler Identität verschärft diskutiert werden – und zwar hier in Europa nicht weniger als in den USA oder in Indien –, werden kulturelle Produktionen und ihre Erzeuger erneut durch die Brille ihrer nationalen Identität betrachtet. Ich beziehe mich hier nicht auf chauvinistische Aneignungen nationaler Komponisten, sondern vielmehr auf Biographien, in denen die Intersektionalität von nationaler und künstlerischer Identität explizit angesprochen und problematisiert wird. Das Spektrum an Beispielen für solche Arbeiten reicht von Biographien zu Francis Poulenc und Richard Strauss bis hin zu Lebensdarstellungen von Agustín Lara.[12] Diese drei Komponisten sind Teil der musikalischen Moderne des frühen 20. Jahrhunderts, eben gerade eines Zeitraums, in dem Fragen des Nationalen besonders brisant waren, weshalb ihre nationale Identität sowohl historisch als auch historiographisch eine narrative Schlüsselstellung einnimmt. Dies ist umso auffälliger im Vergleich mit Biographien über Personen, die in sozial- und politisch-nationalen Konstellationen vernetzt sind – etwa Suzanne Cusicks *Francesca Caccini at the Medici Court*. In diesen bilden andere Fragen das historiographische Prisma, von der höfischen Kultur bis zur Konstruktion von Gender in der frühen Neuzeit.[13]

Die Intersektion des Musikalischen und Nationalen ist in den letzten Jahren nicht nur im traditionellen Genre der Biographie ein Thema, sondern vor allem auch in biographischen Interpretationsansätzen der Musikwissenschaft, die ich als biographiebezogen charakterisieren möchte und die in dem epistemologi-

---

[10] *The Grove Dictionary of American Music*, hrsg. von Charles Hiroshi Garrett, 8 Bde., New York 2013.
[11] Siehe u. a. Unseld, Biographie und Musikgeschichte, S. 236–243. Für einen knappen Überblick zur nationalen Biographik im Allgemeinen siehe Hermione Lee, *Biography: A Very Short Introduction*, Oxford und New York 2009, S. 54–71. Für eine Fallstudie siehe Jolanta T. Pekacz, »The Nation's Property. Chopin's Biography as a Cultural Discourse«, in: *Musical Biography. Towards New Paradigms*, hrsg. von Jolanta T. Pekacz, Aldershot und Burlington 2006, S. 43–68.
[12] Hervé Lacombe, *Francis Poulenc*, Paris 2013; Andrew Grant Wood, *Agustín Lara. A Cultural Biography*, New York 2014; Laurenz Lütteken, *Richard Strauss. Musik der Moderne*, Stuttgart 2014.
[13] Suzanne G. Cusick, *Francesca Caccini at the Medici Court. Music and the Circulation of Power*, Chicago 2009.

schen Feld angesiedelt sind, das sich in den letzten Jahrzehnten aus der sogenannten »new musicology« heraus entwickelt hat. Dies bringt mich zu meinem zweiten Schwerpunkt, den neuen hermeneutischen Funktionen biographischen Schreibens vor allem – aber nicht nur – im nordamerikanischen Raum.

Neue hermeneutische Funktion biographischen Schreibens

Die den Zugängen der »new musicology« zugrundeliegende Prämisse besteht in einer relationalen Vernetzung musikalischer Phänomene mit den biographischen Konstellationen von Musikschaffenden. In dem älteren und diskreditierten Modell der biographieorientierten Musikwissenschaft stehen Leben und Werk in einem teleologischen Kausalzusammenhang, der beispielsweise zu detektivischen Spurensuchen, etwa nach der fernen Geliebten, oder populärpsychologischen Erklärungen kompositorischer Entscheidungen führte und zuweilen auch immer noch führt.[14] Worin sich dieser jüngere, in der sogenannten »new biography« grundierte Ansatz von jenem älteren unterscheidet, ist das Verstehen von musikalischen wie biographischen Ereignissen aus einer Performanz von Identität etwa im Sinne Judith Butlers heraus, wonach auch die performative Konstruktion des sozialen und politischen Selbst einen in die phänomenologische Konstitution unserer historischen und interpretativen Welten eingeschriebenen Aspekt bildet.[15] In ihrer inzwischen klassischen Formulierung aus der Einleitung des im Jahr 2000 erschienen Sammelbandes *The New Biography* brachte die feministische Historikerin Jo Burr Margadant das Konzept des Performativen mit dem Akt des biographischen Schreibens zusammen. Demzufolge ist

> »das Subjekt einer Biographie nicht mehr ein kohärentes sondern vielmehr ein performatives Selbst, das entweder einen Eindruck von Kohärenz kreiert oder ein Individuum darstellt, dessen Multiplizität verschiedener Manifestationen seines Selbst den Verlauf der Zeit, die Ansprüche und Optionen unterschiedlicher Kontexte oder die Vielfalt jener Weisen, in welcher Andere diese Person zu repräsentieren suchen, reflektiert.«

---

[14] Die Biographik und ihre Rolle in der Musikwissenschaft hat in den letzten Jahren zu mehreren grundlegenden Publikationen geführt, die sie im Zusammenhang mit der sogenannten »new musicology« diskutieren, beispielsweise in Christopher Wiley, »Biography and the New Musicology«, in: *(Auto)biography as a Musicological Discourse. The Ninth International Conference of The Departments of Musicology and Ethnomusicology, Faculty of Music, University of Arts in Belgrade, 19–22 April 2008*, hrsg. von Tatjana Marković und Vesna Mikić, Belgrad 2010, S. 3–27.

[15] Judith Butler, *Bodies That Matter. On the Discursive Limits of ›Sex‹*, New York und London 2011, S. 12: »Performativity must be understood, not as a singular or deliberate ›act,‹ but, rather, as the reiterative and citational practice by which discourse produces the effects that it names«.

Margadant zufolge ist die »new biography« eine analytische Methode, »die die konstruierte Natur unseres bewussten Selbst und der Ansichten Anderer erkennt.«[16] Wenn die Performanz des Subjekts – um noch einmal auf Butler zurückzukommen – in, durch und gegen normative Kontexte konstruiert ist, so ist ein Individuum als Teil einer relationalen Phänomenologie konstituiert, in der die Performanz von Identität weder freies Spiel noch theatralische Darstellung ist.[17]

Für die Behandlung des musikalischen Schaffens bedeutet dieser biographische Interpretationsansatz also nicht die Suche nach einem Kausalzusammenhang zwischen Leben und musikalischem Ereignis, sondern vielmehr ein Verständnis des individuellen Musikschaffens als eingebunden in eine relationale »acoustemology«, um hier einen Schlüsselbegriff von Steven Feld ins Spiel zu bringen.[18] Für Feld bildet Musik ein »hörbares Archiv« (*audible archive*), dessen Historizität sowohl in der Welt situiert ist als sie auch im reflexiven Diskurs konstituiert wird.[19]

Im Zusammenhang meines Beitrags stellt sich natürlich die Frage, was dieser methodologische Ansatz des relational Performativen nun konkret für das biographische Schreiben bedeutet, vor allem wenn nationale Narrative ins Spiel kommen. Ich habe bereits Elizabeth Crists Studie zum Aaron Copland der 1930er- und 1940er-Jahre als ein Beispiel biographischen Schreibens erwähnt, das Musik und Leben relational konstruiert und das den komplexen Vernetzungen politischer, sexueller, religiöser, sozialer, ethnischer und nationaler Elemente musikzentriert nachspürt. Crists analytischer Zugang zu Werken wie *Billy the Kid*

---

[16] Jo Burr Margadant, »Introduction«, in: *The New Biography. Performing Femininity in Nineteenth-Century France*, hrsg. von Jo Burr Margadant, Berkeley u. a. 2000, S. 1–32, hier S. 7f.: »The subject of biography is no longer the coherent self but rather a self that is performed to create an impression of coherence or an individual with multiple selves whose different manifestations reflect the passage of time, the demands and options of different settings, or the varieties of ways that others seek to represent that person. […] The new biography implies first and foremost, not a totalizing theory of cognition, but a method of analysis that recognizes the constructed nature of our conscious selves and views of others«.
[17] Butler, Bodies That Matter, S. 59f.: »The ›performative‹ dimension of construction is precisely the forced reiteration of norms. In this sense, then, it is not only that there are constraints to performativity; rather constraint calls to be rethought as the very condition of performativity. Performativity is neither free play nor theatrical self-presentation; nor can it be simply equated with performance. […] I would suggest that performativity cannot be understood outside of a process of iterability, a regularized and constrained repetition of norms«.
[18] Steven Feld, »Acoustemology«, in: *Keywords in Sound*, hrsg. von David Novak und Matt Sakakeeny, Durham und London 2015, S. 12–21, hier S. 12 und 14: »Acoustemology conjoins ›acoustics‹ and ›epistemology‹ to theorize sound as a way of knowing. […] Unlike acoustic ecology, acoustemology is about the experience and agency of listening histories, understood as relational and contingent, situated and reflexive«.
[19] Ebd., S. 19.

(1938) oder *Fanfare for the Common Man* (1942) versteht Coplands Kompositionen als ein hörbares Archiv nicht nur eines individuellen Musikschaffenden, sondern auch als eines des heiß umkämpften musikalischen »Americanism«.

Während Crist in ihrer Diskussion die Performanz von Identität implizit einbringt, macht Nadine Hubbs' Studie *The Queer Composition of America's Sound* (2004) diesen Zugang explizit.[20] In ihrem auf Fallstudien basierenden Engagement im Spannungsfeld zwischen einer heteronormativen nationalen amerikanischen Gesellschaft und homosexuellen Komponisten wie Copland, Virgil Thomson und Samuel Barber lokalisiert sie die musikalische Formulierung von Amerika als Nation gerade in der aufgrund ihrer Homosexualität subalternen Position dieser Musiker. Hubbs denkt in diesem Buch darüber nach, wie das Leben und die Werke dieser Komponisten »Fragen zur Vernetzung nationaler, sozialer und sexueller, kultureller und musikalischer Identität im Amerika des 20. Jahrhunderts und deren Bedeutung innerhalb der amerikanischen musikalischen Moderne stellen«. Hubbs fährt fort: »Wir werden des Weiteren danach fragen, wie diese Künstler eine Nation komponierten.«[21] Es geht also nicht darum, den Kausalzusammenhang zwischen Politik und Kunst zu finden, sondern vielmehr darum, beides als vernetzte Performanz von kollektiven und individuellen Identitäten zu verstehen.

Wie bei einem Kaleidoskop verschiebt sich in den nationalen Narrativen der letzten Jahre je nach Autorin die Emphase; der performative Charakter von Identität hat sich aber inzwischen als ein gemeinsamer methodischer Horizont etabliert, auch dann, wenn er nicht mehr explizit theoretisiert wird. Im Falle Coplands etwa liegt der Schwerpunkt bei Crist auf seiner politischen Identität, bei Hubbs in seiner sexuellen Identität, bei Rachel Mundy in einem Aufsatz aus dem Jahr 2013 in seiner jüdischen Identität im Kontext des amerikanischen Antisemitismus der Zwischenkriegsjahre und in meiner Studie zu *Appalachian Spring* in seiner ethnischen Identität als »Russian American«.[22] Wenn Coplands Musik somit nicht als bloße Reflexion des amerikanischen Nationalismus gilt, sondern vielmehr als Performanz von multiplen Positionen eines politisch linken, jüdischen, russisch-amerikanischen, homosexuellen Mannes aus dem Brooklyn während des Zweiten Weltkrieges, dann konstituiert ein Werk wie die

---

[20] Nadine Hubbs, *The Queer Composition of America's Sound: Gay Modernists, American Music, and National Identity*, Berkeley u. a. 2004.

[21] Ebd., S. 3f.: »questions about the interrelations of national, social and sexual, cultural and musical identity in twentieth-century America, or about their meanings within US musical modernism. [...] And we will further ask, How did these artists compose a nation?«.

[22] Rachel Mundy, »The ›League of Jewish Composers‹ and American Music«, in: *The Musical Quarterly* 96 (2013), S. 50–99; Annegret Fauser, *Aaron Copland: »Appalachian Spring«*, New York 2017.

Fanfare for the Common Man in der Tat ein hörbares Archiv einer komponierten Nation, wie sie 1942 aus dieser prekären Subjektposition heraus erlebt wurde.

Die sogenannte transnationale Wende in den ›American Studies‹

Eine Form biographischen Schreibens, in der die Identität des Subjekts als Performanz in komplexen und relationellen Diskursnetzwerken verstanden wird, spannt nicht nur Copland, sondern auch zahlreiche andere Musikerinnen und Musiker in ein transnationales Verständnis nationaler Identitäten ein. Während diese Entwicklung in anderen Disziplinen vor allem auch aus der Imperialismusforschung und den damit verbundenen ›Subaltern Studies‹ hervorging, ist sie in der Musikwissenschaft mit Exil- und Diasporaforschung einerseits und mit der transnationalen Wende in den ›American Studies‹ andererseits verbunden.[23] Sabine Feissts *Schoenberg's New World* und Brigid Cohens *Stefan Wolpe and the Avant-Garde Diaspora* sind zwei inzwischen weit rezipierte Beispiele transnationaler Biographik, die aus der Exilforschung stammen und sich mit Fragen der Performanz von nationaler und künstlerischer Identität aus einer transnationalen Perspektive heraus auseinandersetzen.[24] Als weiteres transatlantisches Beispiel ist Kimberly Francis' Doppelbiographie von Nadia Boulanger und Igor Stravinsky zu nennen, in der die Performanz von Gender im Kontext von Boulangers professioneller Mobilität und pädagogischer Arbeit ins Zentrum gestellt wird.[25] Diese transnationalen Biographien widmen sich Künstlerinnen und Künstlern, die grenz- und kulturüberschreitend wirkten und deren Kosmopolitismus sowohl musikalisch als auch persönlich einen Schwerpunkt der Identitätsformation bildete. Die biographische Auseinandersetzung mit Kurt Weill etwa zeigt die Verschiebung von der Suche nach einem authentischen, auch nationalen Selbst (das eine unkompromittierte musikalische Produktion als Ideal einschließt und sich im Mythos der »two Weills« widerspiegelte) zu einem Verständnis seiner Biographie als kosmopolitisch und diasporisch.[26]

---

[23] Für einen guten Überblick über die Literatur und Methodendiskussion siehe Sarah Panter, Johannes Paulmann und Margit Szöllösi-Janze, »Mobility and Biography: Methodological Challenges and Perspectives«, in: *Mobility and Biography. Jahrbuch für Europäische Geschichte/European History Yearbook* 16 (2015), S. 1–14.

[24] Sabine Feisst, *Schoenberg's New World. The American Years*, New York 2011; Brigid Cohen, *Stefan Wolpe and the Avant-Garde Diaspora*, Cambridge 2012.

[25] Kimberly A. Francis, *Teaching Stravinsky. Nadia Boulanger and the Consecration of a Modernist Icon*, New York 2015, S. 9.

[26] Für eine Auseinandersetzung mit der Idee der »two Weills« und deren Kritik durch (unter anderen) Hermann Danuser, Stephen Hinton und Kim Kowalke siehe Naomi Graber, *Found in Translation. Kurt Weill on Broadway and in Hollywood, 1935–1939*, PhD Dissertation, University of North Carolina at Chapel Hill 2013, S. 376–384.

Die transnationale Wende in den ›American Studies‹ hat ihren Ursprung einerseits im Konzept des sogenannten ›schwarzen Atlantik‹, das seit dem Erscheinen von Paul Gilroys *The Black Atlantic* zu einer transnationalen Sicht auf afroamerikanische Kultur führte, und andererseits in der größeren Präsenz von ›Latino/a Studies‹, die ihrerseits sowohl den afrokaribischen als auch den latein- und südamerikanischen Kontext eines breiten musikalischen Repertoires erfassen.[27] Insofern sind in der transnationalen Biographik auch ganz unterschiedliche Zielsetzungen präsent: Im Falles des ›schwarzen Atlantiks‹ handelt es sich darum, die jahrzehntelang abstrakt diskutierte transatlantische Zirkulation von Sklaven, Kapital und Kultur durch individuelle Schicksale zu »bevölkern«.[28] Im Falle der durch die ›Latino/a Studies‹ beeinflussten Entwicklungen geht es darum, das Lokale im Globalen zu vernetzen. Patricia Clavin zufolge fördert ein transnationales Engagement mit lokalen und regionalen Kulturen »eine verstärkte Sensitivität dafür, wie die Geschichte internationaler Beziehungen alle Mitglieder der Gesellschaft formt und von ihnen geformt wird. Lokalgeschichte wird zur Globalgeschichte oder, wie das neue Modewort es will, zur ›glo-cal‹ Geschichte.«[29]

Eine Biographie wie David Garcias *Arsenio Rodriguez and the Transnational Flows of Latin Popular Music* sieht lokale Entwicklungen als transnational verankert: Die schwarz-kubanische Erfahrung als eine subalterne Position innerhalb dominanter Gesellschaften zieht sich sowohl durch Rodriguez' Leben in Havanna als auch seine Karriere in New York. Lokale Differenz spielt sich dagegen in spezifischen Hierarchien ab, gerade in der populären Musik. Dass der Afrokubaner Rodriguez sich beispielsweise dagegen wehrt, in New York mit afroamerikanischen Mu-

---

[27] Zur transnationalen Wende in den ›American Studies‹ siehe beispielsweise Ursula K. Heise, »Ecocriticism and the Transnational Turn in American Studies«, in: *American Literary History* 20 (2008), S. 381–404. Auf S. 382 thematisiert sie den Wechsel »from the localized subject within the nation to the one that reaches across national borders in what has variously come to be theorized as critical internationalism, transnationalism, diaspora, or cosmopolitanism.« Zur Musikwissenschaft im latein- und südamerikanischen Kontext siehe *Transnational Encounters. Music and Performance at the U.S.–Mexico Border*, hrsg. von Alejandro L. Madrid, New York 2011.
[28] Lisa A. Lindsay und John Wood Sweet, »Introduction«, in: *Biography and the Black Atlantic*, hrsg. von Lisa A. Lindsay und John Wood Sweet, Philadelphia 2014, S. 1–16, S. 1: »In recent years, historians and other writers have begun to produce a surge of studies of the ›Black Atlantic‹ organized around particular life stories. This approach builds on and also suggests the limitations of scholarship over the last generation, which has focused on the myriad flow of captives, capital, and cultures around the early modern Atlantic world. Now, many scholars are populating this abstract and anonymous Atlantic with the historically situated experiences of individuals«.
[29] Patricia Clavin, »Defining Transnationalism«, in: *Contemporary European History* 14 (2005), S. 421–449, hier S. 437: »[…] facilitates an increased sensitivity to how the history of international relations shapes, and is shaped, by all members of society. Local history becomes global history or, as the new buzzword would have it, ›glo-cal‹ history«.

sikern identifiziert zu werden, ist eine Abgrenzung, die sowohl persönliche als auch musikalische Konsequenzen hat. Garcias Studie spricht entsprechend denn auch von »der Rolle, die Rasse, Identität und Politik für die Entwicklung seiner Musik und für den Verlauf seiner musikalischen Karriere sowohl lokal als auch im transnationalen Bereich der kubanischen und lateinamerkanischen Populärmusik hatten.«[30]

Alejandro Madrid verschärft diese transnationale Optik auf lateinamerikanische Musik in seiner biographischen Studie *In Search of Julián Carrillo and Sonido 13*. Seine polemische Einleitung bildet geradezu einen Gegenpol zu Luciano Felicianis Begründung seiner Copland-Biographie, mit der ich meinen Beitrag begann. Es geht Madrid nicht darum, dass Carrillo dem Modell des großen Komponisten entspricht – obgleich er ihn als solchen wiederholt charakterisiert –, sondern darum, wie ein besseres Verständnis der Selbstrepräsentation und kulturellen Vermittlung eines Musikers als Kritik transnationaler Phänomene der musikalischen Moderne eingesetzt werden kann.[31] Auf diese Weise lenkt seine transnationale Perspektive auf eine national verankerte Biographie die Emphase dann auch nicht auf den Aspekt der Mobilität innerhalb einer Künstlerlaufbahn – ob freiwillige Migration oder im erzwungenen Exil –, sondern vielmehr auf die globale Vernetzung einer lokalen Musikkultur, wie sie im Leben und Werk des Subjekts wirksam wurden.[32] Trotz ihrer diametral entgegengesetzten methodologischen Verankerung teilen Feliciani und Madrid aber eine performative Positionierung des Biographen als kultureller Übersetzer. So wie Feliciani den amerikanischen Copland und seine Bedeutung an seine italienischen Leser zu vermitteln gedenkt, schreibt Madrid über einen Komponisten des benachbarten Mexiko für ein spezifisches Segment der amerikanischen Musikwissenschaft. Eine transnationale Perspektive auf nationale Narrative in der Biographik heißt also nicht nur, ihre verschiedenen methodologischen Herausforderungen aufzuzeigen, sondern auch unerwartete Schnittstellen bloßzulegen, die sich gerade im Akt des kulturellen Übersetzens musikalischer Biographik ergeben.

---

[30] David F. Garcia, *Arsenio Rodríguez and the Transnational Flows of Latin Popular Music*, Philadelphia 2006, S. 4: »…the role that race, identity, and politics had in shaping his music and the trajectory of his musical career both locally and within the transnational realm of Cuban and Latin popular music«.

[31] Alejandro L. Madrid, *In Search of Julián Carrillo and Sonido 13*, New York 2015, S. 1 und 3: »This book is an exploration of how Carrillo created discourses of self-representation and mediated between cultural worlds. […] [It] is a cultural critique that takes him, his works, and his reception as points of departure for a study of cultural change, experimentalism, distinction, marginality, and cultural capital in twentieth-century Mexico«.

[32] Für eine Diskussion von Migration und Biographik siehe Gesa zur Nieden, »Mobile Musicians: Paths of Migration in Early Modern Europe«, in: *Mobility and Biography. Jahrbuch für Europäische Geschichte/European History Yearbook* 16 (2015), S. 111–129.

Stefan Drees

Biographische Zugriffe auf die Gegenwart
Zum Problem der Auseinandersetzung mit der Biographie zeitgenössischer Komponisten

Luigi Nono als Gegenstand biographischer Darstellung[1]

Im Rahmen einer Würdigung publizistischer Arbeiten des Musikwissenschaftlers Jürg Stenzl anlässlich von dessen 65. Geburtstag hat der Musikjournalist Gerhard R. Koch im Jahr 2007 auf die Bedeutung des 1975 erschienen Sammelbandes *Luigi Nono: Texte, Studien zu seiner Musik* hingewiesen. Stenzl habe hier, so Koch, einen »in seiner Art epochalen Band« herausgegeben, der zunächst einmal aufgrund seiner Fixierung auf den in den 1960er- und 1970er-Jahren keinesfalls unumstrittenen italienischen Komponisten und dessen politisches Engagement »Schlüsselcharakter« gewonnen habe.[2] Der eigentliche Rang von Stenzls Nono-Edition ergebe sich allerdings »aus einer Grenzzaun-Demontage zwischen entrückter Gelehrsamkeit und dem konfliktreichen Heute«,[3] denn der knapp 480-seitige Band dokumentiere auf selbstverständliche Weise, dass »Zeitungsartikel, auch Schallplatten-Einführungstexte als Quellen der Nono-Rezeption gleichermaßen ernst zu nehmen« seien, womit Stenzl auch für eine Reduktion der musikwissenschaftlichen »Berührungsängste gegenüber aktueller Realität« gesorgt habe.[4]

Die Bedeutung des besagten Bandes kann in der Tat nicht hoch genug veranschlagt werden: Stenzls Idee, divergente Quellentexte aus der Feder des Komponisten – nämlich Werkkommentare, Vorträge und analytische Betrachtungen – mit Komponistengesprächen aus unterschiedlichen Kontexten sowie mit Aufsätzen und Essays zur Musik aus der Feder Dritter zu kombinieren, führte zu einem bis heute maßgeblichen Kompendium, dessen Vorbildcharakter für andere, ähnlich gelagerte Publikationen nicht zu unterschätzen ist. Das Ziel seines Unterfangens

---

[1] Im vorliegenden Beitrag werden alle nicht explizit auf bestimmte Personen bezogenen Formulierungen wie ›der Leser‹ oder ›der Benutzer‹ geschlechtsneutral verwendet. Gemeint ist damit jeweils der Leser bzw. die Leserin, der Benutzer bzw. die Benutzerin usw.

[2] Gerhard R. Koch, »»Der Seitenwellenreiter« – Öffentlichkeitsbewegungssuche. Jürg Stenzls Publizistik«, in: *Annäherungen. Festschrift für Jürg Stenzl zum 65. Geburtstag*, hrsg. von Ulrich Mosch, Matthias Schmidt und Silvia Wälli, Saarbrücken 2007, S. 14–19, hier S. 16.

[3] Ebd., S. 16f.

[4] Ebd., S. 16.

benennt Stenzl im Vorwort der Textsammlung durch den Hinweis, es gehe ihm um die Offenlegung des seiner Meinung nach »scheinbaren Widerspruch[s] zwischen der Berühmtheit Luigi Nonos [als Person] und der Unkenntnis seines Schaffens im deutschen Sprachgebiet«,[5] die er als Ergebnis einer fehlgeleiteten, das eminent politische Element des Komponierens unterschlagenden Rezeptionsgeschichte betrachtet – eine Kritik, die sich dezidiert gegen Carl Dahlhaus' Gedanken von der Autonomie des Kunstwerks und die daraus resultierende Forderung nach einer rein werkbezogenen Betrachtungsweise von Musik wendet.[6] Demgegenüber solle der Sammelband gerade die bei Nono anzutreffende und das Selbstverständnis des Komponisten maßgeblich bestimmende Verbindung von »[k]ultureller Tätigkeit und politische[r] Praxis«[7] stärker in den Mittelpunkt der Aufmerksamkeit rücken.

Um dies zu erreichen, integriert Stenzl – worauf Koch in seiner Würdigung dezidiert hinweist – auch Textarten, die man in der Musikwissenschaft zuvor eher belächelt hatte, beispielsweise knappe, als Schallplattentexte erschienene Werkkommentare oder Interviews mit unterschiedlicher Funktionalität und Zielgruppenorientierung aus politischen Zeitungen und Periodika. Entstanden ist auf diese Weise eine eigentümliche, mit diversen Herausgeberkommentaren angereicherte Gesamtheit aus mitunter widersprüchlichen Quellen von wechselndem Informationsgehalt. In ihr fungieren die gelegentlich recht plakativen verbalen Äußerungen des Komponisten als »Standortbestimmungen, die von der Frage nach der Stellung und Aufgabe des Musikers in der Gegenwart bestimmt sind«,[8] während die insgesamt acht essayistischen und analytischen Auseinandersetzungen mit Nonos Musik diesen Zusammenhang aus der Außenperspektive umkreisen.[9] Als Ergebnis dieses Zusammenspiels von Dokumenten verschiedenster Art und Herkunft zeichnet sich ein biographischer Umriss Luigi Nonos ab, der jedoch nicht explizit erläutert wird, sondern vom Leser aus den Quellen erschlossen werden muss.

---

[5] Jürg Stenzl, »Vorwort«, in: *Luigi Nono: Texte, Studien zu seiner Musik*, hrsg. von dems., Zürich u. a. 1975, S. 7–13, hier S. 7.

[6] Vgl. zu dieser Problematik auch: Mathias Hansen, »Carl Dahlhaus und das Politische«, in: *Musik & Ästhetik* 12 (2008), H. 47, S. 5–16; Anne C. Shreffler, »Dahlhaus und die ›höhere Kritik‹: Schriften über Neue Musik und Politik«, in: *Carl Dahlhaus und die Musikwissenschaft: Werk, Wirkung, Aktualität*, hrsg. von Hermann Danuser, Peter Gülke und Norbert Miller in Verbindung mit Tobias Plebuch, Schliengen 2011, S. 249–264. Vgl. zu Dahlhaus' Umgang mit musikbezogener Biographik auch den Beitrag von Tobias Robert Klein im vorliegenden Band.

[7] Stenzl, »Vorwort«, S. 9.

[8] Ebd., S. 10. Die zuvor in italienischer Sprache publizierten Texte – also den weitaus größten Anteil der Quellen – hat Stenzl in Zusammenarbeit mit seiner Schwester Catherine Stenzl ins Deutsche übertragen.

[9] Drei der Texte stammen von italienischen Autoren (Luigi Pestalozza, Massimo Mila und Armando Gentilucci) und wurden gleichfalls für den Band übersetzt.

1998 wiederum veröffentlichte Stenzl im Rahmen der bekannten Monographien-Reihe im Rowohlt-Verlag einen 160-seitigen Band zu Luigi Nono.[10] Als Frucht einer jahrzehntelangen Beschäftigung mit dem Komponisten, die nicht nur zahlreiche eigene Aufsätze zu unterschiedlichsten Problemstellungen hervorbrachte, sondern sich auch auf die Gründung eines privaten Nono-Archivs und die systematische Aneignung sämtlicher überhaupt greifbarer Forschungsliteratur erstreckte, führt das Buch zentrale Tendenzen der rund zweieinhalb Jahrzehnte zuvor entstandenen Textsammlung fort. Stenzl verdichtet sie nun allerdings – dabei Nonos Lebenszeit in vier Phasen teilend, von denen drei auf die produktiven Jahre als Komponist fallen – zu einer biographischen Narration, die sich, den editorischen Vorgaben der gesamten Buchreihe folgend, an den als bedeutsam eingeschätzten Ereignissen des Lebenslaufs entlang bewegt, ergänzt um eine entsprechende, der Vergewisserung des Lesers dienende Zeittafel am Ende des Buches. Stenzls Narration ist durch weitgehende Abwesenheit spekulativer, von einer auktorialen Autorinstanz verantworteter Aussagen über Nonos Motivationen und Befindlichkeiten gekennzeichnet.[11] Ausgehend von einer profunden Kenntnis der zu dieser Zeit von einem Einzelnen noch überschaubaren Forschungsliteratur, stützen sich die Ausführungen vielmehr fast ausschließlich auf eine bis in die Erläuterung kompositionstechnischer Details hineinreichende Darstellung musikalischer Zusammenhänge sowie auf Dokumente, die einen engen Bezug zu den Entstehungsanlässen von Nonos Werken und den damit verknüpften Handlungskontexten aufweisen.

---

[10] Jürg Stenzl, *Luigi Nono* (= *rororo monographie*), Reinbek 1998.
[11] Signifikante Ausnahme ist allerdings eine (möglicherweise aus der persönlichen Bekanntschaft mit Nono und seinem näheren Umfeld resultierende) Passage, die der mit den Gegebenheiten der Nono-Forschung bestens vertraute Komponist Wolfgang Motz in seiner ausführlichen, ansonsten sehr positiven Würdigung des Buches heftig kritisierte; vgl. Wolfgang Motz, »*altri spazi ... altri cieli*. Zu Jürg Stenzls Nono-Monographie«, in: *Musik & Ästhetik* 2 (1998), H. 7, S. 116–118, hier S. 118: »Was in aller Welt brachte Stenzl dazu, auf S. 84 folgende Sätze zu schreiben?: ›Er war ... ein *homme à femmes*. ... Nono, ebenso sinnlicher Mann wie durchaus nicht frei von Macho-Allüren ... pflegte zu nehmen, was sich ihm zuneigte, und er eroberte, was ihn erregte – um sich sogleich wieder seiner Arbeit zuzuwenden. Dort transformierte er das sinnliche Vibrieren des eigenen Körpers in das frei sich Aussingende seiner Sopranlineaturen.‹ Dieser Text paßt eher in die Klatschspalte einer Illustrierten. Nur ein Nicht-Komponist kann glauben, daß auf diese Weise Musik zustande kommt.« Darüber hinaus hebt Motz den hohen Informationsgehalt der von Stenzl wiedergegebenen Quellen – insbesondere der Abbildungen – hervor und betont, dass man auch dem umfangreichen Anmerkungsapparat und der Zeittafel viele gewinnbringende, für die Buchreihe keinesfalls selbstverständliche Informationen entnehmen könne (vgl. ebd., S. 117).

Den vormals noch skizzenhaft bleibenden biographischen Umriss konkretisiert Stenzl nun, indem er ihn zu einem um die Werke zentrierten Charakterporträt eines Komponisten formt, für den die »Untrennbarkeit von Leben und Werk«[12] geradezu zur Lebensmaxime geworden sei, weil er als politisch engagierter Künstler gelebt und dies konsequent auch in seinem Schaffen verarbeitet habe. Dieser Ansatz hat bedeutsame Konsequenzen für das Schreiben über Nono, da sich Stenzl zufolge »[a]us Nonos Werken [...] die Person ihres Komponisten in der Auseinandersetzung mit ihrer Zeit heraushören«[13] lässt. Oder mit anderen Worten: »Zugespitzt läßt sich sagen, daß Nonos Biographie in seinen Werken liegt und im übrigen von der Entstehung und den Aufführungen dieser Werke in aller Welt bestimmt ist.«[14] Für Stenzls Rowohlt-Monographie folgt daraus, dass die allein auf eine Lebensbeschreibung gerichteten Passagen relativ knapp ausfallen, während die Betrachtung der Musik vor dem Hintergrund ihrer zeitgeschichtlichen Implikationen in den Mittelpunkt rückt, das Buch also eindeutig einen auf die Kompositionen bezogenen Schwerpunkt aufweist. Erwartungshaltungen, die sich, der Machart der Buchreihe entsprechend, auf ein primär biographisches oder gar an Anekdoten orientiertes Erzählen ausrichten, werden demgegenüber in gewisser Weise enttäuscht; dies zumindest suggeriert Stefan Fricke, wenn er in einer Rezension kritisiert, Stenzl habe in seiner Monographie »das Spektrum der Leserschaft aus den Augen verloren«, da sich seine Darstellung »ohne erhebliches Vorwissen« analytischer Art nur schwerlich erschließen lasse, wogegen aber gerade eine angemessenere, auf »Plastizät der schillernden Persönlichkeit Nonos und seiner Begegnungen« gerichtete Narration »manches verstehbarer, zugänglicher gemacht« haben würde.[15]

Zwei Konzeptionen im Vergleich

Die Gegenüberstellung zweier unterschiedlicher Buchkonzeptionen aus der Hand eines einzigen Autors lädt zu einer Reflexion darüber ein, mit welchen Vor- und Nachteilen die jeweils verwendeten Strategien biographischer Konstruktion behaftet sind. Beide Publikationen stimmen zunächst einmal darin überein, dass sie ein Bild von ihrem Gegenstand zeichnen möchten, bei dem Kunst ganz im Sinne von Georg W. Bertram als »menschliche Praxis« – d. h. »in

---

[12] Stenzl, Luigi Nono, S. 10.
[13] Ebd.
[14] Ebd. Diesem Gedanken ist auch eine weitere, inhaltlich umfangreichere biographische Darstellung verpflichtet, die kürzlich in englischer Sprache publiziert wurde: Carola Nielinger-Vakil, *Luigi Nono: a Composer in Context* (= *Music since 1900*), Cambridge und New York 2015.
[15] Stefan Fricke, [Rezension zu] »Jürg Stenzl: Luigi Nono«, in: *Neue Zeitschrift für Musik* 160 (1999), H. 1, S. 76f., hier S. 76.

einer tiefgreifenden Kontinuität zu anderen menschlichen Praktiken« stehend – aufgefasst wird.[16] Im Rahmen der Rowohlt-Monographie wird dieses Bild, dem Konzept der Buchreihe entsprechend, fest umrissen, aber aus der Logik von Umständen der Werkentstehung entfaltet. Diese Sicht auf Nonos kompositorisches Schaffen behält Stenzl auch im Rahmen einer derzeit in Vorbereitung befindlichen Neuauflage des Bandes bei, ohne sie weiteren Modifikationen zu unterziehen.[17] Laut Auskunft des Autors[18] hat er gegenüber der Erstauflage von 1998 »nur einige wenige Korrekturen vorgenommen und natürlich die Bibliographie ergänzt«. Allerdings geht er im Rahmen des umfangreichen Nachworts auf die Nono-Rezeption seit dem Erscheinen der Erstauflage seiner Monographie ein und verweist in diesem Zusammenhang auf den Umstand, dass die »bis ins Mikroskopische reichenden Einsichten in die Werkentstehungen«, die aufgrund der Einblicke in Nonos Nachlass möglich seien, mittlerweile auf Kosten einer Verdrängung all jener Werke geht, für die keine entsprechenden Materialien vorliegen.[19] Diese Verschiebung dürfte längerfristig im wissenschaftlichen Diskurs und damit auch in der öffentlichen Wahrnehmung eine – freilich von der Sache her nicht gerechtfertigte – Veränderung des Nono-Bildes nach sich ziehen.

Der auch in der Neuauflage des Bandes vorherrschenden Tendenz zu »einer Art ›Werk-Biographie‹«[20] steht der ältere Sammelband gegenüber, in dem das Material in unterschiedlichen Rubriken jeweils chronologisch angeordnet ist, thematische Verdopplungen und Verschiebungen der Perspektiven einbegriffen, dazu vom Herausgeber mit Kommentaren versehen, wo dem von Stenzl ursprünglich ins Auge gefassten deutschen Lesertypus notwendige Hintergrundinformationen – etwa zu politischen, gesellschaftlichen und kulturgeschichtlichen Details der jüngeren italienischen Geschichte – fehlen könnten. Diese offenere Variante mag zwar einer interpretierenden Hand entbehren, die einen durch das Dickicht von Informationen führt; doch sie ermöglicht den Lesern zugleich eine minimal gefilterte Annäherung an die Figur des Komponisten, lässt eigenständige Querverbindungen zu und fordert eine lesende Bewegung durch das Feld von zur Verfügung stehenden Quellen, die durchaus von unterschiedlichen Interessen geleitet sein kann und sich eben gerade nicht am chronologischen Zeitstrahl von Nonos Leben orientieren muss.

---

[16] Georg W. Bertram, *Kunst als menschliche Praxis. Eine Ästhetik*, Frankfurt a. M. 2014, S. 11.
[17] Laut Information des Verlages vom 10. Oktober 2018 soll der Band voraussichtlich in der zweiten Jahreshälfte 2019 im Verlag Schott in Mainz erscheinen.
[18] In einer E-Mail vom 4. Dezember 2016.
[19] Ich danke Jürg Stenzl für die Möglichkeit, das »Nachwort zur zweiten Auflage« in einer vorläufigen Version (Stand: 13. März 2016) einzusehen.
[20] So Stenzl im »Nachwort zur zweiten Auflage«.

Über die genannten Details hinaus ist noch eine weitere wichtige Unterscheidung zwischen beiden Büchern zu treffen: Während Stenzls Sammelband Mitte der 1970er-Jahre erschien – also zu einer Zeit, in der einerseits Nono sein Schaffen einer grundlegenden Befragung zu unterziehen begann und die teils radikal veränderten ästhetischen Perspektiven seines letzten Lebensjahrzehnts noch ausstanden, in der andererseits aber auch die biographietheoretische Reflexion einen anderen Stellenwert einnahm als in den 1990er-Jahren[21] – blickt die Biographie auf ein abgeschlossenes Komponistenleben zurück. Unausgesprochen macht dieser Umstand auf eine generelle Problematik biographischen Arbeitens über Zeitgenossen aufmerksam: Entsprechende Veröffentlichungen können sich wohl in den seltensten Fällen auf eine Auswertung privater, ursprünglich nicht für die Öffentlichkeit bestimmter Dokumente stützen und greifen viel zu oft auf autobiographische Quellen zurück, die unmittelbar mit der Entstehung der jeweiligen Publikation verknüpft sind, etwa zumeist auf Gespräche, in denen die behandelten Persönlichkeiten naturgemäß zu Selbstinszenierungen und »autobiographischen Selbststilisierungen«[22] neigen und die Deutung ihrer Arbeit so weit wie nur möglich zu kanonisieren versuchen.[23]

Charakteristisch für diese problematische Ausgangssituation ist etwa jene Biographie, die Eva-Maria Houben 2003 über den Komponisten Hans-Joachim Hespos vorlegte:[24] Zum Gegenstand ihres Buches hat die Autorin wenig mehr zu sagen als das, was man von Hespos selbst erfährt – von einem Komponisten also, der dem analytischen Reden und Schreiben über Musik seit jeher große Skepsis entgegenbringt. Über weite Strecken des 360 Seiten starken Bandes hinweg paraphrasiert die Autorin Briefe, Gesprächsfetzen und Dokumente, reiht die komplexen poetischen Aufführungsanweisungen aus Hespos' Werken aneinander und kopiert dabei unverblümt auch den wuchernden, poetischen Sprachstil des Komponisten. Bei alldem unterlässt Houben nicht nur jegliche kritische Auseinandersetzung mit den künstlerischen Ansprüchen von Hespos, sondern sie versteigt sich darüber hinaus noch zu befremdenden Betrachtungen, die der

---

[21] Vgl. hierzu insbesondere die Ausführungen zur von Carl Dahlhaus angestoßenen Diskussion um die den Sinn von Biographien bei Melanie Unseld, *Biographie und Musikgeschichte. Wandlungen biographischer Konzepte in Musikkultur und Musikhistoriographie*, Köln u. a. 2014, S. 407–418.

[22] Thomas Etzemüller, *Biographien. Lesen – erforschen – erzählen* (= *Campus Historische Einführungen*, 12), Frankfurt a. M. u. a. 2012, S. 92.

[23] Dieser Sachverhalt ist in jüngerer Zeit auch zu einem allgemeinen Problem heutiger Radiofeatures mit biographischen und werkbezogenen Inhalten geworden. Entsprechende Sendungen suggerieren zwar häufig, etwas über Leben und Schaffen der jeweils thematisierten Komponisten zu verraten, beruhen aber meist lediglich auf der – mit O-Tönen angereicherten – Nacherzählung von Selbstdeutungen.

[24] Eva-Maria Houben, *hespos – eine monographie*, Saarbrücken 2003; zum Folgenden vgl. Stefan Drees, »Hespos-Monografie«, in: *Positionen* 57 (November 2003), S. 48f.

Affirmation des Hespos'schen Selbstbildes als Künstler dienen, ohne es im Geringsten zu hinterfragen. Dies ist beispielsweise dort der Fall, wo die Autorin allen Ernstes die Frage stellt, ob der Sprung des Zweijährigen vom Balkon der elterlichen Wohnung wohl als »Unternehmung musikalischer Natur«[25] deutbar sei, welcher bereits die Wurzeln jener Ästhetik des Risikos eingeschrieben sei, die der Komponist später zur Grundlage seiner Werke und ihrer Aufführungen gemacht habe.

Dieses extreme Beispiel unterstreicht den in der Biographik häufig akzentuierten Umstand, dass jede Biographie naturgemäß »abhängig [ist] von der Perspektive des Forschers«,[26] die sich wiederum als sehr stark von historischen Rahmenbedingungen – und im Falle Houbens sicherlich auch von den eigenen künstlerischen Positionen – beeinflusst erweist.[27] Eine solche Perspektivierung könnte jedoch beispielsweise durch stärkere Abwendung vom narrativen Zugang eingeschränkt werden. Es geht also letzten Endes um ein Konzept, das sich zwar in die Tradition der Dokumentarbiographie einordnen lässt – diesbezüglich ist beispielsweise an Otto Erich Deutschs *Schubert. Dokumente seines Lebens* (1914) zu denken –, das jedoch darüber hinaus auch, dem von Melanie Unseld ins Spiel gebrachten Begriff einer »realitätshaltigen Historik«[28] Profil verleihend, auf die Vielfalt der heute zugänglichen Quellen Rücksicht nimmt und deren

---

[25] Houben, hespos, S. 23.
[26] Hans Erich Bödeker, »Biographie. Annäherungen an den gegenwärtigen Forschungs- und Diskussionsstand«, in: *Biographie schreiben*, hrsg. von dems. (= *Göttinger Gespräche zur Geschichtswissenschaft*, 18), Göttingen 2003, S. 9–63, hier S. 51.
[27] An dieser Stelle sei auf eine Frage aufmerksam gemacht, der bislang in der Biographik noch keinerlei Aufmerksamkeit geschenkt wurde, die jedoch gerade für den hier erläuterten Zusammenhang von Belang scheint: Auf welche Weise wirken sich die eigenen ästhetischen Positionen auf die biographische Darstellung eines Komponisten aus, wenn die Autoren selbst kompositorisch tätig sind? Mir ist bislang nur ein einziges Beispiel bekannt, bei dem ein solcher Fall thematisiert wurde, nämlich anlässlich von Jean Barraqués auch heute noch erhältlicher Biographie über Claude Debussy; vgl. Jean Barraqué, *Claude Debussy*, Paris 1962; deutsche Ausgabe in der Übersetzung von Clarita Waege und Hortensia Weiher-Waege, *Claude Debussy mit Selbstzeugnissen und Bilddokumenten* (= *rororo monographie*, 92), Reinbek 1964. Heribert Henrich erwähnt in seiner Studie zu Barraqués Schaffen (Heribert Henrich, *Das Werk Jean Barraqués. Genese und Faktur*, Kassel u. a. 1997) die Vorbehalte, die von Seiten des Musikhistorikers und Debussy-Forschers Edward Lockspeiser angesichts der Monographie geäußert wurden und sich vor allem an »Barraqués Neigung zum rigorosen, wenn nicht überspitzten ästhetischen Urteil« sowie an »eine[r] gewisse[n] Sorglosigkeit hinsichtlich des [sic] biographischen Details« entzündeten (ebd., S. 18). Demgegenüber steht jedoch Barraqués Versuch, ein »Debussy-Bild […] aus der Perspektive des seriellen Komponisten« (ebd., S. 17) zu entwerfen, wobei Debussy aufgrund seiner Formgebungsstrategien auch den Rang eines Vorläufers bei der Entwicklung eines für Barraqués eigene kompositorische Praxis wichtigen offenen Formkonzepts einnimmt.
[28] Unseld, Biographie und Musikgeschichte, S. 55.

unterschiedliche Präsentationsmodi einbegreift. Das von Deutsch selbst in die Diskussion gebrachte Argument, bei der Dokumentarbiographie handele es sich um eine »besondere Art [...] Mosaik-Arbeit«,[29] die »bezeichnenderweise sowohl auf die Konstrukthaftigkeit des entstandenen (biographischen) Bildes hinweist als auch auf die Leerstellen zwischen den Quellen«,[30] ist nämlich auch dann von Relevanz, wenn wir über die Biographie lebender Zeitgenossinnen und Zeitgenossen sprechen: Denn niemals lässt sich das Bild einer Persönlichkeit vollständig aus Dokumenten – gleich welcher Art – erschließen.

Ein solcher Zugang hat zudem dort erhebliche Vorteile, wo wir es mit ambivalenten Quellen zu tun haben, in denen autobiographische Inszenierungsmechanismen eine nicht zu unterschätzende Rolle spielen – also in Gesprächen, Berichten, Werkkommentaren oder anderen situationsbedingt entstandenen Texten – und die darüber hinaus auch zu unterschiedlichen Zeiten entstanden sind. Das Phänomen der falschen Erinnerung, das Zurechtrücken von Daten und Fakten im Zuge individueller Erinnerungsleistungen zugunsten der Erzeugung eines kohärenten Bildes der eigenen Vergangenheit wird dadurch zwar nicht eliminiert, aber zumindest im Sinne inhaltlich changierender Informationen sichtbar gemacht, woraus die Möglichkeit resultiert, die Dokumente auf ein »memoriksensibilisiertes Modell«[31] hin auszurichten. Die Idee des Lebenslaufs als interpretierte Totalität, wie sie eine auf rein narrativer Basis arbeitende Biographik bietet, wird also in gewissem Sinne durch die Dokumentenvielfalt unterlaufen und »durch die Darstellung von Brüchen und Schnitten ersetzt«,[32] wodurch sie eher den Charakter einer Montage annimmt, als dass sie einer durchgehenden Erzählung folgt. Dies erscheint umso sinnvoller, als die kohärente Narration von Biographie im Grunde eine Fiktion ist, da sie nachträglich konstruierte Verknüpfungen von Lebenssituationen enthält und dadurch die generelle Unberechenbarkeit des menschlichen Lebens durch ein teleologisches Modell ersetzt.[33]

Einen weiteren Pluspunkt hat die alternative Art der Anordnung in einem Sammelband, weil sie sich in verschiedene Richtungen aufschlüsseln lässt: Die Geschichte einer Person zerfällt in eine Vielfalt von biographischen Teilerzählungen, die sich an unterschiedlichen thematischen Schwerpunkten orientieren können, aber nicht unbedingt zu einer widerspruchsfreien Narration zusammenfinden müssen. Unverzichtbarer Bestandteil eines solchen biographischen

---

[29] Otto Erich Deutsch, *Mozart. Die Dokumente seines Lebens* (= *Neue Ausgabe sämtlicher Werke*, 34/10), Kassel u. a. 1961, S. VII.
[30] Unseld, Biographie und Musikgeschichte, S. 400.
[31] Ebd., S. 63.
[32] Ebd., S. 300.
[33] Vgl. die Ausführungen zu Formen und Zielen von Biographien bei Etzemüller, Biographien, S. 16ff.

Zugangs bleibt allerdings weiterhin der wissenschaftliche Kommentar, der als Verständnishilfe beispielsweise zeithistorische, gesellschaftliche oder politische Hintergründe erhellen muss. Damit liefert er zwar wichtige Interpretations- und Verständnishilfen, doch bleibt es der Intelligenz des Lesers überlassen, diese auf den jeweiligen Gegenstand anzuwenden. Das bedeutet auch, dass das biographische Porträt zu einer performativen Selbstschöpfung des lesend teilnehmenden Zielpublikums aufgewertet wird. Es geht also letzten Endes darum, bei der Leserschaft einen aktiven Nachvollzug anzuregen, der sich auf das präsentierte Material stützt und dort, wo dieses lückenhaft oder nicht auf Anhieb erschließbar ist, auf kommentierende Verstehenshilfen zurückgreifen kann, wodurch die Beschäftigung mit biographischem Material zur kreativen Konstruktionsleistung des Individuums wird. Im Falle von Stenzls Textsammlung kommt als weiteres Element hinzu, dass die dokumentarischen Materialien um mehrere Texte ergänzt sind, die – in essayistischer oder in wissenschaftlich-analytischer Form – sich dem Komponisten von außen her nähern. Dadurch werden die Quellen in einen Diskurs eingebunden, der bereits Dokumente zur Rezeption von Nonos Schaffen einbegreift und gerade deshalb auch auf unterschiedlich gewichtete Zugänge zu Leben und Werk aufmerksam machen kann.

Online-Quellensammlungen als konzeptueller Weg einer alternativen Biographik

Mittlerweile gibt es nicht nur zahlreiche Publikationen, die an die Konzeption von Stenzls Band anknüpfen und sie für ihre Zwecke abwandeln, um dadurch eine tiefergehende Auseinandersetzung mit den jeweils vorgestellten Persönlichkeiten anzustoßen,[34] sondern es existieren auch Internetplattformen, die einen umfassenden Zugriff auf biographische Dokumente (einschließlich Audio- und Videodateien) gewährleisten. Ein besonders instruktives Beispiel dafür, wie sich das erläuterte Prinzip anhand der Archivalien einer bereits verstorbenen Persönlichkeit realisieren lässt, bietet der Internetauftritt des in Wien ansässigen Arnold Schönberg Centers,[35] dessen umfassende Online-Präsentation von Materialbeständen samt ihrer Verknüpfung mit ausführlichen Kommentaren und weiterem Anschauungsmaterial in Form von Fotos, Audiodateien und Filmclips eine auf unterschiedliche Nutzerbedürfnisse abgestimmte Alternative

---

[34] Vgl. hierzu beispielsweise *Olga Neuwirth. Zwischen den Stühlen: A Twilight Song auf der Suche nach dem verlorenen Klang*, hrsg. von Stefan Drees, Salzburg 2008; *Im Spiegel der Zeit. Die Komponistin Unsuk Chin*, hrsg. von dems., Mainz 2011; *Neugier ist alles. Der Komponist Detlev Glanert*, hrsg. von dems., Hofheim 2012; *An den Rändern des Maßes. Der Komponist Gerald Eckert*, hrsg. von Gisela Nauck, Hofheim 2013.

[35] Vgl. <http://www.schoenberg.at>, 03.07.2017.

zu wissenschaftlichen Biographien bietet. Hier lassen sich nicht nur die einzelnen Werke in ihrer klingenden Gestalt erfahren[36] und anhand von Skizzenreproduktionen bis in ihre Entstehungsprozesse hinein verfolgen – was etwa im Falle der frühen Bühnenwerke auch Schönbergs bildnerische Auseinandersetzung mit einzelnen Aspekten der Bühnenbildgestaltung umfasst –, sondern es lassen sich auch mühelos schriftliche Quellen (meist Briefe und Schriften) oder biographische Details hierzu erschließen.

Der Weg der Annäherung an dieses Material wird von Anfang an offen gehalten: Er kann beispielsweise über einzelne Werke erfolgen, sich am bildnerischen Schaffen, den Schriften oder Briefen entlang bewegen oder seinen Ausgangspunkt in der Erkundung einer zoombaren Weltkarte mit Schönbergs Wirkungsorten nehmen und von dort aus biographische Umstände und gegebenenfalls damit verknüpfte Werke erschließen. Letzteres könnte sich – so suggeriert die Website – für die erstmals mit Schönberg befassten Interessenten als besonders attraktiver Zugang erweisen, sind hier doch »Wirkungsplätze von der Akademie bis zum Konzertsaal, Wohn- und Aufenthaltsorte, Hunderte von Schülern, Kollegen und Zeitgenossen, die persönliche Infrastruktur vom Notenkopisten über den Musikverleger bis hin zum Arzt und Kaufmann« mittels historischer Bilder, Schriftdokumente und Filmaufnahmen oder heutiger Fotografien der betreffenden Orte erschlossen, werden also »Aspekte eines Alltags, die sich in der Summierung zur Vielschichtigkeit eines Lebens fügen«,[37] präsentiert, die sich von den Benutzern bei Bedarf schrittweise durch weitere Archivmaterialien aus dem online zugänglichen Bestand zu einem umfassenderen Blick auf die Persönlichkeit des Komponisten erweitern lassen.

Auch wenn die Internetpräsenz des Arnold Schönberg Centers bislang eher eine Ausnahmeerscheinung unter den musikwissenschaftlichen Archiven darstellt, bietet der hier eingeschlagene Weg eine fruchtbare Möglichkeit, der narrativen Biographie eine alternative Darstellungsform entgegenzustellen.[38] Bei all diesen positiven Aspekten sei allerdings davor gewarnt, das Heil in der alleinigen, möglichst vollständigen Präsentation digitalisierter Quellen sehen zu wollen, wie dies

---

[36] Darüber hinaus beherbergt die Internetseite auch ein Webradio, das zu bestimmten Zeiten Konzerte mit Werken Schönbergs im Live-Streaming überträgt.
[37] <http://www.schoenberg.at/index.php/de/schoenberg/werke/topographie>, 03.07.2017.
[38] Die für eine Erstellung entsprechender Plattformen wesentliche Frage nach dem Copyright des zur Verfügung stehenden Materials wird hier bewusst ausgeklammert. Eine zusammenfassende Sicht auf damit verbundene Probleme und aktuelle Diskussionen bietet der Sammelband *Der Vergangenheit eine Zukunft. Kulturelles Erbe in der digitalen Welt*, hrsg. von Paul Klimpel und Ellen Euler, Berlin 2015.

von einigen Befürwortern der ›Digital Humanities‹ vertreten wird.[39] Die dahinter stehende Auffassung, die Vergangenheit – und damit naturgemäß auch die biographische Situierung von Komponistenpersönlichkeiten – lasse sich umso eindeutiger als vollständiges Bild erschließen, je mehr historische Daten und Quellen aller Art zwecks Auswertung in digitaler Form einsehbar sind, dürfte allerdings ein Fehlschluss sein.[40] Übersehen wird dabei die bedeutsame Tatsache, dass es immer auch einer analogen Instanz – also eines Historikers oder eines Historikerkollektivs – bedarf, um den Materialreichtum der gesammelten Quellen zu interpretieren und dem Benutzer eine Art Leitlinie an die Hand zu geben, die zu einer eigenständigen Erarbeitung der Daten beitragen kann.

»Das Schreiben von Geschichte«, so Guido Koller – und darin ist selbstverständlich auch die von bestimmten Interessen geleitete Auseinandersetzung mit biographischen Kontexten inbegriffen –, »lässt sich als Produktion von historischem Wissen beschreiben. Es handelt sich um einen Prozess, der mit dem Sammeln und Organisieren von Informationen beginnt. Diese Daten und Fakten müssen aufbereitet und analysiert werden. Aufbereitete, analysierte und synthetisierte Informationen, das Wissen also, wird sodann an ein Publikum vermittelt sowie von diesem angewendet und geteilt«.[41] Jede Biographie, so das Resümee des vorliegenden Beitrags, ist im Rahmen eines solchen Verständnisses von Geschichtsschreibung demgemäß als Versuch der Verschriftlichung eines Lebenslaufs und von dessen Interaktionen mit historischen und sozialen Ereignissen auf der Basis von gesammelten und organisierten Informationen anzusehen. Diese Informationen werden vom jeweiligen Autor durch Auswahl gefiltert und in einen kausalen Zusammenhang gebracht – ein konstruktives Verfahren, dem eine interpretatorische Haltung zugrunde liegt. Eine Sammlung vermischter Quellen – dokumentarischer, kommentierender, analysierender und interpretierender Art – kann dieses Moment der Konstruktion hingegen zumindest teilweise offenlegen, indem sie auf die Mündigkeit des Lesers setzt und diesem die letzte Entscheidung für die Herstellung von Zusammenhängen überantwortet.

---

[39] Das Stichwort ›Digital Humanities‹ fungiert seit Beginn der 2010er-Jahre insbesondere im angelsächsischen Raum zur Bezeichnung von neuen Potenzialen für die Geisteswissenschaften. Das dazugehörige Themenfeld ist allerdings nicht klar umrissen und wird je nach Autor als »eigenständiges Fach«, als »Set von geistes- und kulturwissenschaftlichen Methoden« oder lediglich als »digitale Ergänzungen zu bestehenden Fragestellungen und Methoden« angesehen (Peter Haber, »Zeitgeschichte und Digital Humanities«, Version: 1.0, in: *Docupedia-Zeitgeschichte*, 24.09.2012, <http://docupedia.de/zg/>, 03.07.2017). Vgl. dazu auch die als Einführung in die Problematik entworfene Überblicksdarstellung bei Guido Koller, *Geschichte digital: Historische Welten neu vermessen*, Stuttgart 2016.

[40] Vgl. hierzu die ausführlich referierte Kritik an der Dokumentarbiographik bei Unseld, Biographie und Musikgeschichte, S. 400f.

[41] Koller, Geschichte digital, S. 12.

Zwar handelt es sich auch bei den ausgewählten Quellen wiederum um eine Filterung – in diesem Fall von einem oder mehreren Herausgebern verantwortet –, doch wird die Auswahl nicht vorab an ein konstruiertes biographisches Geflecht gebunden und in dessen Sinn gelesen. Dadurch bewahrt, auch wenn zweifellos eine gewisse Lenkungsfunktion durch Auswahl und Zusammenstellung gegeben ist, das Ergebnis ein viel größeres Maß an – positiv zu bewertender – Unschärfe als im Falle narrativer Biographie.

Gesa zur Nieden

Biographik und zeitgenössische Musikrezeption
Das Beispiel Richard Wagner

Im Jahr 1980 erscheint in der Wochenzeitung *Die Zeit* eine geradezu überschwänglich positive Rezension von Carl Dahlhaus zu Martin Gregor-Dellins gerade publizierter Wagner-Biographie *Richard Wagner. Sein Leben – sein Werk – sein Jahrhundert*.[1] In seiner mit »Rebell und Klassiker« betitelten Sammelbesprechung dreier im Jahr 1980 vorgelegter Auseinandersetzungen mit »Richard Wagners Leben und Werk«[2] verdeutlicht Dahlhaus zum einen seine eigene Situierung im theoretischen Diskurs der Wirkungsgeschichte und in einem Wissenschaftsverständnis, das mit noch relativ stark voneinander getrennten Fächern operiert.[3] Zum anderen evoziert er aber auch zwei wesentliche Punkte der biographischen Beschäftigung mit Richard Wagner und seinen Werken seit der Nachkriegszeit: Erstens bringt er den Umgang mit den von Wagner und seiner Familie überlieferten Quellen zur Sprache, die vor allem für die immer wichtiger werdende Aufarbeitung von Wagners Antisemitismus und Antifeminismus relevant sind, die Dahlhaus jedoch zuallererst in Bezug auf die Rekonstruktion des durch Cosima Wagners Inszenierungsstil verklärten Musiktheaterverständnisses Richard Wagners theaterhistorisch ausgewertet wissen will.[4] Zweitens nimmt

---

[1] Martin Gregor-Dellin, *Richard Wagner. Sein Leben – sein Werk – sein Jahrhundert*, München 1980.
[2] Besprochen werden außerdem Horst Althaus, *Richard Wagner – Genie und Ärgernis*, Bergisch Gladbach 1980, 360 S., und Cosima Wagner, *Das zweite Leben – Briefe und Aufzeichnungen 1883–1930*, hrsg. von Dietrich Mack, München 1980, 900 S.
[3] »Die Chance, sich als Wagner-Biograph zu versuchen, steht darum für Musikhistoriker, die wenig über Theater oder Philosophie wissen, ebenso offen wie für musikfremde Germanisten, die sich um Politik ohnehin nicht kümmern, oder für Philosophen, die den Sinn eines Dramas mit den dichterischen Ideen verwechseln, die darin eingeschlossen sind. Die Entdeckung, daß das Wagner-Bild früherer Bücher einseitig und schief geraten sei, fällt also in jedem Fall leicht und provoziert dazu, ein weiteres Buch zu schreiben, das ausgleichend und korrigierend wirken soll. Und so wird die Kette der Wagner-Literatur niemals abreißen: Sie erneuert sich von innen heraus durch eine Unzulänglichkeit, die unaufhebbar ist.« Carl Dahlhaus, »Rebell und Klassiker. Neue Bücher über Richard Wagners Leben und Werk«, in: *Die Zeit*, 17. Oktober 1980, vgl. die Einleitung des Artikels und den Mittelteil zu Gregor-Dellin.
[4] »Die Tatsache, daß Cosima keineswegs eine bloße ›Testamentsvollstreckerin‹ Richard Wagners war, sondern einen eigenen Inszenierungsstil prägte, hat aufgehört, ein Argument im künstlerischen Parteienstreit zu sein, mit dem man abweichende Regiekonzeptionen gegenüber dem falschen Alt-Bayreuther Anspruch auf ausschließliche Authentizität zu verteidigen suchte.« Ebd., vgl. den Schluss des Teils zu Gregor-Dellin.

Dahlhaus stark zu den Zielgruppen Stellung, an die sich Wagner-Biographien eigentlich wenden sollten. Im Mittelpunkt seiner Überlegungen steht eine breite Öffentlichkeit, denn was Dahlhaus dazu bewegt, Gregor-Dellins Wagner-Biographie in seiner Rezension als »›das‹ populäre, und zwar zu Recht populäre Wagner-Buch« zu stilisieren, seien einerseits Gregor-Dellins genaue Quellenkenntnis sowie der moralisch-neutrale Umgang mit den Quellen und andererseits »eine in jedem Augenblick fesselnde Lektüre« für ein breites Publikum, für das Dahlhaus Biographien durchaus als sinnvoll erachtet, sofern sie anhand des Entstehungskontextes von Werken keine fixen musikalischen Bedeutungen vorgeben.[5] Für dieses Publikum löst Gregor-Dellin laut Dahlhaus folglich zwei Maßgaben ein, die er seit 1971 auch für den wissenschaftlichen Bereich vertrat: diejenige, dass »nichts falscher [sei], als in Wagners Musik das tönende Abbild der Biographie zu sehen«, und diejenige, die Autobiographie Richard Wagners nicht einer »unermüdlichen Repetition« zu unterziehen. Dahlhaus' ebenfalls 1971 geäußerte wissenschaftsbezogene Schlussfolgerung, dass »Wagners Leben [...] so oft erzählt worden [ist], daß es nicht mehr erzählbar ist. Und es braucht auch nicht erzählt werden«, wurde in Bezug auf eine breite Leserschaft als Zielgruppe für Gregor-Dellins Wagner-Biographie dagegen deutlich revidiert.[6]

Über diese von Carl Dahlhaus implizit vorgenommene Abgrenzung einer schriftstellerisch orientierten Biographik von der Forschung hinaus werden die beiden von ihm genannten Punkte der Quellenkenntnis und der breiten Leserschaft in der musikwissenschaftlichen und zu einem großen Teil auch germanistischen Auseinandersetzung mit Wagner-Biographik in den 1980er-Jahren dennoch auch Zielgruppen-übergreifend diskutiert. Dabei werden im Allgemeinen eine pragmatische und eine politische Beschränkung der Wagner-Biographik angedeutet: Erstens stehen Biographien zu Richard Wagner auch im Wissenschaftlichen – so wird es in Reinhold Brinkmanns Auseinandersetzung

---

[5] »Das Buch von Gregor-Dellin macht wieder einmal deutlich, daß man – wie Nietzsche, wie Thomas Mann, wie Bloch und Adorno – ein Schriftsteller von Rang sein muß, um das, was über Wagner zu sagen ist, überhaupt ausdrücken zu können. Mit einer bloßen Zusammenstellung von Tatsachen ist wenig oder nichts getan: Die Dokumente sprechen oft genug keineswegs für sich selbst, sondern werden, wenn man über sie nachdenkt, immer sperriger und zwiespältiger, so daß es am Ende einiger sprachlicher Kunstgriffe bedarf, um die Widersprüche, die in ihnen stecken, sinnfällig zu machen.« Ebd., vgl. den Abschnitt vor der Besprechung des Buchs von Gregor-Dellin.
[6] Carl Dahlhaus, *Richard Wagners Musikdramen*, Velber 1971, S. 7f. Eine aktuelle Umsetzung von Dahlhaus' biographischer Konzeption legte Dieter Borchmeyer 2013 vor: Dieter Borchmeyer, *Richard Wagner. Werk – Leben – Zeit*, Stuttgart 2013. Auch hier finden sich Parallelen zu Gregor-Dellins Biographie, vgl. z. B. das Kapitel »Vom Kind zum Dilettanten – Ungeniale Anfänge eines Jahrhundertgenies«, in: Gregor-Dellin, Richard Wagner, S. 15–24.

mit »Musikforschung und Musikliteratur« in einem von Carl Dahlhaus und Egon Voss herausgegebenen Band unter dem Titel *Wagnerliteratur – Wagnerforschung* von 1983 deutlich – in enger Verbindung mit dem Schreiben-Können von Wissenschaftlerinnen und Wissenschaftlern. Unter anderem durch eine starke schriftstellerische Komponente, die Brinkmann nur mangelhaft in der musikwissenschaftlichen Forschung ausgeprägt sieht, lässt sich dem Anspruch nachkommen, »das wirkungsgeschichtliche Phänomen Wagner zu begreifen«.[7] Zweitens, so wird es in Dahlhaus' Rezension, in mannigfachen nicht-deutschen wissenschaftlichen Publikationen und auch solchen von Familienmitgliedern der Wagner-Nachfolgegenerationen klar, sind der quellenfundierte Umgang mit biographischen Daten und die öffentliche Reichweite auch wissenschaftlich ausgelegter biographischer Publikationen zu Richard Wagner noch immer sehr eng mit der Institution Bayreuth und der darum herum organisierten, nicht-akademischen Wagner-Rezeption verbunden bzw. werden darauf projiziert.[8]

Um 1980 scheinen die Bayreuth-gebundenen Rezeptionskreise Richard Wagners jedoch von einer wichtigen politischen Umbruchsphase betroffen zu sein, eine Tatsache, die Carl Dahlhaus an Patrice Chéreaus und Pierre Boulez' »Jahrhundertring« von 1976 festmacht, die aber auch in wissenschaftlichen Auseinandersetzungen mit Wagner präsent ist: Während Autoren wie Hans Mayer bereits

---

[7] »Es ist eine Sprachmächtigkeit gefordert, die von der umfassend recherchierten empirischen Basis der historischen und musikalischen Quellen aus und im Zusammenhang mit einer fundierten Strukturanalyse eine Darstellungsform erreicht, welche dem Komplexitätsgrad, der Kunsthöhe ihres Gegenstandes, zum Beispiel des *Tristan* entspricht – und gleichzeitig ein lesbares Buch ergibt.« Reinhold Brinkmann, »Musikforschung und Musikliteratur. Eine Niederschrift von Improvisationen über ein so nicht gegebenes Thema«, in: *Wagnerliteratur – Wagnerforschung. Bericht über das Wagner-Symposium München 1983*, hrsg. von Carl Dahlhaus und Egon Voss, Mainz 1985, S. 154. Zu Brinkmanns Konzeption einer musikwissenschaftlichen Biographik vgl. Melanie Unseld, *Biographie und Musikgeschichte. Wandlungen biographischer Konzepte in Musikkultur und Musikhistoriographie*, Köln u. a. 2014, S. 403–407. John Deathridge und Egon Voss verbinden Martin Gregor-Dellins Schreibstil in derselben Publikation u. a. mit der traditionellen biographisch fundierten Mystifizierung Wagners auch jenseits aktueller Wagner-Forschung: »Selbst ein so kundiger und gutinformierter Biograph wie Martin Gregor-Dellin kommt nicht ohne sie aus. Im Zusammenhang mit dem sogenannten Starnberger Quartett referiert er die Ergebnisse neuerer Forschung, um am Ende mit einer literarischen Wendung doch wieder die alten Mystifikationen aufleben zu lassen: War es die Wohltat eines sanften Friedens in Cosimas Armen, die ihm [Wagner] nachträglich die Friedens-Melodie eingab und ihm den Betrug an der Welt und an Bülow so unsagbar erleichterte?« John Deathridge und Egon Voss, »Wagnerforschung – Und weiter nichts?? Weiter nichts?? Zur Einführung in das Wagner-Werk-Verzeichnis«, in: Wagnerliteratur – Wagnerforschung, S. 188f.

[8] Vgl. z. B. Massimo Mila, »Introduzione all'*Autobiografia* di Riccardo Wagner« (1951, 1953 und 1982), in: ders., *Brahms e Wagner*, hrsg. von Alberto Batisti, Turin 1994, S. 231 und S. 235.

1978 in seinem Aufsatz »Wir Wagnerianer heute« ein Ende links- und rechtsgerichteter Rezeptionspolaritäten herbeiwünschen, durchaus auch prognostizieren,[9] teilt Gottfried Wagner die »internationale Wagner-Forschung« noch im Jahr 2004 in die Erstellung »linker« und »rechter« Wagner-Bilder ein, wobei vor allem Bayreuth-ergebene, biographisch arbeitende Autoren wie Martin Gregor-Dellin, Dieter Borchmeyer oder Udo Bermbach zunehmend an einem Linksruck der Wagner'schen Musiktheater-Institution arbeiten würden.[10] In der Tat beurteilt Udo Bermbach noch 2006 den u. a. durch Houston Stewart Chamberlain früh hochstilisierten »Kunstanspruch« Wagners als gute Grundlage für Politisierungen des Komponisten in den 1930er-Jahren, die dann nach dem Zweiten Weltkrieg vor allem mittels einer u. a. von Gregor-Dellin vorgenommenen »Rückbesinnung auf die historischen Daten« und der Anerkennung von Wagners sozialistischen Interessen negiert werden müssten.[11] In einigen außerhalb der Bundesrepublik Deutschland entstandenen Wagner-Biographien der beginnenden 1980er-Jahre zeigt sich ein solcher ›Linksruck‹ dagegen eher als selbstreflektierender Umgang mit Wagners musikalischen (im Gegensatz zu seinen historischen) Wirkungen, und in diesen Biographien arbeiten sich die Autoren vor allem am Bezug von Werk und Leben ab.[12]

---

[9] Hans Mayer, »Wir Wagnerianer heute«, in: *Jahrbuch der Bayerischen Staatsoper*, München 1978, S. 34–54, zitiert nach dem Wiederabdruck in: *Richard Wagner. Das Betroffensein der Nachwelt. Beiträge zur Wirkungsgeschichte*, hrsg. von Dietrich Mack, Darmstadt 1984, S. 319–344, hier S. 327, S. 334f. und S. 343f.

[10] Gottfried Wagner, »Richard Wagner als Kultfigur ›rechter‹ und ›linker‹ Erlösungsideologien«, in: *Von der Romantik zur ästhetischen Religion*, hrsg. von Michael Ley, München 2004, S. 84. Zu Gottfried Wagner vgl. auch seine zum Wagner-Jubiläumsjahr erschienene Publikation *Du sollst keine anderen Götter haben neben mir. Richard Wagner – ein Minenfeld*, Berlin 2013. Hier wertet Gottfried Wagner einige Thesen Gregor-Dellins, wie z. B. das schwierige Mutter-Sohn-Verhältnis von Richard Wagner zu Johanna Rosine oder Richard Wagners Vertrautheit mit sozialistischen Schriften nicht durch dessen Studium der Schriften selbst, sondern durch seine Diskussionen mit Karl August Röckel, negativ aus und beschreibt Wagner als »schrankenlos« oder »Revoluzzer« mit »unausgegorenen politischen Anschauungen«, vgl. S. 19 und S. 110. Zum Linksruck vgl. neuerdings auch Ulrich Drüner, *Richard Wagner. Die Inszenierung eines Lebens. Biografie mit 122 Abbildungen*, München 2016, S. 30.

[11] Udo Bermbach, »Persona non grata. Der Revolutionär Richard Wagner im Spiegel zweier Biographen«, in: *Getauft auf Musik. Festschrift für Dieter Borchmeyer*, hrsg. von Udo Bermbach und Hans Rudolf Vaget, Würzburg 2006, S. 325–340, hier insbes. S. 331 und S. 340.

[12] »Ja, die schwierige Persönlichkeit! Sie ist es wohl vor allem, die immer noch das Werk überschattet, dessen Bedeutung und Weltrang doch wohl längst außer Frage stehen. Auch hier traf Pierre Boulez die zusammenstoßende Feststellung: ›Von der Einheit zwischen Werk und Charakter als unumstößlichem Glaubensartikel ist wohl endgültig Abschied zu nehmen.‹ […] Wer sein Werk bejaht, muß daher, wohl oder übel, auch die schwierige

Wenn sich die durch für die Forschung neu geöffneten Quellen und den ›französischen‹ *Ring* vermeintlich von Bayreuth ausgehende politische Auffächerung schon in den Wagner-Biographien der 1980er-Jahre in einem so breiten Spannungsfeld von einer historiographischen bis hin zu einer selbstreflexiven Werk-Leben-Verbindung niederschlägt, ist die Frage interessant, welchen Stellenwert Wagners Biographie sowie auch die seit den 1980er-Jahren erschienenen Wagner-Biographien bei den Rezipientinnen und Rezipienten seiner Musik einnehmen, die sich über die in Richard Wagner-Verbänden institutionalisierte Wagner-Rezeption an Bayreuth gebunden fühlen. Welche Werk-Leben-Verbindungen sind in den Praktiken dieser Rezipientinnen und Rezipienten zu erkennen? Unter welchen Voraussetzungen und mit welchen Zielsetzungen werden Wagner-Biographien also rezipiert und wie gehen die Biographen seit der von Bayreuth vermeintlich angestoßenen Umbruchsphase um 1980 darauf ein? In jedem Fall scheint das in der Biographik zu erkennende Spannungsfeld zwischen Quellenkunde, Selbstreflexion und der Institution Bayreuth auch hier sehr groß zu sein, denn die Biographie-bezogene Wagner-Rezeption reicht von einer in jeglicher Hinsicht biographisch orientierten Praxis durch Mitglieder von Richard Wagner-Verbänden über generationelle Aspekte der theatergeschichtlichen Wirkung von Wieland Wagners Neu-Bayreuth als durchaus gesellschaftlicher Neu-Anfang bzw. Verdrängung nach dem Zweiten Weltkrieg bis hin zur Ablehnung einer stets präsenten Wagner-Polizei. Diese scheint der Bayreuth-nahe und von Richard Wagner-Rezipientinnen und -Rezipienten oft herangezogene Dirigent Christian Thielemann 2013 in seinem Buch *Mein Leben*

Persönlichkeit mit in Kauf nehmen.« Alexander Witeschnik, *Wer ist Wotan? Wagner und die Wagnerianer in Anekdoten*, Wien 1980, S. 8. Vgl. umgekehrt auch Egon Voss' Einstufung Robert Gutmans als »Wagnerianer […], der durch die Unstimmigkeiten im Leben Wagners und vor allem durch dessen Antisemitismus im Glauben an sein Idol erschüttert worden ist und nun rigoros die Spreu vom Weizen zu trennen versucht. ›Weizen‹ ist allein die ›wunderschöne‹ Musik, während alles andere zur Spreu erklärt wird.« Rezension von Robert Gutman, *Richard Wagner. Der Mensch, sein Werk, seine Zeit*, München 1970 (englisches Original von 1968) in Egon Voss, »Vom guten und vom bösen Wagner. Zu drei Biographien«, in: *Die Musikforschung* 26 (1973), S. 247. Christian Kaden entwirft dagegen in seiner Studie »Die Einheit von Leben und Werk Richard Wagners oder: Über Schwierigkeiten, mit Wagner heute zu kommunizieren« eine sehr enge Verbindung von Werk und Leben über die »sozial relevanten Grundstrukturen in Wagners Leben und Werk selbst«. Kadens Ziel ist es, »sich gegen die (einstweilen bereits modisch gewordene) Auffassung, Wagners Werk ließe sich als Werk an sich, abgelöst von seinen Lebensvoraussetzungen begreifen«, zu wenden, indem er den Ansatz wählt, »mit Wagner ›persönlich‹ zu kommunizieren, der Größe – und auch Grenzen – seiner Subjektivität gewahr zu werden«. Hierbei möchte sich Kaden von einer Biographik in der Tradition Paul Bekkers absetzen, die er u. a. bei Gregor-Dellin realisiert sieht. Christian Kaden, »Die Einheit von Leben und Werk Richard Wagners oder: Über Schwierigkeiten, mit Wagner heute zu kommunizieren«, in: *Beiträge zur Musikwissenschaft* 21 (1979), S. 75–104, hier S. 76 und S. 101.

mit Wagner in Bezug auf die Kategorisierung Richard Wagners als Antisemiten durch die germanistische Erforschung von Wagners Schriften in Person eines Hartmut Zelinsky anzusprechen[13] (wobei Zelinsky Gregor-Dellins Wagner-Biographie 1982 im Gegensatz zu Dahlhaus' Lob des Biographen als kenntnisreichem, strukturiertem Autor als »Rettung ins Ungenaue« qualifiziert hatte[14]). In all diesen Wagner-bezogenen Rezeptionsbereichen wird die Musik Wagners stark mit einbezogen. Thielemann schreibt:

>»Vergewaltigen Exegeten wie Zelinsky Wagners Werk nicht ein weiteres Mal? Sie sagen dem Publikum, was es zu denken hat. Sie reduzieren die Oper auf das Weltanschauliche und erklären die politische Interpretation zur allein seligmachenden, bloß unter umgekehrten Vorzeichen. [...] Wie Wagner das in Musik setzt, interessiert sie nicht, sie wissen nichts von betonten und unbetonten Taktteilen, von steigenden und fallenden Linien, und dass der Akzent klar auf ›Meister‹ liegt und nicht auf ›deutsch‹. Das alles sollte man aber wissen: um zu erfahren, wie klug, wie reflektiert und witzig Wagners Musik sein kann.«[15]

Im Folgenden werden die biographischen Darstellungen Richard Wagners seit 1980 zwischen musikwissenschaftlicher und institutionalisierter, nicht-akademischer Rezeption näher beleuchtet, um Grundzüge des rezeptionsgeschichtlich zentralen Nexus zwischen Wagners Leben, seiner institutionalisierten Rezeption und vor allem seiner Musik zu untersuchen. Es wird darum gehen, wie eine musikwissenschaftlich informierte Wagner-Biographik musikalische Rezeptionspraktiken der sogenannten »Wagnerianer« seit 1980 beförderte, inwiefern in dieser Schreib-Gattung aber auch ein Potential liegt, die institutionalisierte Wagner-Rezeption als reflexive Praxis zu bereichern – sei es im Hinblick auf eine werkästhetische Wirkungsgeschichte, sei es mit dem Zielpunkt einer selbstreflexiven Auseinandersetzung mit der kulturgeschichtlichen Rezeption Wagners. Hierfür sollen zuerst von wissenschaftlicher Seite aus die theoretischen Prämissen einer Wagner-Biographik der 1980er-Jahre und ihre Auswirkungen auch auf neuere Wagner-Biographien untersucht werden, bevor die aktuelle praktische Nutzung von Wagner-Biographien durch institutionell organisierte Wagner-Rezipienten anhand einer Gruppe zur Sprache kommen soll, die den Umschwung der 1980er-Jahre bereits aktiv miterlebt hat.

---

[13] »Zelinskys Wagner und mein Wagner verhielten sich zueinander wie die Sondermeldungsfanfare des Reichsrundfunks zur Originalpartitur von Franz Liszts ›Les Préludes‹: 150 Bläser im Dauerfortissimo haben mit der komponierten Musik einfach nichts zu tun.« Christian Thielemann, *Mein Leben mit Wagner*, München 2012, S. 122.
[14] Hartmut Zelinsky, »Rettung ins Ungenaue. Zu Martin Gregor-Dellins Wagner-Biographie«, in: *Musik-Konzepte 25: Richard Wagner. Parsifal*, München 1982, S. 74–115.
[15] Thielemann, Mein Leben mit Wagner, S. 122f.

1. Theoretische Prämissen einer Wagner-Biographik der 1980er-Jahre

Dahlhaus' Einstufung von Gregor-Dellins Wagner-Biographie stützt sich auf seine Rezeption zweier theoretischer Entwürfe, und zwar der negativen Dialektik Adornos und einer musikwissenschaftlichen, am Werk orientierten, implizit wohl von Hans-Georg Gadamer geprägten Wirkungsgeschichte.[16] Bei Dahlhaus werden Adornos musikalische Werkzentriertheit und seine antisemitischen Vorwürfe gegenüber Wagner mit Gadamers Ansatz einer Dialogizität zwischen dem Werk und den Interpretierenden über deren Vorurteile kontrastiert.[17] Denn in seiner kurzen Rezension von Gregor-Dellins Wagner-Biographie nimmt Dahlhaus in wenigen Sätzen indirekt und quasi ›en passant‹ zu Theodor W. Adornos Einstufung Wagners als bürgerlichem Antisemiten und Vorreiter der Massenkultur sowie auch zur beginnenden Beschäftigung der Musikwissenschaft mit der Wirkungsgeschichte von Personen und Werken Stellung.[18] Dabei ist das Moment der Spannungsgeladenheit bzw. der Widersprüchlichkeit in Wagners Leben zentral, das in den meisten Biographien seit 1980 als biographisches Grundmoment beschrieben wird: »Und es ist die seltsame Dialektik von anar-

---

[16] Zum Einfluss der beiden Philosophen auf Carl Dahlhaus vgl. jüngst auch Thomas Christensen, »Dahlhaus und die Poetik des Zweifels«, in: *Zeitschrift der Gesellschaft für Musiktheorie*, Sonderausgabe 2016, URL: <http://www.gmth.de/zeitschrift/artikel/859.aspx> (letzter Zugriff am 21.12.2017): »Die Einflüsse der Autoren, auf deren Schultern Dahlhaus stand, müssten jedem lesekundigen Musikwissenschaftler klar sein. Nur ein extrem pedantischer Bibliophiler würde sie einzeln aufzählen wollen. Auch Adorno scheint als ständiger Schatten über Dahlhaus' Werk zu schweben. Es ist offensichtlich, dass Dahlhaus in ein immerwährendes Streitgespräch mit seinem früheren Mentor vertieft ist, selbst wenn Adornos Name nicht genannt wird. Ein weiteres, positiveres Beispiel ist der Einfluss der philosophischen Hermeneutik von Hans Gadamer und Hans Robert Jauss. Jeder gebildete Leser von Dahlhaus' Texten erkennt, dass seine Rechtfertigung einer Ästhetik der musikalischen Autonomie – und von Musiktheorie überhaupt – in der Rezeptionstheorie fußt. Gadamers Monumentalwerk *Wahrheit und Methode* war offensichtlich grundlegend für einen Großteil von Dahlhaus' eigener Philosophie, auch wenn er es selten zitiert. Ich erwähnte zuvor, dass Dahlhaus uns immer wieder mahnt, historische Theorien in einer Reihe intellektueller und ästhetischer Traditionen zu verorten, die bis in die Gegenwart reichen. An dieser Stelle ist der Einfluss von Gadamers Hermeneutik unverkennbar.«

[17] Zu Dahlhaus' Adorno-Rezeption vgl. Richard Klein, »Philosophische Kritik als Problem der Musikwissenschaft: Zur Adorno-Rezeption bei Carl Dahlhaus am Beispiel des ›Versuch über Wagner‹«, in: *Kunst und Wissen in der Moderne: Otto Kollerisch zum 75. Geburtstag*, hrsg. von Andreas Dorschel, Wien 2009, S. 105–121.

[18] Zu Adorno vgl. Theodor W. Adorno, *Versuch über Wagner*, verfasst zwischen 1937 und 1938, in Teilen 1939 erschienen, dann vollständig 1952 erstmals bei Suhrkamp publiziert und heute wieder abgedruckt in: Theodor W. Adorno, *Die musikalischen Monographien*, hrsg. von Rolf Tiedemann (= *Theodor W. Adorno, Gesammelte Schriften*, 13), Frankfurt a. M. 2012, S. 11–148.

chischem Impuls und unbeirrbarer Werkmoral, der eine Wagner-Biographie, die den Namen verdient, gerecht werden muß«, evoziert Dahlhaus den Frankfurter Musikphilosophen[19] und stellt fest, dass Wagner entgegen Adornos Annahme mit den gegensätzlich angelegten Figuren seiner Musikdramen von Wotan und Siegfried bis Alberich und Mime, die Adorno teilweise als Judenkarikaturen einstufte,[20] gleichermaßen »mitfühlte«.[21] Laut Dahlhaus bezweckte Wagner in seinem umfangreichen Schaffen also eher einen »dramatischen Dialog, in dem der Antagonist ebenso überzeugend wirkt wie der Protagonist – solange er gerade redet«. Wagners »Genie« habe darüber hinaus nicht darin bestanden, »Widersprüche aufzulösen, sondern sie in Extreme zu treiben« und auf diese Weise die Ableitung von interpretatorischen Normen seines Werks zu verhindern – »im Guten ebenso wenig wie im Schlimmen«. Deshalb ist auch laut Dahlhaus »[e]ine Wirkungsgeschichte, die den Theatromanen zum Propheten stilisierte, [...] nichts als ein gigantisches Mißverständnis«, d. h. also unter einer Perspektive obsolet, die Gadamers Wirkungsgeschichte und seinen Horizontbegriff kulturhistorisch anwendet.[22]

Dahlhaus' wirkungsgeschichtlich orientierte, musikhistorische Werkzentrierung unter Zurückdrängung der Geschichtsbezogenheit von Adornos negativer Dialektik hat zuallererst eine ausgewogene, vermittelnde politische Interpretation

---

[19] In einer 1953 verfassten Rezension zu Adornos *Versuch über Wagner* hatte Dahlhaus bereits die »Bewegung des Denkens« als das maßgebliche Moment des adornitischen Ansatzes hervorgehoben, sich aber gleichzeitig von Adornos gesellschaftlich orientierten Werkinterpretationen abgegrenzt. Vgl. Hans Joachim Hinrichsen, »Kontinuität der Probleme. Carl Dahlhaus, Theodor W. Adorno und die Fachgeschichte der Musikwissenschaft«, in: *Musiktheorie* 23 (2008), S. 235f.

[20] »Der Widerspruch zwischen der Verhöhnung des Opfers und der Selbstdenunziation definiert den Wagnerschen Antisemitismus. Der Gold raffende, unsichtbar-anonyme, ausbeutende Alberich, der achselzuckende, geschwätzige, von Selbstlob und Tücke überfließende Mime, der impotente intellektuelle Kritiker Hanslick-Beckmesser, all die Zurückgewiesenen in Wagners Werk sind Judenkarikaturen. [...] Aber sein Antisemitismus bekennt sich als individuelle Idiosynkrasie, die verstockt aller Verhandlung sich entzieht. Sie stiftet den Wagnerschen Humor.« Adorno, »Versuch über Wagner«, S. 21.

[21] »Er fühlte immer mit beiden Seiten zugleich, mit Alberich und Mime ebenso wie mit Wotan und Siegfried. Im Leben wie im Theater waren es die harten, funkelnden Paradoxien, die ihn gerade darum, weil sie unauflösbar erschienen, unwiderstehlich fesselten.« Dahlhaus, »Rebell und Klassiker«, vgl. den Mittelteil zu Gregor-Dellin.

[22] Zur Wirkungsgeschichte Hans-Georg Gadamers vgl. Daniel Martin Feige, *Kunst als Selbstverständigung*, Münster 2012, S. 53–63. Eine kulturhistorische, auf die Wagner'sche antisemitische Ideologie abzielende und auch den Niederschlag dieser Ideologie in Wagners Musik betrachtende Wirkungsgeschichte vertritt Jens Malte Fischer, *Richard Wagner und seine Wirkung*, Wien 2013, vgl. insbesondere S. 9–30. Fischer relativiert u. a. auch die Homogenität des zeitgenössischen Wagnerianertums, vgl. S. 29f.

von Wagners Werk zur Folge. Dabei fällt auf, dass Dahlhaus dieser politischen Ausgewogenheit in Gregor-Dellins Wagner-Biographie nicht auf der Ebene der sachlichen Darstellung der Verhältnisse zu Wagners Lebzeiten nachspürt, sondern stattdessen stetig den Schreibstil des Biographen positiv hervorhebt: Während Dahlhaus noch einmal die Tatsache betont, dass Gregor-Dellin »vor dem Mißgriff, die Kunstwerke als lebensgeschichtliche Dokumente zu behandeln, geschützt« sei und während er Gregor-Dellins Ausdrucksweise mit dem Sprechen über Musik durch Musiker vergleicht,[23] scheint er auch mit der literarischen Anlage der Wagner-Biographie einverstanden zu sein, mit dem die autobiographischen Selbststilisierungen des Komponisten als dramatisches »Spiel« präsentiert werden.[24] Zwar liegt hier die Vermutung nahe, dass Dahlhaus durch seine Rezension implizit Stellung zum Germanisten Hartmut Zelinsky bezog, der den Wagner'schen Erlösungsbegriff 1978 als Vernichtungsideologie eingestuft hatte,[25] und der Gregor-Dellins Biographie zwei Jahre nach ihrem Erscheinen eine ausgeprägte Fassadenbildung zur Kaschierung einer bitteren historischen Wirklichkeit vorwerfen sollte.[26] Viel mehr jedoch als eine solche Stellungnahme rückt Dahlhaus an dieser Stelle eine Biographik in den Vordergrund, die sich als Kompromiss zwischen der in den 1980er-Jahren ebenfalls stark vertretenen Dokumentarbiographie[27] und einer aus dem 19. Jahrhundert

---

[23] »Er ist einerseits Musiker genug, um vor dem Mißgriff, Kunstwerke als lebensgeschichtliche Dokumente zu behandeln, geschützt zu sein, und andererseits ist er ein Autor, den die Erfahrung des Schriftstellers davor bewahrt, in die Phrasen zu verfallen, zu denen Musiker oft greifen, wenn sie über ihr Metier, über das sie nicht reden können, dennoch zu reden versuchen.« Dahlhaus, »Rebell und Klassiker«, vgl. den Mittelteil zu Gregor-Dellin.

[24] Gregor-Dellin kommentiert bereits Wagners Geburt mit den Worten »Das Spiel beginnt, und schon Getümmel, voller Einsatz, Zeitorchester, aus dem sich die Kantilenen erst dem suchenden Ohr abheben. Daher ist Genauigkeit im Hinhören alles, und Aushalten bei Gewitter.« Gregor-Dellin, Richard Wagner, S. 10.

[25] Hartmut Zelinsky, »Die ›feuerkur‹ des Richard Wagner oder die ›neue Religion‹ der Erlösung durch ›Vernichtung‹«, in: *Musik-Konzepte 5: Richard Wagner. Wie antisemitisch darf ein Künstler sein?*, München 1978, S. 79–112.

[26] »Gregor-Dellin hat seinem Buch das Wort von Robbe-Grillet: ›Im Endeffekt ist nichts phantastischer als die Genauigkeit‹ vorangestellt, doch zeichnet sich dieses Buch eher durch die aneinander gereihte Fülle des biographischen Materials der Werkdaten und der Seiten füllenden Zitate aus, deren Beschreibung und Analyse schon deshalb ungenau bleibt und bleiben muß, weil die dramatisierende und die aufgeplustert-allwissende Erzählhaltung des Autors übersteigerte Pathossprache und schwülstige Übertreibungen für besonders eindrucksvoll hält.« Zelinsky, »Rettung ins Ungenaue«, S. 75.

[27] Vgl. z. B. Herbert Barth, Dietrich Mack und Egon Voss, *Wagner. Sein Leben, sein Werk und seine Welt in zeitgenössischen Bildern und Texten. Vorwort von Pierre Boulez*, Wien 1975. Diesem Band ist ein Einlegeblatt mit einem Portrait Cosima Wagners beigefügt, auf dem auf die zur Publikationszeit des Bandes noch nicht vorliegenden, sondern testamentarisch noch gesperrten Tagebücher von Wagners zweiter Frau verwiesen wird.

stammenden literarischen, nun zunehmend germanistisch reflektierten Erzählweise darstellt. Dahlhaus schreibt in seiner Rezension:

>»Gregor-Dellin hat sich so lange in die Quellen vertieft, daß er nicht zu phantasieren braucht, um Zusammenhänge zu suggerieren, sondern auswählen kann, um in den Tatsachenmassen ein Muster erkennbar zu machen und zugleich durch das, was ungesagt bleibt, die Darstellung gewissermaßen zu schattieren.«[28]

Wie ist aber Gregor-Dellins Wagner-Biographie nun genau angelegt? Zuerst einmal bezieht sich Gregor-Dellin viel weniger auf die in der Musikwissenschaft aus Adornos und Gadamers Ansätzen hergeleiteten Fragen, sondern auf die aus der Germanistik herrührenden Diskussionen um Methodik und Inhalte einer zeitgenössischen Biographik.[29] In seiner Wagner-Biographie reflektiert Gregor-Dellin zuallererst sein eigenes Autor-Dasein, indem er sich auf sehr offensive Weise zwischen unterschiedlichsten Ansätzen für die Beschreibung des Lebens und Wirkens Richard Wagners positioniert. Ein wichtiger Bezugspunkt Gregor-Dellins ist zum Beispiel die Psychoanalyse Siegmund Freuds. Während dieser Ansatz erst im Jahr 2001 durch den Lacanianer Slavoj Žižek im Zusammenhang mit der längerfristigen Wirkung von Wagners Werk ausformuliert wurde,[30] zieht Gregor-Dellin ihn heran, um sich Wagners Beziehung zu seiner Mutter zu nähern.[31] Weitere Grundlagen der Biographie von Gregor-Dellin sind die Autobiographie Richard Wagners *Mein Leben* und Cosima Wagners Tagebücher, die Gregor-Dellin 1963 und 1976 neu herausgab, sowie eine traditionelle Politikgeschichte, mit der er die Nacherzählung der Wagner'schen Quellen anreichert.[32] Diese durchaus sehr disparaten Komponenten werden auf literarischer Ebene durch eine ausgesuchte Kapitelstruktur,[33] durch thematische Wortwahl,[34]

---

[28] Dahlhaus, »Rebell und Klassiker«, vgl. den Mittelteil zu Gregor-Dellin.

[29] Vgl. dazu Peter André Alt, »Mode oder Methode? Überlegungen zu einer Theorie der literaturwissenschaftlichen Biographik«, in: *Grundlagen der Biographik. Theorie und Praxis des biographischen Schreibens*, hrsg. von Christian Klein, Stuttgart 2002, S. 23–39.

[30] Slavoj Žižek, *Opera's Second Death*, London 2001, auf Deutsch erschienen als Slavoj Žižek, *Der zweite Tod der Oper*, Berlin 2008. Auf Freud bezieht sich in Teilen auch Eckard Roch, *Psychodrama. Richard Wagner im Symbol*, Stuttgart 1995, z. B. S. 185 und S. 212. Roch unterstreicht in seiner Einleitung, dass es sich bei seinem Ansatz des »Psychodramas« um keine Biographie handele. Ebd., S. 11f.

[31] Vgl. auch Martin Gregor-Dellin, *Musik und Welt. Fünf Essays*, Berlin 1988, S. 85–121.

[32] Gregor-Dellin, Richard Wagner, z. B. S. 14, 30, 58f. etc.

[33] Hier finden sich traditionelle Eckpunkte von Wagners Leben, aber auch maßgebliche Interpretationsansätze herausgestellt, wie z. B. die »Flucht aus Riga«, »Ein deutscher Musiker in Paris«, aber auch »Die Welt ist meine Vorstellung« oder »Was einer träumt« bis hin zu »Ende in Venedig«. Ebd.

[34] Jedes Kapitel scheint ein begrifflich eingeführtes Oberthema zu bekommen, aus dem dann neue Perspektiven generiert werden, die sich zunehmend verflechten, z. B.

durch narrative, kontrastreiche Verdichtungen[35] sowie durch eine Orientierung am Gesamtwerk Wagners zusammengebracht. Letzteres wird mittels einer stark ausgeprägten teleologischen Sichtweise als abgeschlossene Einheit präsentiert und zum eigentlichen Protagonisten der Biographie.[36] Auf der Grundlage all dieser Ansätze und stilistisch-literarischen Merkmale reflektiert Gregor-Dellin implizit zentrale Tendenzen der Wagner-Forschung wie den musiktheatral und theoretisch ausgeführten Erlösungsgedanken Wagners, u. a. vor dem Hintergrund seiner Einstufung als Vernichtungsideologie durch Zelinsky,[37] revidiert falsche Vorstellungen in Bezug auf den Biographierten[38] und nimmt auch zur Problematik der Komponisten-Biographie Stellung.[39] Auf diese Weise bedient er in seiner Wagner-Biographie ganz unterschiedliche Ebenen zwischen Lebenserzählung, Literatur, Wissenschaft und Biographik. Exemplarisch lässt sich dies an einem Abschnitt vom Beginn der Biographie zeigen, der als erste Engführung der eingeführten inhaltlichen wie narrativ hergestellten Erzählperspektiven fungiert:

> »Wenn dies so ist, und wenn die Spekulation um die Vaterschaft so wenig erbringt, warum hat sich die Wagner-Literatur dann nicht damit abgefunden? Es gehört zu den meisten Erlöser-Mythen – Herkules, Siegfried, Jesus –, daß ihre Herkunft im dunkeln bleibt oder der Vater ins Rätsel gehüllt ist. Erlosch aber im

---

»Sprache« im Kapitel »Der Ernst des Lebens« oder »Geschichte/Erzählung« in »Ein deutscher Musiker in Paris«. Ebd., S. 118–133 und S. 141–161.

[35] Vgl. z. B. das Kapitel »Die Flucht aus Riga«, in dem Gregor-Dellin Wagners »Abenteuer« mit der Richtigkeit von Wagners Angaben dazu kombiniert, um auf diese Weise »Sage« und »Wirklichkeit« zusammenzubringen und das »Greifbare des Horizonts« durch das »Staunen über die Weltstadt London« zu konnotieren. Ebd., S. 134–140.

[36] Ebd., vgl. z. B. S. 56, 63, 75, 85, 99, 113, 115, 129, 131, 147 etc.

[37] Ebd., S. 38, 45, 63, 101, 103, 130 etc.

[38] »Seiner Musik ist davon äußerlich nichts anzumerken, aber sein Bild wäre unvollkommen ohne diesen schon früh erkennbaren Zug ins Genaue, Kalkulierte und Handwerksmeisterliche, der ein deutscher Zug war wohl auch, zugleich aber ein Wagner'sches Charakteristikum, das den landläufigen Verdacht widerlegt, das oft Rauschhafte seiner Klangwirkungen beruhe auf einer hingewühlten, unkontrollierten Intuition und einer ungenügenden Beachtung der Form.« Ebd., S. 99, s. a. S. 144f. Zur Quellenfundiertheit vgl. aber auch die Kritik Brinkmanns an Gregor-Dellins Behandlung von Wagners *Fidelio*-Episode: Brinkmann, »Musikforschung und Musikliteratur«, S. 153.

[39] Gregor-Dellin, Richard Wagner, S. 71 (gegen die Heroenbiographik), S. 83 (musikalisches Modell des biographischen Schreibens), S. 140 (Bewertung biographischer Ereignisse durch den Biographen). In seinem gemeinsam mit Dietrich Mack verfassten Vorwort zur Edition der Tagebücher Cosima Wagners expliziert Gregor-Dellin sein biographisches Arbeiten zwischen Quellenstudien und dem Verhältnis von Werk und Leben. U. a. spricht er sich dort auch für eine narratologische Analyse der Tagebücher aus. Cosima Wagner, *Die Tagebücher, Band I: 1869–1877*, ediert und kommentiert von Martin Gregor-Dellin und Dietrich Mack, München und Zürich 1976, S. 13.

Fall Wagner der Mythos, warum legt die Forschung das Problem nicht endlich ganz beiseite? Die Antwort ist einfach: Wagner selber konnte sich, seinen spärlichen Aussagen zum Trotz, nicht darüber beruhigen, es ließ sich nicht wegreden und mit Worten bewältigen, es saß zu tief. Der im Unbewußten nie verstummende Zweifel zog sich mit Siegfrieds Frage: Wie sah mein Vater wohl aus? durch das gesamte musikdramatische Werk.«[40]

Gleichzeitig ist zu beachten, dass Gregor-Dellin gerade die literarischen Elemente seiner Erzählweise unmittelbar mit seiner musikästhetischen Positionierung innerhalb einer Werkgeschichte und mit seiner Einstellung zur Biographik als Autor verbindet. Dies ist in der Einleitung des Kapitels »Ein deutscher Musiker in Paris« zu beobachten, wo er die vorher im Zusammenhang mit Wagners ersten Anstellungen oder seiner Flucht aus Riga eingeführten (Leit-)Begriffe der »Sprache« und des »Abenteuers«, aber auch seinen Umgang mit Wagners Werk als »Einheit« und seine musikaffine Darstellung von Wagners Leben zwecks einer wechselseitigen Verstärkung beider narrativer, inhaltlicher wie wissenschaftlich reflektierender Ebenen zusammenführt:

> »Richard Wagners Pariser Jahre gelten als zuverlässig überliefert und gut dokumentiert, und mit einer einzigen Ausnahme – der angeblichen oder tatsächlichen Schuldhaft – scheint kaum etwas strittig zu sein oder einer Richtigstellung zu bedürfen. Wer die trübselige Armut, das schauerliche Elend in den Pariser ›Wohnungen‹ Wagners nacherzählt, könnte sich paraphrasierender Wortmusik hingeben, wäre da nicht doch eine heikle und beachtenswerte Unsicherheit, eine verborgene Wende im Schachspiel dieses Lebensplans, die von den meisten Biographen in eine viel spätere Phase der Entwicklung verlegt worden ist. Man darf sich auch nicht an die von Wagners Autobiographie vorgegebene äußere Einteilung halten, als sei die Pariser Zeit eine in sich geschlossene Einheit. Das komplexe Bild Richard Wagners, alles was paradox ist an ihm, aufbruchsvoll in seiner Kunst, doppelbödig in seiner Kulturkritik, seiner Abwendung von der ›Zivilisation‹ und ihrer Überwindung durch ein neu auszudrückendes Menschenbild, das nicht aus der Geschichte, sondern aus der Sage gewonnen wird: es kristallisiert sich alles hier, das Kommende zeigt jetzt sein Gesicht, und nach den ersten anderthalb Jahren in Paris ist bereits alles entschieden.«[41]

Die Zusammenstellung der hier aufgezeigten Elemente und der mehrdimensionale Umgang mit ihnen zwischen sachlicher Schilderung und hermeneutischer wie historiographischer Positionierung bewirken zweierlei: Erstens erscheint auch Gregor-Dellins Biographie als eine Kombination unterschiedlicher Einzelteile, die durch die Leserin oder den Leser immer wieder neu zu kombinieren und dadurch auch zu interpretieren sind. Dies wird z. B. auch in Bezug auf die bürgerliche Ideologie deutlich, die Gregor-Dellin im Zusammenhang mit der

---

[40] Gregor-Dellin, Richard Wagner, S. 38.
[41] Ebd., S. 141.

Beziehung von Wagners Mutter zu seinem Stiefvater Ludwig Geyer einerseits schärft, andererseits aber – die letztliche Interpretation immer der Leserin oder dem Leser überlassend – auch in Frage stellt.[42] Zweitens fallen in Gregor-Dellins Wagner-Biographie ständig mehrere Interpretationsebenen und auch Zeitschichten ineinander. Vergangenheit, Gegenwart und Zukunft werden dabei vor allem durch den psychoanalytischen Zugang und die teleologische Orientierung am Gesamtwerk verbunden, da Wagners erste musikalische Produktionen zwar auch Hoffmanneske oder Weber'sche Züge in sich tragen, gleichzeitig jedoch laut Gregor-Dellin immer schon auf seine eigenen Hauptwerke vorausweisen würden.[43] Mittels einer solchen Verschränkung seiner eigenen Interpretationen, den Wiedergaben von Wagners autobiographischen Texten und den ständigen Werkverweisen erreicht Gregor-Dellin ein zweigliedriges Heranrücken der Figur Wagners an seine Leserschaft: Auf der einen Seite verdichten sich die Quellen zu Wagner zu einem Schmelztiegel des 19. Jahrhunderts mit überzeitlicher Valenz, wodurch die Figur des Komponisten an Größe gewinnt. Zum anderen löst Gregor-Dellin den wirkungsgeschichtlichen Ansatz auf die Art und Weise ein, als dass sich die Leserinnen und Leser mit Wagners hier multidisziplinär lebensweltlich verankertem Kunstbestreben stetig selbst auseinandersetzen und somit auch ihren – im Gadamer'schen Sinne – Vorverständnissen und Vorurteilen in Bezug auf Wagner nachgehen müssen. Gregor-Dellin selbst beschreibt diese Methode folgendermaßen:

> »[...] in der Künstlerbiographie des kurzweiligen Typs, wie sie sich romanhafter als im Fall Wagner nirgends bietet, da erbringt mehr als alles andere die Simultanschaltung paralleler Verläufe, also historischer, biographischer und werkgeschichtlicher Entwicklungsreihen. Dieses Reißverschlußverfahren ist oft ergiebiger als die mitgeteilte Einzelheit selbst. Wenn man, bei der langen Entstehungsdauer einzelner Werke, rein musikologisch vorgeht, so daß das Zeitalter verschwindet, oder ausschließlich lebensgeschichtlich, wodurch der Werkzusammenhang zerstört wird, so bleiben die aus der Zusammenschaltung resultierenden Knalleffekte (anders kann man es kaum nennen) gänzlich aus.«[44]

In dieser Hinsicht unterscheidet sich Gregor-Dellins Biographie von später entstandenen biographischen Arbeiten zu Richard Wagner bzw. von solchen Arbeiten, die sich stark an Wagners Leben orientieren. In diesen zeigt sich eine Entwicklung hin zu einem expliziten und nicht literarisch-impliziten multi-

---

[42] Gregor-Dellin, Richard Wagner, vgl. S. 21 im Gegensatz zu S. 23 oder – in Bezug auf seine Schwester Rosalie – S. 126 im Vergleich zu S. 129.
[43] Ebd. Zu E. T. A. Hoffmann siehe z. B. S. 65 und 93, zu Carl Maria von Weber vgl. z. B. S. 99f. Zur Entstehung von Wagners Gesamtwerk vgl. die Referenzen in Fußnote 36.
[44] Martin Gregor-Dellin, »Wagners Bild in der Literatur«, in: Wagnerliteratur – Wagnerforschung, S. 159.

perspektivischen Erzählmuster. Der Politikwissenschaftler Udo Bermbach, der sich in *Mythos Wagner* zum Ziel gesetzt hat, den Grundlagen der Mystifizierung Wagners nachzugehen, beschreibt Wagner z. B. als einen sich stufenweise perfektionierenden Revolutionär innerhalb eines ausgewogenen Netzwerks aus rechts- wie linksgerichteten Kontakten. Wenngleich sich in Bermbachs biographischer Abhandlung zu Wagner klare inhaltliche Parallelen zu Gregor-Dellins Wagner-Biographie finden,[45] legt Bermbach einen viel stärkeren Akzent auf die politische Fundierung von Wagners Schaffen: So ist Wagners Beteiligung an der Revolution in Dresden dann auch kein Gregor-Dellin'sches »Spiel«, sondern ein echter »Einsatz um die gesamte künstlerische Existenz«.[46]

Auch von Martin Gecks Biographie ist Gregor-Dellins biographische Erzählung verschieden, da Geck seine Darstellung mit mannigfachen Verweisen auf die singulären und oft voneinander abweichenden Deutungen von Wagners Musik verbindet, sodass es nicht mehr um ein ganzheitlich-spannungsreiches, sondern um ein eher vielfältig partikulares Rezipieren der Werke anhand der heutigen ausdifferenzierten bürgerlichen Vorverständnisse geht (»Wagner – das sind wir selbst«).[47] Gleichzeitig behält jedoch auch Geck das grundlegende biographische Spannungsmoment widersprüchlicher Lebensweisen und Entscheidungen bei Wagner bei und verbindet es an einigen Stellen auch mit seinem Werk.[48] In Bezug auf die Narratologie stützt er sich auf Hayden White und unterstreicht so das selektive, parteiische Moment seines eigenen Schreibens als ein der Biographik allgemein inhärentes Problem.[49]

Beide neuere Biographien zeichnet aus, dass sie beim Leser keine »Knalleffekte« anzustreben scheinen, sondern eine fundierte historische Einordnung Wagners im Blick haben – ausgehend von den beiden Extrempunkten einer historiographischen und einer ästhetisch-wirkungsgeschichtlichen Auseinandersetzung.[50]

---

[45] Vgl. z. B. Bermbachs Einordnung der Pariser Jahre als »Wendepunkt des *per ardua ad astra*«. Udo Bermbach, *Mythos Wagner*, Berlin 2013, S. 47–161, hier S. 61.
[46] Ebd., S. 69.
[47] Martin Geck, *Richard Wagner* (2004), Reinbek bei Hamburg 2013, vgl. z. B. S. 44, S. 147 und S. 149. Das Zitat steht auf S. 7.
[48] Ebd., S. 42 und S. 62.
[49] Ebd., S. 28. Vgl. auch Martin Geck, Art. »Wagner, Richard«, in: *MGG2*, Personenteil 17, Kassel 2007, Sp. 345.
[50] Einen Mittelweg scheint Ulrich Drüner zu versuchen. Drüner, Richard Wagner.

2. Biographische Praktiken von Wagner-Rezipientinnen und -Rezipienten

Die Biographie Gregor-Dellins besitzt bei Mitgliedern der nicht-akademischen organisierten Wagner-Rezeption eine große direkte und indirekte Valenz. Diese soll hier anhand einer zusammenhängenden Gruppe von Mitgliedern eines Richard Wagner-Verbands nachvollzogen werden, deren Altersstruktur, zum Teil lebenslange Dauer der Beschäftigung mit Richard Wagner und den Interessen, die mit der Vereinsstruktur verbunden werden, als paradigmatisch für die dort stattfindende Beschäftigung mit Richard Wagner und die vereinsmäßige Geselligkeit gelten können.[51] Im Mittelpunkt der Analyse werden dabei zum einen direkte Bezüge auf Gregor-Dellins Wagner-Biographie stehen, zum anderen eine Beleuchtung des praktischen Umgangs der Wagner-Rezipientinnen und -Rezipienten mit zentralen Kategorien dieser Biographie wie der Dokumentarhaftigkeit, der Werkeinheit, der Überzeitlichkeit oder auch dem narrativ gestalteten »Spiel«, der zum Teil stark von Gregor-Dellins Darstellungen abweicht.

Bereits die Auswahl der Bücher, die in Rezeptionspraktiken der untersuchten Wagner-Rezipientinnen und -Rezipienten vorkommt, verweist auf zwei wichtige Komponenten ihrer Rezeption: die künstlerisch-praktische Ausrichtung sowie die starke Orientierung am Text der Musikdramen. Denn neben Gregor-Dellins *Richard Wagner. Sein Leben – sein Werk – sein Jahrhundert* stützen sich Wagner-Rezipientinnen und -Rezipienten oft auf Wagners Autobiographie *Mein Leben*[52] sowie auf Theo Adams *Seht, hier ist Tinte, Feder, Papier... Aus der Werkstatt eines Sängers*[53] und Christian Thielemanns *Mein Leben mit Wagner*.[54] Weiterhin werden die Publikationen des Mediävisten Peter Wapnewski stark rezipiert oder lexikalisch aufgebaute Publikationen wie *Wagners Wörter* von Victor Henle, das u. a. »Wagners Sprache«, »Wagners Szenarium« und »Wagners Aphorismen« präsentiert.[55]

---

[51] Die folgenden Dokumente und ethnographischen Memos stammen aus Interviews und teilnehmenden Beobachtungen mit Mitgliedern eines Richard Wagner-Verbands. Sie wurden in den Jahren 2015 bis 2017 erhoben und beziehen sich auf die Alterskohorte der über Sechzigjährigen. Eine Definition der »Wagnerianer«, wie sie in ausdifferenzierter Weise sich auch in Richard Wagner-Verbänden niederzuschlagen beginnt, geben Karin Koch, Art. »Wagnerianer und Wagnerismus«, in: *Das Wagner-Lexikon*, hrsg. von Daniel Brandenburg u. a., Laaber 2012, S. 809–812, sowie auf popularwissenschaftlicher Seite Enrik Lauer und Regine Müller, *Der kleine Wagnerianer. Zehn Lektionen für Anfänger und Fortgeschrittene*, München 2013, S. 140f.
[52] Richard Wagner, *Mein Leben. Erste authentische Veröffentlichung, vorgelegt und mit einem Nachwort von Martin Gregor-Dellin*, München 1963.
[53] Theo Adam, *Seht, hier ist Tinte, Feder, Papier. Aus der Werkstatt eines Sängers*, Berlin 1980.
[54] Thielemann, Mein Leben mit Wagner.
[55] Victor Henle, *Wagners Wörter. Lexikon. Archaismen, Gegenstände, Menschen, Orte, Protagonisten*, Berlin und München 2011.

Private wie sich an die Öffentlichkeit richtende Rezeptionspraktiken der untersuchten Wagner-Rezipientinnen und -Rezipienten wie das Halten öffentlicher Einführungsvorträge oder der gemeinsame Nachvollzug einzelner Werke Wagners zusammen mit weiteren »Wagner-Freunden« zeigen, dass Gregor-Dellins Biographie als Quelle für die zeitgenössische Rezeption von Wagners Kompositionen sowie als Anhaltspunkt für die Chronologie der theoretischen Ansätze und Einflüsse Wagners dient. Sie wird insbesondere für die Nachzeichnung von Interpretationsansätzen aus der Wagner-Zeit herangezogen, wie z. B. in einer Einführung in die 2. Szene des II. Aufzugs der *Walküre*:

> »Der zweite Abend brachte uns dann – konsequenterweise - Wotans Lebensbeichte.
> In dem grossen Monolog vor seiner Tochter Brünnhilde bekennt er seine Schuldverstrickung in den Lauf der Welt. (also uns bekannte Inhalte ..)
> Sein Speer garantiert schon lange nicht mehr die Einhaltung der Gesetze und ist daher auch als Symbol und Instrument seiner Gerechtigkeit (und Macht) f a s t bedeutungslos geworden.
> Der Gott erkennt damit seine eigene Schwäche und Schuld - und will für sich und seine „ Ära „ nur noch das E n d e !
> Es ist im Sinne der Schopenhauerschen Philosophie : Der Wille zur Verneinung der Macht !
> Zwei Briefe aus dem Jahr 1854 belegen diesen Grundgedanken für das Werk Richard Wagners . Der Text zur ›Walküre‹ war schon 1852 vollendet. (also
> von der Lektüre Schop.4mal...
> schon eigene Gedanken ....noch nicht beeinflusst von Schopenhauer...Nietzsche)
> Brief vom Januar 1854 an seinen Freund und Mitstreiter bei der Dresdener Revolution von 1849 August Röckel , der seit 5 Jahren im Zuchthaus Waldheim gefangen einsaß:
> Zitiert aus M. Gregor - Dellin's Wagnerbiographie , Seite 380
> › Wir müssen sterben lernen , und zwar sterben im vollständigsten Sinne des Wortes; die Furcht vor dem Ende ist die Quelle aller Lieblosigkeit ‹ , was an einen Eingekerkerten nicht sehr rücksichtsvoll war. › Wodan schwingt sich bis zu der tragischen Höhe , seinen Untergang - zu wollen. Dies ist alles , was wir aus der Geschichte des Menschen zun lernen haben : das Notwendige zu wollen und selbst zu vollbringen. ‹.......
> Und dann an seinen Freund und späteren Schwiegervater Franz Liszt : Brief vom 16.Dez. 1854
> Zitiert aus Martin Gegor – Dellin, $W Seite 388 :
> Seine Begeisterung für den Frankfurter Philosophen kannte keine Grenzen......
> › Was sind vor diesem alle Hegels etc. für Charlatans !
> Sein Hauptgedanke , die endliche Verneinung des Willens zum Leben , ist von furchtbarem Ernst, aber einzig erlösend .

›Mir kam er natürlich nicht neu‹ , und ›niemand kann ihn überhaupt denken, in dem er nicht bereits lebte.‹ (Buddismus.....)
Brünnhilde wurde in dem großen Monolog Ansprechpartnerin dieser › Depression ‹ Wotans . Sie bemerkten ja selbst, wie tief erschüttert sie war und sich schon - unbewußt - als ein Teil ihres Vaters herausgefordert fühlte.«[56]

Eine solche Interpretation verschreibt sich nicht nur der Kapitelstruktur Gregor-Dellins zwischen »Weisst Du wie das wird« und »Die Welt als meine Vorstellung«, die den Einsatz der Beschäftigung Wagners mit Arthur Schopenhauer markiert. Sie birgt zudem eine eigene Interpretation aus den wie oben erklärt literarisch-dokumentarisch zusammengestellten zeitgenössischen Zeugnissen und neueren Interpretationen bei Gregor-Dellin (»schon eigene Gedanken ... noch nicht beeinflusst von Schopenhauer«).

Die hier dargestellte Ausdeutung der Künstlerpersönlichkeit Wagners, die aus Gregor-Dellins literarisch hergestellter ›Dokumentarbiographik‹ erwächst, steht weniger im Zeichen einer wissenschaftlichen Auseinandersetzung, denn einer künstlerischen Zielsetzung, die zumeist im Mittelpunkt von wagnerbezogenen Aktivitäten steht. Diese Zielsetzung – das lässt sich am Beispiel eines privaten »Meistersingertreffens« zeigen, bei dem zuerst der Text auswendig rezitiert und erklärt wurde, um danach die Aufnahme von Herbert von Karajan anzuhören,[57] zu der der Moderator des Treffens mitdirigierte – ist für die Wagner-Rezipientinnen und -Rezipienten oft mit einer ausgedehnten Arbeit am Werk verbunden. Eine solche Arbeit geschieht auf der Grundlage einer zum Teil sich über mehrere Jahrzehnte erstreckenden, von familiären oder schulischen Initiationsmomenten herrührenden Praxis, die dramatischen Werktexte auswendig zu lernen, um von dort aus die Musikdramen mit Erklärungen aufzubereiten.[58] Über Verweise auf die Arbeitsleistung von Orchestermusikern der

---

[56] Das Zitat ist einem Vortragsmanuskript für eine öffentliche Einführung in Richard Wagners *Ring* durch einen der untersuchten Wagner-Rezipienten aus dem Jahr 2006 entnommen. Die Zeichensetzung des Originals wurde beibehalten.
[57] Die Meistersinger von Nürnberg. 4 CDs in Box. Mit Theo Adam, Karl Ridderbusch, Geraint Evans, René Kollo, Peter Schreier, Helen Donath, Ruth Hesse. Chor der Staatsoper Dresden. Chor des Leipziger Rundfunks. Staatskapelle Dresden, Herbert von Karajan, Dirigent. Mit 374-seitigem, mehrsprachigem, bebildertem booklet. Aufnahme von 1970, EMI Records 1971.
[58] Zu Initiationsmomenten und dem Einfluss des schulischen Musikunterrichts vgl. Gesa zur Nieden, »›An Wagner kommt man nicht vorbei.‹ Eine Ethnographie zur erinnerungskulturellen Rolle des schulischen Musikunterrichts der Nachkriegszeit für Mitglieder zeitgenössischer Richard Wagner-Verbände«, in: *Wagner-Perspektiven. Referate der Mainzer Ringvorlesung zum Richard-Wagner-Jahr 2013*, hrsg. von Axel Beer und Ursula Kramer (= *Schriften zur Musikwissenschaft*, 24), Mainz 2015, S. 331–358.

Bayreuther Festspiele, die sich durch wochenlanges Üben ihrer Profession verschreiben, wird die Vorbereitung auf Nachvollzüge einzelner Aufzüge im privaten Kreis dabei nicht selten indirekt als künstlerischer Auftrag kontextualisiert. Im Gegensatz zum Instrumentalspiel orientiert sich die Arbeit der Wagner-Rezipientinnen und -Rezipienten jedoch vor allem am dramatischen Text und an einer bestimmten Klangvorstellung (beim »Meistersingertreffen« sollte die Ouvertüre zunächst übersprungen werden, u. a. da ihr festlicher Charakter nicht zur Handlung passe). In einer solchen Ausrichtung tritt zum einen die Handlung der einzelnen Figuren stark in den Vordergrund, die durch die Orchestrierung unterstützt wird. Zum anderen spielen Figurenkonstellationen eine starke Rolle, die Szene für Szene anhand des Handlungsstrangs wieder neu beleuchtet werden. Auf diese Weise, d. h. durch die Kunstorientierung der Rezipientinnen und Rezipienten und den Fokus auf die musikdramatischen Handlungen, entsteht ein starker Bezug zur literarischen Komponente des stetig wieder neu In-Frage-Stellens und auf diese Weise zur nachvollziehenden Interpretation Auffordernden bei Gregor-Dellin im Kontext des von ihm inszenierten dramatischen »Spiels«.

Neben diesem klaren Impuls von Wagner-Rezipientinnen und Rezipienten für einen selbständigen Nachvollzug der Werke Wagners in künstlerischer Hinsicht – einer Rezeptionsperspektive, die auch durch Dahlhaus' Anerkennung von Gregor-Dellin als »Musiker« untermauert zu werden scheint –,[59] werden auch die Merkmale der Zeitlosigkeit und der Werkeinheit von Gregor-Dellins Biographie in der Rezeption jenseits einer wissenschaftlichen Auseinandersetzung mit Wagner und seinen Werken konturiert. Denn in den Praktiken der Wagner-Rezipientinnen und -Rezipienten fällt des Weiteren auf, dass die Familie Wagners, hier z. B. Minna Wagner, in die Interpretation der musikdramatischen Handlung mit hineingezogen wird. Eine Fricka, die für die Wagner-Rezipienten in Harry Kupfers Inszenierung des Bayreuther *Rings* von 1989 vermeintlich auf Minna Wagner verweist (»Linda Finnie bringt eine Balance zwischen Minna und der noch liebenden Fricka...«[60]), deutet neben der explizit künstlerischen Ausrichtung der Wagner-Rezeption eine weitere Parallele an, und zwar zwischen der für diese Art der Rezeption wichtigen Charakterzeichnung und des familiären Kontextes als soziale Struktur. Wie es beim »Meistersingertreffen« zu beobachten war, wird eine solche Struktur in den Praktiken zusätzlich in Bezug auf die eigene Familie gespiegelt. Sie äußert sich durch das Hinzuziehen von Familienmitgliedern als Souffleure bei der Rezitation des Textes oder durch das Herleiten von Namensgebungen nach der Art von Wagners Auswahl der Namen für seine Figuren anhand nordischer Sagen oder mittelalterlicher Epen. Auf dieser Basis fallen unterschiedliche Zeitschichten zusammen, wie das frühneuzeitliche

---

[59] Vgl. Fußnote 23.
[60] Vgl. Vortragsmanuskript wie in Fußnote 56.

Nürnberg, Wagners Lebzeiten und auch die aktuelle Lebenszeit der Rezipientinnen und Rezipienten, denn Wagners charakterbezogene Personenführung in seinen Musikdramen wird kontinuierlich durch Verweise auf aktuelle Verhaltensweisen oder auch Geschlechterkonstellationen greifbar gemacht.

Die Ineinssetzung unterschiedlicher Zeitschichten geht auch aus den Vorlieben der untersuchten Wagner-Rezipientinnen und -Rezipienten für einzelne Regiekonzepte hervor. Hier stehen Wieland Wagner, Patrice Chéreau und auch Harry Kupfer im Vordergrund, deren szenische Aktualisierungen der ursprünglichen historischen Szenerien von Wagners Musikdramen als Hinweis auf die Zeitlosigkeit des Werkes Wagners gedeutet werden:

> »Wir hören und sehen heute mal schon zu Anfang die ersten 2 Szenen des
> II. Aufzuges der Walküre : und zwar in der Bayreuther Inszenierung von
> Harry Kupfer , der 12 Jahre nach Patrice Chereau in seiner Interpretation
> Wert darauf legte , den <u>Mythos des Ringes</u> im Sinne Wagners
> auf eine zeitlose › Strasse des Lebens ‹ zu versetzen.
> (Richard Wagner war der Ansicht , dass der ›Mythos zu allen Zeiten wahr
> und gültig ist ‹ !)
> Patrice Cereau , der Vorgänger von Harry Kupfer , hatte auch schon 1976
> das äußerliche › Heldentrara ‹ aus dem Zyklus verbannt und die Handlung
> in die Zeit des Frühkapitalismus und der Industrialisierung verlegt.
> Harry Kupfer geht in seiner › Abstrahierung ‹ und Darstellung des › Zeitlosen ‹
> noch einen Schritt weiter .
> Ein Interviewer fragt ihn:
> ›All das spielt bei Ihnen auf dieser Strasse, ohne weitere *Dekorationshilfsmittel*
> Im Brennpunkt ist nur mehr , was sich zwischen den einzelnen Figuren abspielt.
> Ist das für den Regisseur nicht die denkbar schwierigste Lösung ? ‹
> Kupfer
> › Genau das hat mich in meiner Jugend an Wieland Wagner so fasziniert;
> der hatte für den ganzen ›Ring‹ nur diese Platte.
> Er hat es geschafft, das ganze Werk darauf zu einem Erlebnis werden zu lassen.
> Eine Scheibe, Licht und - das Entscheidendste - die Menschen .«[61]

Im Vordergrund steht auch hier ein Akzent auf der Personenregie, die auf einer »entrümpelte[n] Bühne mit kaum Requisiten« eine immer stärkere Rolle spiele. Solche Regiekonzepte (die im Übrigen auch dem Szenarium der nicht-szenischen Aktualisierung beim »Meistersingertreffen« ähneln) bilden die »Knalleffekte« für institutionalisierte Wagner-Rezipientinnen und -Rezipienten, die sich aus dem Konglomerat unterschiedlicher Zeitschichten in den einzelnen Figuren für ihre eigene Lebenswelt ergeben.

---

[61] Das Zitat ist einem Vortragsmanuskript für eine öffentliche Einführung in Richard Wagners *Ring* durch einen der untersuchten Wagner-Rezipienten aus dem Jahr 2006 entnommen.

Vor dem Hintergrund einer solchen zeitlosen familiären Grundierung der Rezeptionspraktiken fungiert Gregor-Dellins Biographie weniger als Aufforderung zu selbständigen Interpretationen von Tatsachen zwischen unterschiedlichen lebensgeschichtlichen, historiographischen und narrativen Ebenen, sondern als Quellenfundus für ein möglichst ausgeprägtes Näheverhältnis zum Künstler und auch zur Person Richard Wagner: In der privaten *Meistersinger*-Aufführung wurde sowohl über das potentielle charakterliche Verhalten Richard Wagners im Kreise der »Wagnerfreunde« gemutmaßt, als auch Vorstellungen geäußert wurden, dem Komponisten als alleinigem Urheber der Musikdramen zu danken.

An einem letzten Beispiel lässt sich deutlich machen, welche Rolle die strukturelle Fundierung der Wagner-Rezeption durch die Familie oder den musikdramatischen Handlungsfortgang für die Rezeption der Musik spielen und wie sich die musikalische Rezeption der Wagner-Rezipientinnen und -Rezipienten von Gregor-Dellins Biographie absetzt. Gregor-Dellin wendet sich in seiner Biographie explizit gegen die Verabsolutierung der Bar-Form in der Interpretation der *Meistersinger von Nürnberg*, um durch ihre Ausformulierung als These, Antithese und Synthese noch einmal den widersprüchlichen Charakter der Musik als Ausdruck innerhalb einer sinfonischen Denkweise zu unterstreichen:

> »Nur muß man einschränkend zu Lorenz sagen, daß es sich bei den von ihm herausanalysierten Formen seltener um die Bar-Form (Stollen-Stollen-Abgesang) handelt, sondern um Gesetze der symphonischen Durchführung, die sich am ehesten wohl mit denen der philosophischen Dialektik vergleichen lassen: These, Antithese, Synthese, worauf dann weitere dialektische Überhöhungen der Thematik aufbauen. Natürlich gibt es Lied-Formen, Bar-Formen die Menge (auch Gutmann weist sie nach). Deshalb schon dogmatisch an sie als Strukturschemata des Gesamtwerkes zu glauben (wie Westernhagen), grenzt an verkappte Religion und endet in einer Albernheit: die Verfechter des konstruktivistischen Logikers Wagner opfern, ohne es zu wissen, den musikalischen Neuerer.«[62]

Tatsächlich wird die Bar-Form, die Gregor-Dellin u. a. beim amerikanischen Wagner-Biographen Robert Gutman verortet, von den Wagner-Rezipientinnen und -Rezipienten explizit genutzt, indem sie zu Beginn des »Meistersingertreffens« erklärt und auch mit der Trias These, Antithese, Synthese gleichgesetzt wurde. Diese Gleichsetzung würde jedoch nicht im Hinblick auf eine sinfonische Ausdeutung der Musik verwendet, sondern als Vater-Mutter-Kind-Form im Spannungsfeld der musikdramatischen Handlung und der familienbezogenen Aktualisierung während des »Meistersingertreffens« paraphrasiert. Eine solche Paraphrase deckt sich mit der praktischen Musikrezeption im »Meistersingertreffen«, die auf ein figurenzentriertes, szenisches Hören angelegt war, innerhalb derer auch der Dirigierstil auf ein Mitdenken der szenischen Abschnitte hinwies

---

[62] Gregor-Dellin, Richard Wagner, S. 482f.

und wo ein großes Interesse für Szenenübergänge deutlich wurde. Aufgrund dieser Orientierung an den Figuren und aufgrund derer familienstrukturellen Charakterisierung als männlich und weiblich durch einzelne musikalische Themen bestand ein größeres Interesse an der Form historischer literarischer Gattungen und ihrer Einlösung als an Transformationen musikalischer Formen. Stattdessen stand die Transformation der eigenen Lebenswelt in künstlerische Lebenswelten durch das Hören und Mitdirigieren der Wagner-Aufnahme im Vordergrund.

Aus diesem Zwiespalt zwischen der laut Dahlhaus musikwissenschaftlich affinen Biographie Gregor-Dellins und den hier beschriebenen Rezeptionspraktiken ergeben sich zwei zentrale Rezeptionskomponenten, die von Gregor-Dellins Wagner-Biographie bedient werden, deren literarisch-narrative Ansiedlung innerhalb breiterer Spannungsfelder zwischen Lebensschilderung, musikhistorischer Forschung und Methoden der Biographik jedoch nicht weiterführend rezipiert wird: Einerseits operieren die Rezipientinnen und Rezipienten mit einem stark ausgeprägten familiären sozialen System, das eine wichtige Komponente für ein nähebetontes, zeitloses Verhältnis zu Richard Wagner im Nachvollzug seiner Musik darstellt. Zweitens deutet sich aber auch eine besondere Art der musikalischen Rezeption durch Wagner-Rezipientinnen und -Rezipienten an, die nicht auf eine musikanalytische oder beschreibende Erfassung z. B. des sinfonischen Aspekts bei Richard Wagner abzielt, sondern musikalische Attribute in enger Anlehnung an den Text an einzelne Situationen und Figuren bindet. Genau dieser Verbindung wird in der hörenden, audiovisuellen oder auch dirigierenden (aber nicht singenden!) Rezeption rein klanglich oder auch rein szenisch-visuell nachgespürt. Aufgrund dieser Art musikalischer Rezeption findet zumeist keine direkte Verbalisierung der Musik statt.

3. Generationalität – ein Fazit

Der Überblick über die Biographik seit den 1980er-Jahren, d. h. nach dem »Jahrhundertring« Patrice Chéreaus und Pierre Boulez' sowie nach den zunehmenden Analysen von Wagners Schriften als antisemitisches Gedankengut, hat einen Umgang mit der Lebensgeschichte Wagners gezeigt, der einerseits durch musikwissenschaftliche Fragestellungen der Zeit beeinflusst ist und der andererseits eine sehr hohe Kontinuität aufweist, indem Wagner-Biographen bis heute die Selbstreflexion der eigenen Interpretation in den Vordergrund stellen bzw. die Intention einer Steigerung der Selbstreflexion durch die Leserinnen und Leser anstreben. Hierbei spielt die Werkästhetik der einzelnen Musikdramen Wagners immer noch eine große Rolle. Insgesamt ist aber der gemeinsame wirkungsgeschichtliche Zugang, dem sich die meisten Biographien verschreiben, breit aufgefächert und bezieht sowohl werkästhetische als auch historiographische und kulturgeschichtliche Aspekte mit ein.

So nah einzelne Biographien wie z. B. Gregor-Dellins *Richard Wagner. Sein Leben – sein Werk – sein Jahrhundert* an Carl Dahlhaus' wirkungsgeschichtlichem Ansatz zu sein scheinen – auch sie schaffen von der Rezeption aus gesehen keine Dehierarchisierung zentraler Komponenten der lebenslangen Wagner-Rezeption im institutionalisierten nicht-akademischen Bereich wie dem familiären System oder auch dem Glauben an ein kontinuierliches, überzeitliches Wachstum der Größe Wagners. Dennoch lassen sich auch in der aktuellen Wagner-Rezeption neue Dynamiken festmachen: Wie ein neues, aber bereits viel praktiziertes Fotomotiv auf dem Festspielhügel zeigt, bei dem Wagner-Rezipienten die von Ottmar Hörl geschaffene, hüfthohe Wachsfigur Wagners an einem seiner zum Dirigat ausgestreckten Arme vertraulich wie ein Kind bei der Hand nehmen, haben sich überkommene, einer traditionellen Heroenverehrung gleichkommende Größenverhältnisse längst überlebt, gleichzeitig aber auch das Sendungsbewusstsein im Sinne einer Erklärungsnotwendigkeit Wagners gegenüber jüngeren Generationen verstärkt.

Anschließend an diese Entwicklung bleibt die Frage, welchen disziplinenübergreifenden Zugang eine zukünftige Wagner-Biographik annehmen könnte, die nicht mehr so stark am Ansatz der werkästhetischen Wirkungsgeschichte orientiert ist. In der Generationalität bzw. Intergenerationalität liegt dabei sicherlich eine lohnende Komponente.[63] Ein solcher Ansatz hätte die Adorno-Rezeption in der Wagnerliteratur genauso zu beachten wie er eine Konfrontation zwischen generationell unterschiedlichen Werk- und Inszenierungsverständnissen Wagners anstellen und dabei Wortverwendungen und Sprachstile der institutionalisierten Wagner-Rezeption in ihrem Wandel hinterfragen müsste – und dies eventuell gerade im Hinblick auf das zumeist nicht verbalisierte Musikverständnis.

---

[63] Zu einer literaturgeschichtlichen Untersuchung der Generationalität vgl. z. B. Astrid Erll, »Generation in Literary History: Three Constellations of Generationality, Genealogy, and Memory«, in: *New Literary History* 45 (2014), S. 385–409.

Personenregister

Abert, Hermann **16, 19, 96, 146**
Acham, Karl **106**
Adam, Theo **197, 199**
Addison, Joseph **121**
Adelung, Johann Christoph **103**
Adler, Guido **10f., 18, 21–25, 116, 141**
Adlung, Jacob **114**
Adorno, Theodor W. **184, 189f., 192, 204**
Agricola, Johann Friedrich **113**
Albrecht V. **60**
Ališanka, Eugenijus **109**
Alkemeyer, Thomas **22**
Allwig (Graf zu Sulz) **62**
Alt, Michael **148**
Alt, Peter André **192**
Altenburg, Michael **75**
Althaus, Horst **183**
Ambros, August Wilhelm **18, 20f., 23–25, 153**
Antico, Andrea **82**
Apfel, Ernst **150**
Arciuli, Emanuele **161**
Arezzo, Guido von **110**
Aringer, Klaus **74**
Arlt, Wulf **111**
Arnold, Ignaz Ferdinand **133**
Arnold, Klaus **55**
Arrivabene, Andrea **55**
Aspden, Suzanne **151**
Assmann, Aleida **105**
Augustinus von Hippo **47, 53**

Bach, Carl Philipp Emanuel **99, 113, 118, 126**
Bach, Johann Sebastian **72, 97, 109–113, 117–120, 122, 126, 145**
Bach, Veit **112**
Bach, Wilhelm Friedemann **118**
Bair, Deirdre **7**
Bale, John **56**
Barber, Samuel **167**
Baron, Hans **46**
Barraqué, Jean **177**
Barth, Herbert **191**
Baur, Vera **132, 142**
Beauvais, Vincenz von **39**
Beer, Johann **69**
Beethoven, Ludwig van **25, 130–134, 139, 148f., 152f., 155f., 158f.**
Beißwenger, Kirsten **72**
Bekker, Paul **12, 129–143, 187**
Bellori, Giovan Pietro **112**
Benn, Gottfried **151**
Bergern, Johann **64**
Berlioz, Hector **137**
Bermbach, Udo **186, 196**
Berschin, Walter **37, 41**
Bertram, Georg W. **174f.**
Birgitta, Hl. **37**
Birnbaum, Johann Andreas **118**
Blumenbach, Johann Friedrich **102**
Blumröder, Christoph von **158**
Boccaccio, Giovanni **37, 40, 42**
Bödeker, Hans Erich **7, 177**

Boetticher, Wolfgang **148**
Bogner, Ralf Georg **63**
Boisits, Barbara **11**
Bologna, Jacopo da **40**
Bonaparte, Napoleon **126, 153**
Bonnet, Charles **102, 104f.**
Borchard, Beatrix **8f., 17, 27, 147**
Borchmeyer, Dieter **184, 186**
Borgstedt, Silke **27**
Boulanger, Lili **163**
Boulanger, Nadia **168**
Boulez, Pierre **185f., 203**
Brahms, Johannes **72**
Brancaccio, Giulio Cesare **59f.**
Braun, Werner **73**
Breig, Werner **74**
Brentano, Antonie von **157**
Briner, Andres **72**
Brinkmann, Reinhold **17f., 26, 184f., 193**
Bronner, Georg **93**
Brossard, Sebastien de **90**
Brunsvik, Josephine (von) **153, 158**
Brylinger, Nicolaus **55–58**
Buffon, Georges-Louis Leclerc de **102, 106**
Bülow, Hans von **130, 185**
Bümler, Georg Heinrich **113**
Burckhardt, Jacob **139–141**
Burley, Walter **37, 39**
Burney, Charles **99, 110, 118f.**
Burnham, Scott **154–156**
Burr, Jo **165f.**
Buscher, Hans **55f.**
Bussy-Rabutin, Roger **10f., 92**
Butler, Judith **165f.**

Cäcilia, Hl. **37, 123**
Calella, Michele **38**
Calvisius, Sethus **74**
Cardano, Hieronymus **87f., 92**
Carrillo, Julián **170**
Castrioto, Constantino **59**
Cerquiglini-Toulet, Jacqueline **39**
Chamberlain, Houston Stewart **141, 186**
Chartier, Roger **74**
Chéreau, Patrice **185, 201, 203**
Chopin, Frédéric **145**
Chrysander, Friedrich **20f., 24, 146**
Chrysoloras, Manuel **41**
Cimello, Tomaso **54**
Classen, Albrecht **40**
Clavin, Patricia **169**
Cohen, Brigid **168**
Copland, Aaron **13, 161–163, 166–168, 170**
Cramer, Carl Friedrich **122**
Crist, Elizabeth B. **162, 166f.**
Crusius, Martin **80**
Cusick, Suzanne **164**

Dahlhaus, Carl **10, 13, 25f., 116, 145–159, 172, 176, 183–185, 188–192, 200, 203f.**
Dante Alighieri **42, 45**
Danuser, Hermann **26, 154, 157, 168**
Daverio, John **154**
David (König) **50, 63, 66**

Daybell, James **76**
Deathridge, John **185**
Debussy, Claude **177**
Denstädt, Fanny **123**
Derrida, Jaques **33**
Desprez, Josquin **54, 82f.**
Deutsch, Otto Erich **177f.**
Dhúill, Caitríona Ní **135**
Dittersdorf, Carl Ditters von **123**
Doğantan-Dack, Mine **159**
Domenichi, Ludovico **56**
Drees, Stefan **13, 176**
Drüner, Ulrich **186, 196**
Dürr, Alfred **150**

Earp, Lawrence M. **40**
Ebbinghaus, Hermann **154**
Ebert, Johann Caspar **97**
Edler, Arnfried **147**
Eggebrecht, Hans-Heinrich **149**
Eichhorn, Andreas **132f., 142**
Einstein, Alfred **12, 35, 129–134, 136–141, 143**
Ellinger, Georg **121**
Erll, Astrid **204**
Eschenburg, Johann Joachim **101, 119**
Etzemüller, Thomas **8, 11, 13, 22, 29, 31, 34, 36, 176, 178**
Evenden, Elizabeth **56**

Faber, Heinrich **78**
Fasch, Carl Friedrich Christian **117, 119**
Fauser, Annegret **13, 163, 167**
Feige, Martin **190**

Feisst, Sabine **168**
Feld, Steven **166**
Félibien, André **88**
Félibien, Jean-François **87f.**
Felicianis, Luciano **161f., 170**
Fétis, François-Joseph **125**
Fichard, Johann Carl von **47, 53**
Finke, Gesa **12, 133**
Finolt, Andreas **76**
Finscher, Ludwig **38, 149**
Fischer, Axel **20, 109f., 113, 117**
Fischer, Jens Malte **190**
Fischer, Kurt von **149**
Fleck, Ludwik **142**
Folter, Siegrun H. **73**
Forkel, Johann Nikolaus **12, 20, 109–113, 115–120, 124–126, 153**
Francis, Kimberly **168**
Franziskus, Hl. **37**
Freeman, Thomas S. **56**
Freher, Paul **89**
Frenken, Ralph **47**
Freud, Siegmund **192**
Fricke, Stefan **174**
Friderici, Daniel **76**
Fried, Oskar **129f.**
Friedrich II. **123**
Fuhrmann, Wolfgang **12, 123f.**

Gadamer, Hans-Georg **189f., 192, 195**
Galuppi, Baldassare **125**
Garbe, Daniela **74**
Garber, Jörn **55**
Garcia, David F. **169f.**
Gatterer, Johann Christoph **107**

Geck, Martin **196**
Gehring, Melina **130**
Geier, Martin **62–67**
Gellert, Christian Fürchtegott **120–122**
Gentilucci, Armando **172**
Gerber, Doris **143**
Gerber, Ernst Ludwig **12, 109, 116, 120, 122–127**
Germer, Stefan **97**
Gerstenbüttel, Joachim **93**
Gervink, Manuel **35, 108**
Geyer, Ludwig **195**
Gherardi da Prato, Giovanni **46**
Gibbons, William **47**
Gierl, Martin **19, 91**
Gilroy, Paul **169**
Giovio, Paolo **56**
Glarean, Heinrich **54, 82f.**
Glasenapp, Carl Friedrich **158**
Gleim, Ludwig **123**
Gluck, Christoph Willibald **122, 130, 136f., 141**
Goebbels, Joseph **141**
Goethe, Johann Wolfgang von **30**
Goldschmidt, Harry **156f.**
Gonzaga, Ferdinando **59**
Götten, Wilhelm **92**
Gottschewski, Hermann **159**
Götze, Georg Heinrich **91, 97**
Graber, Naomi **168**
Gracian, Baltasar **93**
Graevenitz, Gerhart von **19**
Graft, Anthony **82**
Grafton, Anthony **73**
Gratzer, Wolfgang **53**

Graupner, Johann Christoph **150**
Gregor, Hl. **37**
Gregor-Dellin, Martin **157, 183–200, 202–204**
Grétry, André-Ernest-Modeste **116**
Griepenkerl, Friedrich Conrad **118**
Grimm, Jakob **103**
Grimm, Wilhelm **103**
Grimmelshausen, Hans Jakob Christoffel von **69**
Groote, Inga Mai **12, 72, 75, 78, 82, 119**
Gruber, Johann Sigmund **114f.**
Guercio, Gabriele **54**
Guido von Arezzo **110**
Gumprecht, Otto **24**
Gutman, Robert **187, 202**

Haar, James **61**
Haarländer, Stephanie **37**
Haber, Peter **181**
Hageneier, Lars **37**
Hahn, Hans Peter **71**
Hähner, Olaf **15, 43**
Hakelberg, Dietrich **75**
Händel, Georg Friedrich **95, 98, 118f., 151**
Hansen, Mathias **172**
Hanslick, Eduard **18, 21, 140, 190**
Happel, Werner **94**
Hartmann, Sieglinde **40**
Hasse, Faustina **113**
Hatten, Robert S. **155**
Haydn, Joseph **122f., 127**
Heinichen, Johann David **97**

Heinrich, Tobias **8, 102, 123**
Heinsius, Joachim **78f.**
Heise, Ursula K. **169**
Heister, Hanns-Werner **69**
Heldt, Guido **111**
Hellwig, Karin **54**
Helm, Eugene **126**
Henle, Victor **197**
Henrich, Heribert **177**
Hentschel, Frank **103**
Herbers, Klaus **37**
Heredia, Juan Fernandez de **41**
Hespos, Hans-Joachim **176f.**
Heuvelman, Johannes **73f.**
Hildegard, Hl. **37**
Hildesheimer, Wolfgang **30, 150f., 157f.**
Hilgert, Markus **71**
Hiller, Adam **114**
Hilzinger, Sonja **19**
Hindemith, Paul **72**
Hinrichsen, Hans-Joachim **109f., 113, 117f., 132, 149, 190**
Hinton, Stephen **168**
Hitler, Adolf **141, 146**
Hobohm, Wolf **147**
Hodgson, Godfrey **161**
Hoffmann, Ernst Theodor Amadeus **156, 158, 195**
Hofmann, Kurt **72**
Holt, Ian **82**
Hörl, Ottmar **204**
Houben, Eva-Maria **176f.**
Hubbs, Nadine **167**
Hübner, Johann **94**
Hülk, Walburga **39**
Hüschen, Heinrich **40**

Ijsewijn, Jozef **37**
Imbs, Paul **39**
Ingenhouß, Jan **104**
Isaac, Heinrich **53**

Jacopo da Bologna **40**
Jahn, Bernhard **68**
Jahn, Otto **18, 131**
Jardine, Lisa **73**
Jauss, Hans Robert **189**
Jenisch, Daniel **101, 103–108, 113, 119, 125**
Joachim, Amalie **8, 17**
Joachim, Joseph **8, 17**
Jobin, Bernhard **62**
Jöcher, Christian Gottlieb **89**
Jommelli, Niccolò **125**
Jonsius, Johannes **89**
Josquin **54, 82f.**
Junker, Carl Ludwig **116f.**

Kaden, Christian **187**
Kagel, Mauricio **158**
Karajan, Herbert von **199**
Karl I. (der Große) **106**
Keiser, Reinhard **95**
Kempowski, Walter **156**
Kershaw, Ian **146**
Kiesewetter, Georg **18**
Kirnbauer, Martin **82**
Kirnberger, Johann Philipp **111**
Kittler, Friedrich **154**

Klein, Richard **189**
Klein, Tobias Robert **13, 172**
Klopstock, Friedrich Gottlieb **122**
Klüppelholz, Werner **156, 158**
Knepler, Georg **25, 147**
Knoth, Ina **72**
Koch, Gerhard R. **171f.**
Koch, Heinrich Christoph **111, 153**
Koch, Karin **197**
Köchel, Ludwig Ritter von **130, 138**
Kolb, Fabian **12**
Kölbl, Bernhard **82**
Koller, Guido **181**
König, Matthias **89**
Konrad, Ulrich **156**
Koselleck, Reinhart **106**
Kowalke, Kim **168**
Kreidler, Johannes **158**
Kremer, Joachim **9, 12, 86–95, 97, 122, 147**
Kretzschmar, Hermann **35**
Krieger, Johann Philipp **95**
Kubik, Gerhard **159**
Kuhnau, Johann **69**
Kühnel, Ambrosius **124**
Kupfer, Harry **200f.**
Kuti, Fela Anikulapo **159**

Lacombe, Hervé **164**
Lampadius, Auctor **80f.**
Landini, Francesco **40–46, 53, 58f., 61**
Langenbruch, Anna **143**
Lara, Agustín **164**
Lasso, Orlando di **54, 57–62, 148**
Lauterwasser, Helmut **74**

Lavater, Johann Caspar **123**
Leaver, Robin A. **63, 72, 126**
Lechner, Leonhard **74**
Lee, Hermione **164**
Legner, Anton **40**
Leibniz, Gottfried Wilhelm **107**
Lejeune, Philippe **30**
Lenneberg, Hans **87, 98, 116**
Lenz, Rudolf **63**
Leopold, Silke **8**
Leuchtmann, Horst **61**
Liebertz-Grün, Ursula **55**
Lindner, Theodor **74**
Lindsay, Lisa A. **169**
Linné, Carl von **102**
Lipsius, Marie **24**
Liszt, Franz **130, 134–136, 188, 198**
Livius, Titus **82**
Lockspeiser, Edward **177**
Lockwood, Lewis **149, 152**
Löffler, Andreas **63f.**
Lully, Jean Baptiste **90, 95**
Lütteken, Laurenz **40, 53, 72, 94, 164**

Mably, Gabriel Bonnot de **106**
MacDonald, Hugh **155**
Machaut, Guillaume de **38–40**
Mack, Dietrich **191, 193**
Mackensen, Karsten **91**
Madrid, Alejandro **170**
Mainwaring, John **85, 98, 119**
Mann, Thomas **184**
Mara, Elisabeth **125**
Marbot, Andrew **30**
Margadant, Jo Burr **165f.**

Mattheson, Johann **12, 85–99,
    110–112, 114, 116, 119, 150f.**
Maul, Michael **74, 109**
Maurer, Michael **102, 117**
Maximilian II., Kaiser **62**
Mayer, Hans **185f.**
Mencke, (Johann) Burkhard **94**
Mendelsohn, Moses **107**
Mieths, Christoph **68**
Mila, Massimo **172, 185**
Mizler, Lorenz **112f.**
Monte, Philippe de **54**
Moore, Cornelia Niekus **63**
Moritz, Karl (Carl) Philipp **97, 103**
Motz, Wolfgang **173**
Mozart, Wolfgang Amadeus **30, 35,
    72, 130–133, 136–140, 147, 150,
    152, 157–159**
Müller, Laurenz **94**
Müller, Regine **197**
Müller, Ulrich **40**
Müller-Buscher, Henning **149**
Mulsow, Martin **91**
Mundy, Rachel **167**
Myrdal, Alwa **31f.**
Myrdal, Gunnar **31f.**

Nahmer, Dieter von der **37**
Napoleon Bonaparte **126, 153**
Neuwirth, Olga **13, 179**
Nieden, Gesa zur **13, 170, 199**
Nielinger-Vakil, Carola **174**
Niemöller, Klaus Wolfgang **69**
Nietzsche, Friedrich **140f., 184, 198**
Niggl, Günter **92**

Noeske, Nina **140**
Nono, Luigi **13, 171–176, 179**
Norrhem, Svante **76**
Nowak, Adolf **153**

Oexle, Otto Gerhard **106**
Offenbach, Jacques **129**
Olaniyans, Tejumola **159**
Oldfield, Sybil **46**
Olleson, Phillip **146**
Orledge, Robert **163**
Oschmann, Susanne **69**
Ossietzky, Carl von **24**
Ott, Norbert H. **46**
Outram, Dorinda **23**

Palmer, R. Barton **39**
Panofsky, Erwin **112**
Pantaleon, Heinrich **55–58**
Panter, Sarah **168**
Patrizi, Francesco **54**
Paulmann, Johannes **168**
Peeters, Benoît **33**
Pekacz, Jolanta T. **35, 164**
Perlis, Vivian **162**
Pestalozza, Luigi **172**
Peters, Meindert **74**
Peters, Ursula **40**
Petrarca, Francesco **37, 41f., 47, 53**
Piccinni, Niccolò **125**
Pietschmann, Klaus **37, 47–52**
Piles, Roger de **87f., 119**
Pletsch, Carl **14**
Plutarch **41, 43, 46, 119f.**
Poelchau, Georg **126**

Pohlig, Matthias **55**
Polko, Elise **24**
Pollack, Howard **162**
Potter, Pamela M. **130**
Poulenc, Francis **164**
Prato, Giovanni Gherardi da **46**
Prelog, Jan **39**
Printz, Wolfgang Caspar **68f., 90, 116**
Proust, Marcel **157**
Pythagoras von Samos **39**

Quenstedt, Johann Andreas **88f.**
Quickelberg, Samuel **54, 57, 61**

Ramann, Lina **24, 135**
Ramler, Karl Wilhelm **123**
Raselius, Andreas **73**
Raulet, Gérard **112**
Raulff, Ulrich **7**
Reckwitz, Andreas **25, 71**
Rehm, Wolfgang **149**
Reichardt, Johann Friedrich **116**
Reichert, Martin **80**
Reill, Peter Hanns **106**
Reitz, Johann Henrich **97**
Reusner, Nicolaus **62**
Richards, Annette **123, 127**
Riemann, Hugo **11, 16, 23–25, 116, 130, 141**
Riethmüller, Albrecht **146**
Robbe-Grillet, Alain **191**
Roch, Eckhard **69, 192**
Röckel, Karl August **186, 198**
Rodemann, Albert **148**
Rodemann, Hilde **148**

Rodriguez, Arsenio **169**
Rolland, Romain **151**
Romstet, Christian **63f.**
Rose, Stephen **69**
Rosine, Johanna **186**
Rösing, Helmut **36**
Rozenski, Steven **47–52**
Rubin, Patricia Lee **54**
Runge, Anita **7–9**

Sacchini, Antonio **125**
Sachs, Klaus-Jürgen **50**
Salutati, Coluccio **41**
Sarraute, Nathalie **157**
Sayn-Wittgenstein, Carolyne zu **135**
Schaser, Angelika **15**
Scheibe, Johann Adolph **118**
Schein, Johann Hermann **75**
Scheitler, Irmgard **93**
Schenk, Erich **147, 152**
Schering, Arnold **155**
Scheuer, Helmut **15**
Scheyb, Franz Christoph von **111**
Schiller, Benjamin **87f.**
Schlager, Karlheinz **126**
Schlözer, Ludwig August **106f.**
Schmid, Bernhold **61**
Schmid, Regula **46**
Schmidt, Jochen **140f.**
Schönberg, Arnold **151f., 179f.**
Schopenhauer, Arthur **198f.**
Schrader, Jürgen **97**
Schubart, Christian Friedrich Daniel **119**
Schubert, Franz **130, 155, 177**

Personenregister

Schulze, Hans-Joachim **126**
Schütz, Albrecht **64**
Schütz, Christoff **64**
Schütz, Heinrich **62–68, 74**
Schwämmlein, Karl **73**
Schwanenberg **123**
Schweizer, Stefan **135f.**
Selle, Thomas **73**
Senfl, Ludwig **53**
Severin, Hl. **37**
Shaftesbury (Anthony Ashley-Cooper, Earl of Shaftesbury) **123**
Sherman, William **73**
Shreffler, Anne C. **25, 172**
Simon, Artur **159**
Sivers, Heinrich Jacob **89**
Soest, Johann von (Susato) **47–50, 52f., 58f., 61**
Speer, Georg Daniel **69**
Spicker, Johannes **40**
Spitta, Philipp **18, 20f., 146**
Spitzel, Theophil **90**
Sponheuer, Bernd **155**
Stauffer, George B. **117**
Stenzl, Jürg **171–176, 179**
Stephan, Rudolf **157**
Stimmer, Tobias **62**
Stockhausen, Karlheinz **158**
Stollberg-Rilinger, Barbara **102**
Stölzel, Gottfried Heinrich **113**
Stone, Anne **40**
Strauss, Richard **164**
Stravinsky, Igor **168**
Strohm, Reinhard **25f.**
Sueton (Gaius Suetonius Tranquillus) **41**

Suhrcke, Lisbeth **24**
Sweet, John Wood **169**
Swieten, Gottfried van **117**
Szöllösi-Janze, Margit **168**

Tanturli, Giuliano **41–45**
Telemann, Georg Philipp **95**
Tevo, Zaccharia **111**
Thayer, Alexander Wheelock **152**
Thielemann, Christian **187f., 197**
Thomson, Virgil **167**
Thou, Jacques Auguste de **90, 92**
Tillet, Evrard Titon du **87**
Titus Livius **82**
Torrentino, Lorenzo **54**
Trithemius, Johannes **55f.**
Trost, Caspar **75**
Trost, Heinrich Gottfried **75**
Trost, Johann Caspar **75–78**

Ullman, Berthold Louis **41**
Unseld, Melanie **9–11, 16, 19, 21, 35, 71, 102, 105, 116, 123, 133, 141, 147f., 162, 164, 176–178, 181, 185**
Urbanek, Nikolaus **11**

Vasari, Giorgio **54, 87**
Villani, Filippo **40–42, 45, 53, 56**
Villani, Giovanni **41**
Vincenz von Beauvais **39**
Vogler, Georg Joseph **118**
Volk, Arno **149**
Voss, Egon **157, 185, 187, 191**
Vulpius, Melchior **77–79**

Wagner, Cosima **183, 191–193**
Wagner, Gottfried **91, 186**
Wagner, Minna **200**
Wagner, Richard **13, 129f., 133f., 137, 142f., 150, 157, 159, 183–204**
Wagner, Wieland **187, 201**
Walpurgis, Maria Antonia **123**
Walther, Johann Gottfried **97, 114, 124–127**
Wapnewski, Peter **197**
Webster, James **154**
Wegman, Rob C. **53f.**
Wehking, Sabine **74**
Wehler, Hans-Ulrich **102**
Weidmann, Amanda **159**
Weidmann, Moritz Georg **63**
Weill, Kurt **168**
Weininger, Otto **141**
Weiss, Susan F. **82**
Wellesz, Egon **151f.**
Westernhagen, Curt von **202**
Weyermann, Jacob Campo **87f.**
White, Hayden **196**
Whythorne, Thomas **53**
Widmann, Hans **80**
Wiener, Claudia **82**
Wiener, Oliver **10, 12, 110 f., 114f., 119**
Wiermann, Barbara **126**
Wiggers, Johann Georg **101**
Wiley, Christopher **147, 165**
Williams, Sarah Jane **39**
Wistreich, Richard **54**
Witeschnik, Alexander **187**
Wolf, Ernst Wilhelm **123**
Wolff, Christian **107**

Wolff, Christoph **109**
Wolkenstein, Oswald von **40**
Woltereck, Christoph **87f.**
Woltmann, Karl Ludwig von **119f.**
Wood, Andrew Grant **164**

Zauner, Georg **127**
Zedler, Johann Heinrich **95f., 99**
Zelinsky, Hartmut **188, 191, 193**
Zelter, Carl Friedrich **110, 117–119**
Zimmermann, Christian von **8, 15**
Žižek, Slavoj **192**
Zwinger, Theodor **89**

www.ingramcontent.com/pod-product-compliance
Lightning Source LLC
Chambersburg PA
CBHW051541230426
43669CB00015B/2679